DUSTIN
HOFFMAN
Seine Filme – sein Leben

von JEFF LENBURG

Deutsche Erstveröffentlichung

WILHELM HEYNE VERLAG
MÜNCHEN

HEYNE-BUCH Nr. 32/60
im Wilhelm Heyne Verlag, München

Titel der amerikanischen Originalausgabe:
Dustin Hoffman, Hollywood's Antihero
Deutsche Übersetzung: Bernd Eckhardt

ISBN 3-453-86060-8

Inhalt

Danksagung

Hätte ich mich nicht auf die folgenden Quellen und Personen berufen können, so wären die Jahre, die ich brauchte, um diese Biographie zu schreiben, vollkommen umsonst gewesen: Frances B. Cogan vom Sarah Lawrence College, Irene Mizwinski von Viacom Enterprises; Alan Levin von CCG; Mike Levebvre von L/C-Films; Joyce Penny von der Pasadena Library; Mary Corliss vom Museum of Modern Art; Charles Champlin von der *Los Angeles Times*; Howard Taubman und Stanley Kauffman von der *New York Times*; Amy Archerd von *Daily Variety*; Santa Monica City College Library und Mitarbeiter; Los Angeles High School und Mitarbeiter; Academy of Motion Picture Arts and Sciences Library nebst Mitarbeitern. Ich danke dem *Hollywood Reporter,* der *Daily Variety* und ihren Mitarbeitern, ich danke Mike Hawks von Eddie Brandts Saturday Matinee und durfte mich auf Interviews beziehen, die mit Bob Fosse, James Leo Herlihy, Katharine Ross, David V. Picker, John Schlesinger und Pietro Germi gemacht worden sind. Schließlich danke ich Greg Lenburg, Randy Skretvedt, Jordan Young, Dave Koenig sowie Bob und Louise Mazur. Louise Mazur gilt mein besonderer Dank, denn sie stellte mir in einer Zeit arger Bedrängnis ihre Schreibmaschine zur Verfügung.

Und, um es nicht zu vergessen, gilt mein Dank auch Dustin Hoffman für seine nicht mehr zählbaren Beiträge zum Medium Film, die mich inspirierten und veranlaßten, dieses Buch zu schreiben. Darüber hinaus danke ich Mr. Charles T. Barton, der mich lehrte, mit Zuversicht dem Erfolg entgegenzusehen, ganz gleichgültig, was auch immer geschehen mag.

Vorwort

Dustin Hoffmans einzigartige Karriere als Schauspieler brachte ihm nicht nur Erfolg bei den Kritikern ein, sondern auch den Beifall einer großen Verehrerschar. Dies begann bereits 1967, als er den keuschen und verwirrten Benjamin Braddock in dem Film *The Graduate* (Die Reifeprüfung) spielte; der Erfolg setzte sich durch die Darstellung des Ratso Rizzo in *Midnight Cowboy* (Asphalt-Cowboy) fort und kulminierte zunächst in der Darstellung des geschiedenen Vaters in *Kramer Vs. Kramer* (Kramer gegen Kramer). Für diese darstellerische Leistung in dem Film von Robert Benton erhielt Dustin Hoffman einen OSCAR. Die von der Zeitschrift *People* ins Leben gerufene Leserumfrage führt Hoffman seit zwei Jahren als »beliebtesten Schauspieler« an. Nicht nur in Hollywood ist Dustin Hoffman als einer der schwierigsten und schwer einzustufenden Schauspieler bekannt. Mit einer Besessenheit, die den Grenzen des Fanatismus bedrohlich nahe kommt, geht Hoffman auf die Suche nach Rollen, wählt er seine Filmthemen aus. Dieses Verhalten hat sich ebenso auf sein Privatleben übertragen. Dieses Buch, eine umfassende Biographie, angereichert durch Aussagen von Hoffmans Freunden und Mitspielern, enthält nicht nur maßgebliche Ansichten von Kritikern, sondern verdeutlicht, durch aufschlußreiche Anekdoten, Dustin Hoffmans bravouröse Technik als Schauspieler, seine Arbeit als Bühnen- und Filmschauspieler, seinen komplexen und widersprüchlichen Charakter, und seine Lebensart schlechthin.

Jeff Lenburg ist der Autor des Buches *The Encyclopedia of Animated Cartoon Series* (1981) und Co-Autor folgender Puplikationen:*Steve Martin* (1980), *The Three Stooges Scrapbook* (1982) und *The Great Movie Cartoon Directors* (1983).

Die Redaktion   *Herbst 1983*

Dustin Hoffman – Hollywoods Antiheld

Entstehung eines Antih-Helden

Antihelden der Leinwand, Antihelden des Films also, lassen sich bestens mit der Bezeichnung »sympathische aber hilflose Charaktere« abgrenzen, die darüber hinaus nicht selten in Situationen geraten, die die komplizierten Realitäten unserer Welt widerspiegeln. Zu diesen komplizierten Realitäten unserer Welt zähle ich solche Begriffe wie Heirat und Ehe, Regierungsgewalt und Bürokratismus, soziale Stellung, oder, mit anderen Worten, gesellschaftlicher Rang – die ganze Skala von Themen und Bereichen, die mit unserer Gesellschaft zu tun haben.

Von allen gegenwärtigen Schauspielern in Hollywood ist Dustin Hoffman wohl derjenige, der immer wieder im Film als eine Art Antih-Held eingesetzt worden ist und immer noch eingesetzt wird. In einer relativ kurzen Zeit hat er in ungewöhnlich umfangreicher Vielfalt unterschiedliche Rollen verkörpert, einmal jenen Benjamin Braddock in *The Graduate* (Die Reifeprüfung,1967), einen einigermaßen verwirrten College-Abgänger, ein Unschuldslamm sozusagen, dann den verkrüppelten kleinen Gauner Ratso Rizzo in *Midnight Cowboy* (Asphalt-Cowboy, 1969),in *Little Big Man* (Little Big Man/Weit ist die Prärie,1970) den alten grauhaarigen Kauz Jack Crabb, den geistreichen aber auch äußerst ulkigen Außenseiter Lenny Bruce in *Lenny* (Lenny,1974), den Carl Bernstein in *All the President's Men* (Die Unbestechlichen, 1976), und, nicht zu vergessen, einen Marathonläufer in dem Film *Marathon Man* (Der Marathon-Mann, 1976). All diese Figuren hat Dustin Hoffman mit der ihm eigenen Präzision des hingebungsvollen Künstlers gespielt, und darüber hinaus die wohl schwierigste Figur von all den Genannten, einen Charakter, der dem Menschen Dustin Hoffman ungewöhnlich nahe kommt, Ted Kramer nämlich, den geschiedenen Vater aus *Kramer Vs. Kramer* (Kramer gegen Kramer, 1979).

Hoffmans Geheimnis liegt darin begründet, daß er Figuren verkörpert, die vom Publikum verstanden und angenommen werden. Viele Beobachter des Künstlers und Menschen Dustin Hoffman sprechen von seiner Besessenheit, mit der er seine Filmfiguren auswählt. Sie sprechen auch von der Leidenschaft, mit der er ihnen zu Leibe rückt. Wie ein Wissenschaftler geht Hoffman seine Filmfiguren an, er durchleuchtet sie, betrachtet sie aus allen möglichen Gesichtspunkten heraus und erweckt sie mit der ihm eigenen und charakteristischen Exzentrizität zu neuem Leben. Ein Stück Dustin Hoffman wächst in und aus ihnen allen.

Möglicherweise ist Hoffman wohl der am härtesten arbeitende Schauspieler, wenn es darum geht, an den Drehorten zu proben, auch wenn es darum geht, anderen Schauspielern dabei zu helfen, ihre Figuren in den Griff zu bekommen und verstehen zu lernen. Außerdem wurde er immer wieder als Perfektionist bezeichnet, als Schauspieler, der sich seinem Beruf und seiner Berufung voll und ganz hinzugeben versteht, der alles daran setzt, seine Bühnen- und Filmfiguren mit seiner gesamten künstlerischen Potenz zu erfüllen. In dieser Hinsicht ist Dustin Hoffman das Urbild eines vielfältigen und schwierigen Darstellers überhaupt. Vielleicht liegt es daran, daß dieser Dustin Hoffman bereits über einen so langen Zeitraum hinweg äußerst erfolgreich ist, vielleicht aber auch daran, daß eine ganze Reihe gleichermaßen prominente Autoren und Regisseure ähnliche Interessen und Charaktereigenschaften zeigen, die bei Hoffman vorzufinden sind, und vielleicht sind auch sie mit ähnlich gelagerten Interessen behaftet, weil sie den Wunsch haben, aus ihren Projekten Meisterwerke zu machen.

Am 8. August 1937 wurde Dustin im Queen of Angels-Krankenhaus von Los Angeles geboren, als zweiter Sohn von Harry und Lillian Hoffman. Die Legende will es so, daß Dustin nur deshalb seinen Vornamen erhielt, weil seine Mutter eine hingebungsvolle Verehrerin von Dustin Farnum gewesen war, einem Stummfilmstar der frühen Cowboyfilme. Möglicherweise ist diese »Legende« auch das Geisteskind einiger Publizisten, die in Hollywood schreiben und gern entsprechende Histörchen in die Welt zu setzen pflegen. Lillian Hoffman gestand selbst einmal in einem Interview: »Das ist ja gar nicht wahr. Ich bin nicht alt genug, um mich deutlich an Dustin Farnum erinnern zu können. Mir gefiel lediglich der Name – und deshalb nannte ich meinen zweiten Sohn Dustin.«[1]

Dustin Hoffman berichtete immer wieder, daß das Leben seines Vaters in seiner Tragik an eine Bühnenfigur erinnerte, an Willy Loman, die Arthur Miller in seinem Theaterstück *Death*

of A Salesman entworfen hatte, denn den Hoffmans ging es
während Dustins Kindheit finanziell nicht sonderlich gut. Sie
waren keineswegs wohlhabende Leute. Dustins Vater arbeitete
zur Zeit der Geburt seines zweiten Sohnes innerhalb der Film-

11

studios der Columbia Pictures als Requisiteur. Einige Jahre später fand Harry Hoffman Betätigung als Möbel-Designer. Aber auf andere Weise übte der Vater auf den Sohn einen ganz besonderen Einfluß aus, denn wenn er abends von seiner Arbeit als Requisiteur müde nach Hause kam, fand er immer noch Zeit, allerlei Geschichten aus den Hollywood-Studios zum Besten zu geben. In Dustin erweckten diese Geschichten den immer brennender werdenden Wunsch, irgendwann einmal ins Showbusineß zu gehen.

Wohl trug auch der Umstand dazu bei, Dustins Interessen in Bezug auf das Filmwesen zu wecken, als sein älterer Bruder Ronald in Frank Capras Filmklassiker *Mr. Smith Goes to Washington* (Mr. Smith geht nach Washington, 1939) eine kleine Rolle erhalten hatte. Ronald Hoffmans Filmkarierre nahm allerdings darüber hinaus keinerlei Konturen an, so daß er sich danach als Tänzer ausbilden ließ, allerdings wiederum mit nur geringem Erfolg. Angesichts der frühen Talente seines älteren Bruders fühlte sich Dustin nicht selten als Zurückgebliebener und Schwächling. Er erinnerte sich: »Ich war schon immer das schwarze Schaf der Familie. Mein Bruder war der Bessere. Er war hundertprozentig.« Als Ronald seine Ambitionen verlor, innerhalb der Glitzerwelt des Showbusineß zu brillieren, war Dustin Hoffman so weit, sich in Richtung der Unterhaltungsbranche in Bewegung zu setzen.

Abgesehen davon war Dustin Hoffman als Kind ein Spätstarter. Erst im Alter von drei Jahren konnte er einigermaßen verständlich sprechen, und mit seinem ersten Kinderroller begann er umherzufahren, nachdem er zweieinhalb Jahre alt geworden war. Daran weiß sich Dustins Mutter Lillian exakt zu erinnern. Lillian Hoffman weiß aber auch davon zu berichten, daß ihr zweitgeborener Sohn »von Anfang an *immer* schon ein Clown« gewesen ist. Mit zwölf Jahren (und in der siebten Schulklasse) begann Dustins schauspielerische Karriere. Zu diesem Zeitpunkt war er immer noch der kleinste Schüler seiner Klasse innerhalb der John Burroughs High School und durfte in *A Christmas Carol* die Rolle des Tiny Tim spielen. Ein Mitschüler, ein etwas älterer Student, überredete den Jungmimen zu einer Torheit und empfahl ihm, am Ende des Stückes, mit einer schelmisch verstellten und kindhaften Stimme die folgenden Worte zu sagen, die mit Charles Dickens und *A Christmas Carol* nur

Eine Jerome Hellman – *John Schlesinger Produktion

DUSTIN HOFFMAN JON VOIGHT

Brenda Vaccaro · John McGiver · Ruth White
Sylvia Miles · Barnard Hughes
Drehbuch: Waldo Salt
nach dem Roman von James Leo Herlihy
Produzent: Jerome Hellman
Regie: John Schlesinger

ASPHALT COWBOY
»Midnight Cowboy«

Musikalische Leitung: John Barry
»Everybody's Talkin'« gesungen von Nilsson
Technicolor® United Artists
Original-Filmmusik auf
United Artists-Schallplatten

entfernt etwas zu tun haben: »Gott beschütze uns alle – gottver-
dammt!« Dustin tat, wie ihm aufgetragen, und bewirkte damit
seinen Ausschluß von der Schule, und sein schauspielerisches
Debüt fand ein vorzeitiges Ende.

Obwohl es ihm Spaß gemacht hatte, sich schauspielerisch zu betätigen, nahm Dustin von 1952 an Unterricht in klassischem Klavierspiel, unmittelbar nachdem er in die Los Angeles High School eingetreten war. Von nun an beschäftigte er sich tagtäglich in seinen Mußestunden nach Schulschluß mit dem Klavierspiel und träumte davon, eines Tages ein berühmter Pianist zu werden. Immer dann, wenn der rechtmäßig vorgesehene klavierspielende Mitschüler bei allen möglichen und unmöglichen schulischen Anlässen aus Gründen, die nur er wußte, seinen ihm angestammten Platz hinter dem Flügel nicht einnahm, mußte Dustin herhalten, obwohl er nur ein einziges Lied fehlerfrei intonieren konnte, und zwar den »Bumble Boogie«, den zuerst Freddy Martin bekannt gemacht hatte, und der später in den fünfziger Jahren von B. Bumble und den Stringers zu neuem Ruhm und Ansehen gelangte.

Trotz des Klavierspiels, das er liebte, war Dustin ein eifriger und emsiger Schüler. Er gehörte daneben der Tennismannschaft der Schule an und auch dem Leichtathletik-Team, wo er sich auf den Marathon-Lauf spezialisierte. Und auf dem Beverly Boulevard, gegenüber der Rexal-Drogerie in Hollywood, verkaufte er als Zeitungsjunge den täglich erscheinenden *Mirror*.

An diese Zeit erinnerte sich Dustin Hoffman: »Ich war nun mal der Bumble-Boogie-Fritze, das war mein Trumpf. Wenn irgendwo irgendwelche Partys im Gange waren und ich dabei sein durfte, dann hatte ich keine Wahl. Mein erster Blick galt dem Klavier. Ich hockte mich auf das äußerstmögliche Eck der Klavierbank, haute in die Tasten ind ließ genügend Platz für ein mögliches Mädchen frei, das sich dann neben mich setzen und sagen konnte: ›Mann, hast du empfindsame Hände.‹ Aber es kam kein Mädchen, das so etwas sagte.«

Während der klavierspielende Jungmime heranwuchs, hatte er mit allerlei Widrigkeiten zu kämpfen, die ihm schwer zu schaffen machten: »Ich war ein Junge, der einfach zu kurz geraten war; ich trug Zahnspangen und war mit dem übelsten Pickelgesicht gestraft, das jemals ein Junge in Los Angeles zur Schau getragen hatte.« Hoffman war sich seines Kleinwuchses so sehr bewußt, daß er in späteren Jahren lange Zeit zu verschiedenen Psychoanalytikern lief, um den von ihm empfundenen Makel durch Bewußtseinsmachung anderer Vorzüge auszugleichen. Dustin Hoffman ist heute 1,68 m groß.

Ein Mann wie ein Orkan

Überleben
war ihm nicht
genug –
er wollte frei sein!

COLUMBIA FILM zeigt

STEVE McQUEEN DUSTIN HOFFMAN

in einem FRANKLIN J. SCHAFFNER Film

PAPILLON

mit VICTOR JORY DON GORDON ANTHONY ZERBE Executive Produzent TED RICHMOND
Produktion FRANKLIN J. SCHAFFNER und ROBERT DORFMANN Drehbuch DALTON TRUMBO und LORENZO SEMPLE, Jr.
Nach dem Roman von HENRI CHARRIÈRE Musik Jerry GOLDSMITH Regie FRANKLIN J. SCHAFFNER PANAVISION® TECHNICOLOR®
Im Verleih der WARNER COLUMBIA FILM

Dieser von ihm empfundene Makel des Kleinwuchses mochte wohl ein Grund mehr dafür sein, das Dustin in seiner Schulzeit so ungewöhnlich aktiv blieb. Ständig versuchte er, den anderen Studenten unter Beweis zu stellen, daß er zu außergewöhnlichen Leistungen imstande war. 1955, nach seinem Abgang von der High School, setzte sich Hoffman noch wesentlich höhere Ziele, denn er tat alles während seiner Zeit am Santa Monica City College, um in Musik einen akademischen Grad zu erlangen. Während dieser College-Zeit und während des zweiten Jahres am Santa Monica City College betrieb Hoffman ernsthafte Studien im Klavierspiel. Die Klasse, die er besuchte, befaßte sich auch mit den Fundamenten darstellerischen Rollenspiels, und dies bewirkte wiederum bei dem jungen Hoffman, sein Klavierstudium mit zweifelnden Augen zu betrachten. Er besaß allerdings immer noch genügend Selbstvertrauen in seine musikalischen Fähigkeiten und hoffte darauf, als Pianist Karriere zu machen; also verließ er das Santa Monica City College und schrieb sich am Musikkonservatorium von Los Angeles ein, um die Fächer Jazzpiano und klassisches Klavier zu belegen.

Zu Beginn des Jahres 1957 kamen ihm aber erneut in Bezug auf seine Fertigkeiten Bedenken, und es schien ihm klar zu werden, daß die Schauspielerei ihm das größere Vergnügen und die größere Befriedigung bieten würde. Zweifel wurden alsbald aus dem Wege geräumt. Dustin erinnerte sich des Spaßes, das ihm das Spielen auf einer Bühne in der Vergangenheit bereitet hatte, wobei ihm nicht nur seine Erfahrungen auf der High School zugute kamen, sondern auch jene, die er in seiner Klasse am College von Santa Monica gemacht hatte. Die Schauspielerei schien ihm größere Möglichkeiten zu bieten. Hier hoffte er, sich besser als innerhalb der Musikerszene ausdrücken und ausleben zu können. Nachdem er nun einmal das Ziel seiner Karriere fest vor Augen hatte, verließ er das Konservatorium zugunsten des Pasadena Playhouse, wo er damit begann, die Grundlagen der Schauspielkunst zu erlernen. In dieser Zeit stellte sich nicht nur heraus, daß Dustin allerbeste Talente für eine Karriere als Schauspieler mitbrachte, er wurde auch zum Komödianten der Klasse. Hierdurch und auch durch sein eher scheues Wesen blieb ihm verständlicherweise der rechte Erfolg bei den Mädchen versagt, aber er hoffte, daß er, wenn er durch Leistung überzeugen konnte, auch ein Liebling der Frauen werden konnte. In späteren Jahren bekannte er sich recht freimütig zu seinem Entschluß, die Schauspielerei nur deshalb in Angriff genommen zu haben, weil ihm dadurch alle Wege zu den Herzen der Mädchen geebnet zu sein schienen.

»Die Schauspielerei habe ich nur deshalb angefangen, weil ich dadurch mit allerlei Mädchen zusammenkam«, gestand er. »Die *hübschen* Mädchen kamen erst viel später. Anfangs war ich nur auf Mädchen aus, die zwei Beine hatten, die lächeln konnten und schmachtende Blicke verteilten. Hatte ich mal ein Rendezvous, war mein erster Gedanke, das Mädchen zu küssen. Aber ich traute mich nicht, ich küßte keines. Ich war ›König im Nichtküssen‹. Später, in der Schauspielklasse, wurde uns gesagt, wir sollten uns in den Spielszenen impulsiv verhalten. Meine Impulse liefen darauf hinaus, ein Mädchen in den Arm zu nehmen und es zu küssen. Ich ging von einer Schauspielklasse in die andere, weil darin immer wieder neue Mädels auftauchten.«

Also hatte der Erfahrung sammelnde Mime stets genügend Zeit und Muße, die hämmernden Herzen aller jungen Schönheiten innerhalb des Playhouse für sich zu erobern, wie aber die Namen all dieser Mädchen auch gewesen sein mögen, von Dustin Hoffman waren sie nicht zu erfahren. Er hütet seine Zunge und führt darüber hinaus ein Privatleben, das niemanden etwas angeht. Ein Name aus dieser Zeit am Pasadena Playhouse ist ebenso bekannt wie Dustin Hoffmans Name: Barbra Streisand. Sie besuchte mit ihm zur gleichen Zeit das Playhouse. In diese Zeit fällt auch ein Umschwung, denn Hoffman wußte durch sein Talent die Regisseure des Pasadena Playhouse zu beeindrukken, und schließlich erhielt er die Chance, in einer Schulaufführung von *A View from the Bridge* die Rolle des Anwalts zu spielen. Barney Brown, der Regisseur des Stückes, ein Mensch, der an seine Schüler große Anforderungen stellte, ahnte, daß Dustin alle spezifischen Voraussetzungen mitbrachte, um die Rolle des Anwalts wirksam und erfolgreich über die Rampe zu bringen. Barney Brown sagte zu Hoffman, nachdem die Aufführungen zu *A View from the Bridge* ihrem Ende entgegengegangen waren: »Ich will dir etwas sagen, Junge. Du hast irgend etwas in dir. Möglicherweise wird es lange mit dir dauern. Aber du wirst es schaffen. In welcher Zeit? Möglicherweise mußt du erst dreißig Jahre alt werden, bevor irgend etwas geschieht.«

Dustin Hoffman nahm sich Barney Browns Ratschlag und dessen Aussage zu Herzen, und als das Jahr 1958 angebrochen war, befand der gerade flügge gewordene junge Schauspieler, daß er in seinem Beruf in Kalifornien nicht weiter kommen würde. New York – das war die Stadt, die jeden jungen Schauspieler, jeden Anfänger, in ihren Bann zog. Und in New York gedachte Dustin Hoffman seinen Weg zu machen, vielleicht seinen Weg zu machen, um nicht, und das in seinen eigenen Worten, »zuhause auf den Bauch zu fallen.«

New York, New York
(Off-Broadway-Arbeit; A View from the Bridge; Madigan's Millions)

Angesichts seines Ziels, ein Schauspieler zu werden, gab es für Hoffman keinerlei Schwanken oder Zurücktreten, denn was er am sehnsüchtigsten zu erstreben hoffte, war eine Karriere innerhalb des Show-Busineß, innerhalb der Theater- und Filmwelt. Und er arbeitete. Zunächst setzte sich das fort, was für Dustin Hoffman am Pasadena Playhouse seinen Anfang genommen hatte: Er trat in verschiedenen Bühnenproduktionen des Hauses auf, noch ehe er nach New York ging, um dort sein Glück zu versuchen. Freunde ermutigten ihn, die Reise nach Osten anzutreten, wohl auch aus dem Grunde, da man New York als »riesiges Brachland für Schauspieler« bezeichnete. Auch mußte Dustin seinen Eltern immer wieder einreden, er sei auf dem richtigen Wege, er habe die rechte Entscheidung getroffen; also spielte er am Pasadena Playhouse eine ausreichende Anzahl unterschiedlichster Rollen, um von seinen Eltern den Segen für seine weiteren Schritte in Richtung New York zu bekommen.

Nachdem er seine Reise durch die USA mit Blick auf New York angetreten hatte, machte er doch in den unterschiedlichsten Städten des Mittleren Westens Halt, so in Steamboat Springs, Colorado und in Fargo, North Dakota. Für über drei Monate blieb Dustin dort an den örtlichen Theatern äußerst aktiv und machte Erfahrungen, die ihm auf seinem weiteren Weg dienlich sein sollten. Er spielte (und inszenierte) in einigen Bühnenstücken, die in Amerika großes Ansehen genießen: in William Gibson's *Two for the Seesaw,* in Arthur Millers *Death of A Salesman* und in William Saroyans *The Time of Your Live.*

Nachdem Hoffman schließlich und endlich New York erreicht hatte, galten seine ersten Bemühungen, bei einer namhaften, bekannten Schauspielschule unterzukommen. Die größte und angesehenste Schule dieser Art wurde von Lee Strasberg geleitet: The Actor's Studio. Um am Unterricht dieser Schauspielschule teilnehmen zu können, mußte jeder Neuankömmling zunächst einmal seine Talente vor namhaften Regisseuren des Studios unter Beweis stellen. Aufgeregter und nervöser als zu diesem Zeitpunkt war Hoffman sein bisheriges Leben lang nicht gewesen. Bei seiner ersten Spielprobe kam es in seinen eigenen Worten zu einer »Katastrophe.« Obwohl er sehr genau wußte , daß die Talentprobe alles für ihn bedeutete, fand er keine Möglichkeit, sich zu entspannen. Als man den jungen, angehenden Schauspieler zurückwies, gab er keineswegs auf. Er sprach und spielte noch *vier* weitere Male vor, fiel aber jedesmal durch, und ihm wurde auch zu keiner Zeit gesagt, warum man ihm die Aufnahme in das Actor's Studio verwehrte.

Trotzdem setzte er aber seine Suche, wenn auch erfolglos, nach einer anderen Schauspielschule innerhalb New Yorks fort. Mehrere Monate dauerte diese Suche, bis er wieder zu einem Termin beim Actor's Studio zugelassen und schließlich als Schüler akzeptiert wurde. Bei Lee Strasberg hatten namhafte Personen gelernt, darunter Marlon Brando, George C. Scott, Karl Malden und Marilyn Monroe. Der berühmte Schauspiellehrer mochte den jungen Hoffman von dem Zeitpunkt an, da er ihn gesehen hatte und half ihm, die notwendigen Vorbereitungen zu treffen, damit er sich zum Studium des Schulprogramms einschreiben konnte. Zwei von Dustin Hoffmans Zimmergenossen, Robert Duvall und Gene Hackman, hatten sich ebenfalls bei Strasberg einschreiben lassen, um von ihm in seinen Methoden ausgebildet zu werden.

Während seiner Zugehörigkeit zum Actor's Studio stöberte Hoffman kleinere Rollen in Off-Broadway-Stücken und College-Produktionen auf. Rollen zur schauspielerischen Betätigung waren allerdings Mangelware, so daß er also allerlei kurzfristige Jobs annehmen mußte, um sich über Wasser halten zu können. Unter anderem arbeitete Hoffman als Psychiatrie-Bediensteter in einer Anstalt für Geisteskranke. An seinen ersten Tag in der geschlossenen Männerabteilung des Krankenhauses hat Hoffman nicht die allerbesten Erinnerungen: »Ich war zu Tode erschrocken! Auf einem Gang traf ich auf einen Burschen mittleren Alters. ›Ich komme nächsten Sonntag hier raus‹, sagte er zu mir. ›Mein Ehegesponst ist alt und arbeitet als Klofrau … Du hast hübsche Zähne, Süßer, sind das deine eigenen?‹ Dann fing er an, wie verrückt durch den Gang zu hüpfen und machte, ohne Vorwarnung, das Geräusch eines elektrischen Rasierapparates

nach.« Dieser Vorfall strapazierte Hoffmans Nerven ganz erheblich.

Einen Monat später gelangte Hoffman zu der Überzeugung, er habe lange genug dort gearbeitet und verdingte sich an anderer Stelle kurzfristig als Maschinenschreiber. Von Tauglichkeit konnte auch hier nicht die Rede sein, denn Dustin brachte es beim Einhämmern auf seine Schreibmaschine auf ganze acht Worte pro Minute. Büroarbeit hatte ihn noch nie interessiert. Also warf er auch diesen Job hin wie viele andere.

Aber es gelang ihm auch, schließlich einen Job, der saisonbedingt war, für drei aufeinander folgende Jahre zu behalten. Dreimal arbeitete er in der Weihnachtszeit in der Spielzeugabteilung von Macys Kaufhaus in New York. In einer Saison mußte er Hockey-Spiele verkaufen, die 16,95 Dollar das Stück kosteten. Bei einem Versuch, die Verkaufserfolge in die Höhe schnellen zu lassen, erschien Dustin eines morgens bei Macys in der Spielwarenabteilung im Dress der Montreal Canadiens, einer kanadischen Eishockey-Mannschaft, und sprach mit einem vorgetäuschten französischen Akzent auf potentielle Käufer ein. Ob nun die Verkaufszahlen für Hockey-Spiele in die Höhe schnellten ist allerdings nicht bekannt. Bekannt ist aber, daß Dustin Hoffmans Sinn für Scherze niemals ganz unterging. Bei einem anderen Vorfall plazierte er Gene Hackmans eineinhalbjährigen Sohn auf dem Verkaufstresen und bot ihn einigen Frauen als lebensgroße Puppe für sechzehn Dollar an.

Trotz der vielen Späße, mit denen sich Dustin während seiner Arbeit als Spielzeugverkäufer die Tage zu verschönern wußte, fand er nicht länger Freude an seiner Arbeit, die für ihn zu weit vom Theater und seiner eigentlichen Bestimmung entfernt war. Dem Theater kam er allerdings durch eine andere Tätigkeit empfindlich nahe, denn in den nächsten Monaten nahm er eine Beschäftigung als Garderobier im New Yorker Longacre Theatre an. Zu dieser Zeit spielte man dort das Stück *Rhinoceros* mit Zero Mostel in der Hauptrolle. Nach seiner allabendlichen Arbeit als männliches Garderobenfräulein stahl sich Dustin in das Innere des Theaters, um die mitwirkenden Schauspieler auf seine Existenz aufmerksam zu machen. Dort hatte er auch Gelegenheit, mit glänzenden Augen dem Spiel der Profis zuzuschauen, wenn er jede Bewegung und jede Geste der Akteure verfolgte. Was ihn besonders am Spiel der anderen faszinierte, wurde später Teil seiner eigenen schauspielerischen Betätigung. Als *Rhinoceros* vom Spielplan des Longacre Theatre abgesetzt worden war, befand sich Dustin erneut auf der Straße und verrichtete allerlei niedrige Dienste, darunter die Arbeit eines

DER MARATHON MANN

Ein Thriller

Paramount Pictures zeigen
eine ROBERT EVANS · SIDNEY BECKERMAN Produktion
einen JOHN SCHLESINGER Film

DUSTIN HOFFMAN
LAURENCE OLIVIER
ROY SCHEIDER
WILLIAM DEVANE · MARTHE KELLER in
DER MARATHON MANN

Kamera: CONRAD HALL A.S.C.   Mitproduzent: GEORGE JUSTIN
Drehbuch: WILLIAM GOLDMAN nach seinem Roman
Produziert von ROBERT EVANS und SIDNEY BECKERMAN
Regie: JOHN SCHLESINGER   Musik: MICHAEL SMALL
Service von CONNAUGHT PRODUCTIONS   In Farbe
Ein Paramount Film im Verleih der Cinema International Corporation
Das Buch zum Film im Molden Verlag

Pförtners in einer Tanzschule. Er verdingte sich als Flechter hawaiianischer Blütenkränze und arbeitete auch als Kellner. Kurze Zeit später fand man ihn als Schauspiellehrer wieder, und zwar im East Harlem Boy's Club in New Yorks 110. Straße.

23

Die angestrebte Theaterkarriere am Brodway ließ in dieser Zeit bedauerlicherweise sehr zu wünschen übrig, und Dustin schaffte sich auf andere Weise ein gewisses Ansehen: Er war zu einem Frauenheld erster Güte geworden, und seine Reputation wuchs in New York von Tag zu Tag. Einer, der anonym bleiben möchte, beschrieb dies so: »Dustin wurde irgendwie zu einer Art Warren Beatty, allerdings ein Warren Beatty des Underground.« Nachdem Hoffman nach New York gekommen war, hatte sich sein Äußeres verändert – irgend etwas in Aussehen und Verhalten hatte dazu beigetragen, daß die Frauen auf den jungen Mimen flogen. Dieser Umstand ist deshalb so bemerkenswert, da Hoffman zu früheren Zeitpunkten im Umgang mit Mädchen wohl eher zu den schüchternen Männern gezählt hatte. Daß dies nun alles anders wurde, führte Dustin auf die Tatsache zurück, daß ihm einige Tricks im Umgang mit Frauen zur Kenntnis gekommen waren. Er las den Mädchen aus den Werken Carl Sandburgs vor und verdrehte ihnen durch sein Klavierspiel die Köpfe. Robert Duvall, Dustins langjähriger Freund, fand hierzu passende Worte: »Dustin wurde von zahllosen Mädchen umschwärmt. Ich kannte jedenfalls keinen anderen Mann, der soviel Erfolg bei Frauen gehabt hatte. Gegen ihn war Joe Namath ein Waisenknabe.« In seiner bescheidenen Art wußte Dustin Hoffman sein Image als Ladykiller stets herunterzuspielen.

Abgesehen von seiner kolossalen Befähigung, im Umgang mit der Weiblichkeit stets den richtigen Ton zu treffen, befand sich Hoffman zu jener Zeit in einer Periode, in der er auch sein Äußeres veränderte. Er ließ sich die Haare lang wachsen, bekleidete sich mit Lederstiefeln und Bluejeans, und seinen Oberkörper zierte eine Weste aus Schafspelz, wobei er darauf verzichtete, darunter ein Hemd zu tragen. Zur Fortbewegung benutzte er nicht wie die anderen ein Auto, sondern schaffte sich ein Motorrad an. All dies geschah zur Zeit der ersten Hippies und jener jungen Leute, die gegen den Vietnam-Krieg protestierten. Dustins Bekleidung passte sich der damaligen Zeit an. Sie war ein Zeichen jener Tage.

Mittlerweile war es ihm gleichgültig geworden, auf sein verlottertes Aussehen hin angesprochen zu werden, und da er beständig an Lebenserfahrung reicher wurde, hatte er auch die Kraft gefunden, sich über jeden Rückschlag in Bezug auf seine

Dustin Hoffman zu der Zeit, als er noch ein unbekannter Schauspieler war und darauf hoffte, einmal am Broadway auftreten zu können.

Schauspielerkarriere hinwegzusetzen. Der Hauptgrund für dieses Verhalten kann auf die Tatsache zurückgeführt werden, daß Dustin vieles von seiner Aggressivität verloren hatte. Er war friedfertiger geworden, gelassener. »Bob Duvall, Gene Hackman und ich, wir schoben viel lieber unsere Fotos bei den Agenturen und Theatern unter den Türen durch und suchten das Weite. Wir hatten kein Interesse daran, ausgefragt zu werden, weil diese Aussprachen ja doch immer wieder durch Ablehnungen beendet wurden. Wir waren einfach keine Verkäufertypen, wir konnten uns nie richtig anpreisen. Wir scheuten das Rampenlicht und machten einen Bogen darum, während andere den Mut und das Selbstvertrauen aufbrachten, sich ins rechte Licht zu setzen«, erinnerte sich der Schauspieler an jene Tage.

Hoffman versuchte an diesem Problem zu arbeiten, denn durch sein beständiges Ausweichen vor Agenturen und Theatern blieben Angebote, als Schauspieler zu arbeiten, sehr selten. Allerdings war es auch nicht sonderlich einfach, die Aufmerksamkeit der Broadway-Produzenten auf sich zu lenken, und selbst dann, wenn er für eine Rolle vorlas, wurde er mit regelmäßiger Beständigkeit abgelehnt. In der Zwischenzeit nahm er ein Angebot an, in einer Produktion des Sarah Lawrence College zu spielen. Allerdings ohne Bezahlung. Einstudiert wurde Gertrude Steins *Yes Is for a Very Young Man,* die Premiere fand am 20. Mai 1959 statt. Da das Lawrence-College lediglich von Mädchen besucht wurde, hatte die Theaterabteilung der Schule den Auftrag vergeben, außerhalb des College-Geländes nach jungen, heranreifenden Schauspielern Ausschau zu halten. Die Rolle, mit der Dustin bedacht wurde, war klein und weit davon entfernt, von den Broadway-Produzenten überhaupt zur Kenntnis genommen zu werden. Aber schließlich und endlich handelte es sich um Arbeit, bei der man etwas dazulernen konnte.

Obwohl die Aufführung für das College zu einem Erfolg wurde, hielten die lokalen Kritiker mit ihrer Begeisterung hinter dem Berg. »Auf dem Titel des Stücks ruht die schwere Last der unverblümten Aussage, die einem von Miss Stein aufgedrängt und aufgebürdet wurde«, beschrieb ein Kritiker das Theaterstück. Die Handlung selbst dreht sich um schmerzliche Erfahrungen, die auseinandergerissene französische Familien während des Zweiten Weltkrieges in Frankreich machen mußten. In den Kritiken wurde Dustin Hoffman nicht erwähnt, denn seine Rolle war neben ihrer Kürze auch noch unbedeutend. Sie versetzte ihn nicht in die Möglichkeit, sich innerhalb des Bühnenstücks zu entfalten. Immerhin führte sie aber zu seinem Broadway-Debüt in *A Cook for Mr. General,* worin er einen leicht verrückten Soldaten spielen mußte, der lediglich ein Wort zu sagen hatte. Auch hierbei hielten sich die Kritiker zurück und fanden nur lauwarme Umschreibungen für die Aufführung, die bereits nach drei Wochen vom Spielplan abgesetzt wurde. Dustin sah sich wieder in die Reihen der anderen Arbeitslosen zurückversetzt. Aber das Glück war auf seiner Seite.

Eine entscheidende Wende trat ein, nachdem Hoffman zu der Bostoner Theatre Company gestoßen war und von dieser als Charakterschauspieler eingesetzt worden war. Er verkaufte seine Talente für sechsundfünfzig Dollar die Woche und erschien in neun Monaten in zehn Bühnenstücken. Darunter befanden sich Arbeiten von Bert Brecht, Samuel Beckett, Eugène Ionesco, Harold Pinter, Jean-Paul Sartre und T. S. Eliot. Hoffmans beste Leistung, so befanden die Kritiker, war die Darstellung des Pozzo, des Sklaventreibers in *Waiting for Godot* (deutsch: Warten auf Godot). Diese Aufführung kam auch für einen Abend im Circle in the Square in New York auf die Bühne und wurde von Ulu Grosbard inszeniert. Grosbard fand für Hoffmans Auslegung der Rolle nur höchstes Lob, und den Reportern erzählte er später: »Nachdem Hoffman den Pozzo gespielt hatte, war es mit meinem Verständnis für diese Rolle vorbei.«

Nach *Waiting for Godot* waren die Broadway-Produzenten aufmerksam geworden, und Dustin Hoffman erhielt die unterschiedlichsten Angebote. Ein Angebot kam auch von Ulu Grosbard selbst, der den Schauspieler als Regie-Assistenten bei *A View from the Bridge* einsetzen wollte, jenem Stück also, für das Hoffman bereits beim Pasadena Playhouse Erfahrung gesammelt hatte. Grosbard selbst und der Filmproduzent Joseph E. Levine stellten die Inszenierung finanziell auf die Beine, die nach Arthur Millers Theaterstück für die Bühne adaptiert worden war. Die Premiere fand an einem Dienstag statt, und zwar am 28.Januar 1965 im Sheridan Square Playhouse in New York, nachdem *A View from the Bridge* zehn Jahre lang auf keinem Theaterspielplan in den USA zu finden gewesen war. Ursprünglich wurde *A View from the Bridge,* da es auch vom Autor so konzipiert worden war, in einem Akt gespielt. Die Inszenierung von Grosbard teilte es in zwei Akte einschließlich einer Pause auf.

Die Handlung des Stücks dreht sich um einen italienischen, in Brooklyn lebenden Hafenarbeiter, der von seiner Begierde zu einer jungen Nichte zerstört wird, die von ihm und seiner Frau aufgenommen und aufgezogen wurde. Der Hafenarbeiter wurde sehr erfolgreich und wirkungsvoll von Robert Duvall gespielt und durch eine ebenso starke und lebendige Darstellung von Jon Voight unterstützt, der den jungen Mann spielte, in den sich Duvalls Nichte verliebt. Jon Voight sollte später noch einmal mit Dustin Hoffman arbeiten, und zwar als Hauptdarsteller in dem Film *Midnight Cowboy* (Asphalt-Cowboy) vier Jahre später.

Am 11. Dezember 1966 wurde *A View from the Bridge* nach 780 erfolgreichen Vorstellungen abgesetzt. Dustin Hoffman hatte in seiner Eigenschaft als rechte Hand von Ulu Grosbard während dieser 780 Vorstellungen keineswegs untätig herumgesessen, sondern seine Freizeit während dieses Engagements zum Vorsprechen für eine Broadway-Revue benutzt, die von Ronald Ribman unter dem Titel *Harry, Noon, and Night* geschrieben worden war. Regisseur George Morrison erinnerte sich an Hoffmans Versprechen: »Das, was mir Dustin da anbot, war das beste, was ich je gesehen hatte. Ich konnte es gar nicht glauben. Er schnappte sich irgendwelche Requisiten und improvisierte.« Später, nachdem Hoffman sich mit der Rolle befaßte, fand Morrison die folgenden Worte: »… er zog sich, um die Rolle verstehen zu können, vollkommen in sich zurück.« Während der Proben war Hoffman eines Tages vor Morrisons Augen urplötzlich von der Bühne verschwunden, und niemand konnte den Schauspieler ausfindig machen – erst am nächsten Tag tauchte er wieder zu den Proben auf, und die Bühne erstrahlte im Glanz seiner Darstellungskunst.

Zum erstenmal gelangte die Produktion im Frühjahr 1965 auf die Bühne. In ihr geht es um einen Autor, dessen Untermieter homosexuell veranlagt ist. Morrison bemerkte an anderer Stelle, daß diese Adaptation von Ronald Ribmans Story geschickt ins rechte Licht gerückt worden war und darüber hinaus in den Rollen bestens besetzt. Hoffmans Rolle war die eines buckligen deutschen Homosexuellen. Dazu Morrison: »Gegen Ende der

Proben stand seine Interpretation auf brillante Weise. Das, was der Autor gewollt hatte, konnte der Schauspieler ihm geben. Das war wie Tenessee Williams und Geraldine Page, wie Eugene O'Neill und Jason Robards Jr. – ein Schauspieler findet seinen Autoren und ist sich seiner Möglichkeiten sofort voll bewußt.« Dem fügte Ronald Ribman hinzu: »Dustin besaß hier die Fähigkeit, sein eigenes Ego zu vergessen. Er wurde zu der Figur, an der er gearbeitet hatte.« Solcherlei Lob blieb nicht ohne Folgen. Hoffman konnte einen Vertrag unterzeichnen, der ihm eine Rolle in einer Episode der TV-Serie »The Defenders« einbrachte, die am 8. April 1965 ausgestrahlt wurde.[2]

Je länger Hoffman an einer ganz bestimmten Bühnenrolle arbeiten konnte, um so besser etablierte er sich als Theaterschauspieler. Gab es einmal weniger Arbeit, trat in Bezug auf das

Unter dem Titel ›Madigan's Millions‹ lief die italienisch-spanische Co-Produktion in den USA, die in Rom unter dem Titel ›Un dollaro per 7 vigliacchi‹ entstanden war. Die riesige dänische Dogge neben Dustin läßt den Schauspieler noch kleiner und zerbrechlicher erscheinen, obwohl er in dem Film einen Kriminalbeamten des amerikanischen Schatzamtes spielen muß und eine Respektsperson zu sein hat.

Theater eine Entfremdung ein. Ständige Beschäftigung tat Hoffman gut. Und als andauernde Beschäftigung zum Alltag gehörte, hatte der Schauspieler die Möglichkeit, sich zu vervollkommnen und die Verbindung aus feinem Gespür mit seiner natürlichen Begabung zu paaren. Das Vertrauen in seinen Beruf wuchs. Die Broadway-Produzenten, und auch die Filmgewaltigen, nahmen in zunehmendem Maße von Hoffmans bemerkenswerten Talenten Kenntnis. Unter jenen, die sich für den Darsteller interessierten, befand sich auch Frank D. Gilroy, der sein mit dem Pulitzer-Preis bedachtes Bühnenstück *The Subject Was Roses* neu zu besetzen gedachte. Gilroy hatte Hoffman in einer kleineren Inszenierung entdeckt und war verblüfft über dessen Agilität auf der Bühne. Später näherte sich Gilroy dem Schauspieler und fragte ihn, ob er Interesse daran habe, die Rolle des Timmy Cleary zu spielen, des Sohnes von John und Nettie Cleary, eine Rolle, die Martin Sheen in der Originalinszenierung des Stückes dargeboten hatte.

Es war nun an Dustin Hoffman, dem Angebot zuzustimmen. Gleich in der darauffolgenden Woche erschien er zu den Vorbesprechungen und ersten Proben. Es gab Veränderungen innerhalb der Besetzung, so daß Jack Albertson und Irene Dailey mit der Produktion nach Los Angeles auf Tournee gehen konnten.[3]

Gilroy hatte sich dafür entschieden, das Stück weiterlaufen zu lassen, bis die neue Besetzung Formen angenommen hatte und eingesetzt werden konnte. Hoffman war ganz eindeutig darüber erfreut, daß er als einer der Hauptdarsteller ausgewählt worden war, denn dieser Einsatz hätte seine erste *große* Chance am Broadway bedeutet.

Das Schicksal griff ein. Nach dem ersten Probentag ging Hoffman am Abend in das Haus seiner Freundin, um dort zum Dinner Rindfleisch-Fondue vorzubereiten. Beim Herrichten explodierte der Fonduetopf aus unerfindlichen Gründen und versengte den Schauspieler mit heißem, kochendem Öl. Ein kleiner Küchenbrand entfachte sich, den Hoffman versuchte, mit seinen bloßen Händen einzudämmen. Das hatte zur Folge, daß er sich Verbrennungen dritten Grades an den Händen zufügte, aber er ging in kein Krankenhaus und zu keinem Arzt zur Behandlung, weil er seine Chance am Broadway nicht ungenutzt verstreichen lassen wollte, denn *A Subject Was Roses,* das wußte jeder, der mit diesem Stück zu tun hatte, gab zu allerlei Spekulationen im Hinblick auf Bühnenpreise Anlaß. Die Verbrennungen waren wesentlich schwererer Natur, als es sich der Schauspieler eingestehen wollte. Eine ernstzunehmende Blutvergiftung trat noch zusätzlich auf, so daß Hoffman einen ganzen Monat lang in ein Krankenhaus mußte. Die Ärzte hielten seinen Zustand für äußerst bedenklich, und Hoffmans Leben hing an einem Seidenfaden. Dank entsprechender medikamentöser Behandlung gingen die Vergiftungssymptome zurück und Hoffman wurde ermahnt, seine Gesundheit in Zukunft vornan zu stellen.

Nach zusätzlicher vierwöchiger Erholung entließ man Dustin Hoffman aus dem Krankenhaus. Da seine Hände immer noch mit leichten Verbänden geschützt waren, verspürte er kein Verlangen, zur Arbeit zurückzukehren. Als er dann doch einmal bei den Proben auftauchte, mußte er sehen, daß Walter McGinn, sein Ersatzmann, die Rolle des Timmy für sich gewonnen hatte. Hoffman standen die Tränen in den Augen. Gilroy trat an ihn heran, um ihn zu trösten und um ihm zu sagen, daß im Hinblick auf die nahe Premiere eine Umbesetzung vorgenommen werden mußte, weil niemand aus dem Stab Genaueres über Hoffmans Verbleib im Krankenhaus hatte aussagen können. Gilroys Mitgefühl äußerte sich in seinem Angebot, Hoffman erneut zu engagieren, allerdings in diesem Falle als Ersatzmann für McGinn. Darüber hinaus sollte er als Assistent des Spielleiters fungieren. Dustin, der sich verschaukelt und verletzt fühlte, lehnte das Angebot ab und stürmte aus dem Theater. Wenn alles glücklich verlaufen wäre, hätte der Schauspieler für ein Jahr lang in *The Subject Was Roses* spielen können. So aber belief sich seine Mitwirkung an dieser Bühnenproduktion auf einen Tag, der mit Proben und Gesprächen verbracht worden war.

Da er nun durch ein ungnädiges Schicksal die Rolle des Timmy Cleary wider Erwarten verloren hatte, war Verzweiflung an der Tagesordnung. Hoffmans Selbstvertrauen wurde erschüttert, er dachte sogar daran, die Schauspielerei vollkommen aufzugeben. Und er zog in Erwägung, zurück auf ein College zu gehen, ein anderes Studium zu beginnen, um Lehrer zu werden. Auch eine andere Beschäftigung wäre ihm recht gewesen, wenn sie nur nichts mit der Schauspielerei zu tun gehabt hätte. Je länger er darüber nachdachte, dem Theater den Rücken zu kehren, um so deutlicher wurde ihm der Umstand, daß es kein Zurück für ihn mehr geben konnte. Das brennende Verlangen, ein anerkannter Bühnenstar zu werden, hatte längst von ihm Besitz ergriffen. Einfach aufhören, das paßte nicht zu ihm und war auch nicht Teil jener Regeln, die der Akteur für seine Beweggründe festgelegt hatte.

Von nun an versuchte er, den einmal entgleisten Zug wieder in die Schienen zu bringen und klapperte ein Theater nach dem anderen ab. Einen Monat später stieß er auf Gold, als man ihn in dem Stück *Sergeant Musgrave's Dance* besetzte. Am sechsten Probentag gab der Regisseur dem Schauspieler zu verstehen, er möge sich für einen Tag oder länger freinehmen und aus den Proben heraushalten. Was man Hoffman mit diesem Ansinnen sagen wollte, hieß, er brauche sich nicht mehr blicken lassen. Die Gründe für diese Entscheidung sind bis heute unklar geblieben, möglicherweise war auch der Regisseur über Dustins Darstellung nicht sonderlich glücklich, denn die Proben wurden von gelegentlichen Wutanfällen des Schauspielers mehrfach unterbrochen. Diese plötzlichen Gefühlsausbrüche waren bei Dustin Hoffman nichts Außergewöhnliches, denn sein Weg war für gewöhnlich nicht selten mit Streitereien gepflastert. Da er nun auch diesen Job verloren hatte, blieb ein einigermaßen erschütterter Mime zurück. Aber Dustin dachte nicht daran, die Flinte vorzeitig ins Korn zu werfen.

Irgendwo hatte er flüstern gehört, daß für eine andere Revue, *The Journey of the Fifth Horse,* die ebenfalls von Ronald Ribman geschrieben worden war, Proben abgehalten wurden. Aber in diesem Falle wurde Dustin erneut auf die Straße gesetzt, denn der Regisseur der Inszenierung, Larry Arrick, hatte bei den Proben das Gefühl, Hoffman würde sich nicht genug ins Zeug legen. Sehr schnell änderte Dustin sein Verhalten, und man konnte am Broadway eine darstellerische Leistung sehen, die ihresgleichen in den nächsten Jahren zu suchen hatte.

Am 21. April 1966 fand im New Yorks Off-Broadway American Place Theatre die Premiere zu *The Journey of the Fifth Horse* statt. Dem Stück lag in erster Linie eine Kurzgeschichte von Ivan Turgenev zugrunde, die in den USA den Titel »Diary of a Superfluous Man« trägt. Der Held ist in diesem Falle ein russischer Landbesitzer des neunzehnten Jahrhunderts mit Namen Chulkaturin. Chulkaturin stirbt jung und hinterläßt ein Tagebuch, das seine Lebensgeschichte erzählt. Noch auf seinem Todeslager hatte er eines seiner Dienstmädchen beauftragt, nach seinem Ableben das Tagebuch zu verbrennen. Das habgierige Mädchen entspricht allerdings nicht Chulkaturins Wunsch und versucht, das Tagebuch an einen bekannten Verleger zu verkaufen. Die Handlung der russischen Novelle wurde durch zwei neue Akte verfeinert, die zu diesem Zwecke von Ribman neu geschrieben worden waren. In diesen Handlungsteilen von Ribman hat Hoffman die Rolle des Zodith, eines unverschämten und alten Mitarbeiter des Verlegers, von dem er den Auftrag erhält, das Tagebuch auf seine Qualitäten hin zu lesen.

Das Bühnenstück vollzieht sich innerhalb drei unterschiedlicher Akte. Einmal dreht sich die Handlung um Chulkaturins Leben, wobei der Ablauf auf Turgenevs Geschichte basiert, zum zweiten geht es um Zoditchs eigenes Leben, und der dritte Teil befaßt sich mit Zoditchs Phantasiegebilden. Die Kritiker befanden einstimmig, daß Hoffmans Darstellung des exzentrischen Zodith spektakulärer Teil der Aufführung gewesen sei. Einige der Rezensenten stellten Ribmans Versuch, eine alte russische Erzählung mit zwei völlig neu geschriebenen Handlungsabläufen zu kombinieren, in Frage. Man berief sich darauf, daß das Gesamtwerk in seiner Einheit zu verwirrend sei und man erhebliche Schwierigkeiten habe, dem Geschehen ohne Mühe zu folgen. Von einem der Theaterkritiker wurde Ribmans Version von » Diary of a Superfluous Man« für das Folgende gehalten: »... Chulkaturin ist plötzlich eher ein asozialer Bauer und weniger ein einsamer Mann, abgesperrt von der Liebe durch einen Wall von Dummheit.«

Soweit es um Dustin Hoffmans eigene Darstellung ging, fand der Kritiker der *New York Times,* Stanley Kauffman, nur begeisternde Worte: »Dustin Hoffmans Darstellung des Zodith hat die Vitalität des geborenen Schauspielers, dessen unterschiedliche Talente die Rolle bestens unter Kontrolle haben. Mit klar umrissenen komödiantischen Techniken versteht er es, aus diesem widerwärtigen und unattraktiven Mann eine drollige und bemitleidenswerte Figur zu machen. Mr. Hoffman ist noch nicht einmal dreißig Jahre alt. Vielleicht – wenn es die Tollheiten der Theaterwelt zulassen – werden wir beobachten können, wie sich eine außergewöhnliche Karriere zu entwickeln weiß.«

Während die Inszenierung insgesamt nur mittelmäßige Kritiken einheimsen konnte, zeigten die Theaterkritiker, wie man

Dustin Hoffmans Darstellung zu würdigen hatte, denn Hoffman erhielt einen Preis, der am Broadway überaus begehrt ist: den Obie Award des Jahres 1966 für die beste darstellerische Leistung eines Schauspielers.

Mit *The Journey of the Fifth Horse* hatte Hoffman nun seinen ersten großen sensationellen Erfolg in der Tasche, und er hatte sich nun auch als ein etablierter Bühnendarsteller durchgesetzt. Seinem Achtung einflößenden Spiel in Ronald Ribmans Produktion ließ er nun eine weitere erstklassige Antih-Helden-Rolle in Henry Livings britischer Komödie *Eh?* folgen. Das Stück wurde von Alan Arkin meisterhaft in Szene gesetzt und ging am 16. Oktober 1966 abseits des Broadway im Circle in the Square als ein Aufsehen eregendes Ereignis über die Bühne. Arkin hatte die Inszenierung erst übernommen, nachdem zwei seiner Regievorgänger wegen »künstlerischer Differenzen« ihre Arbeit niedergelegt hatten.

In dieser revueartigen Komödie spielte Dustin Hoffman zum ersten Mal in seinem Leben eine Hauptrolle. In diesem Falle war ihm die Rolle des Valentine Brose anvertraut, eines blöden Cockney-Londoner Maschinisten, der im Heizraum eines halbautomatischen antiseptischen Färbereiunternehmens die Geräte bedient. Brose übernahm die Arbeit lediglich, weil sie für ihn leicht zu verrichten ist und sich in einem gewerkschaftsfreien Betrieb vollzieht. Unmittelbar nach der Premiere sahen die Kritiker in Hoffmans Darstellung eine »Mischung aus Ringo Starr und Buster Keaton«. Möglicherweise war es auch Hoffmans Ungeschicklichkeit im Umgang mit Maschinen überhaupt, daß einer der Kritiker davon sprach, die Darstellung würde ihn an Charlie Chaplins Leistung in *Modern Times* (Moderne Zeiten, 1936) erinnern.

In einem Interview verkündete Alan Arkin, daß Dustin Hoffman eine überaus schwierige Rolle in den Griff bekommen habe, ohne vorzeitig aufzugeben. Ja, er hatte nicht einmal Anzeichen erkennen lassen, die darauf hingedeutet hätten, daß er es mit schwerer Theaterkost zu tun gehabt hatte: »Es gibt zwei Arten von Leuten, die schwierig sind. Diejenigen, die mit Leidenschaftlichkeit an ihre Arbeit herangehen und solche, deren Leidenschaft sich auf die eigene Person beschränkt. Dustin geht mit Leidenschaft an seine Rolle heran. Das war für mich eine glückselig machende Angelegenheit. Ich glaube, wir haben die gesamte Inszenierung ganz einfach aus dem Hut gezogen.« So weit Alan Arkin.

Das Stück war mehr oder minder eine Farce, versehen mit allen notwendigen Bestandteilen: doppeldeutiges Gerede, Wortverdrehungen, und dazu die üblichen Standard-Gags. Glücklicherweise war die Geschichte so gekonnt geschrieben worden, daß sich die komödiantischen Elemente hervorragend mit den gereiften, aber allseits bekannten Gags vertrugen. Eliot Fremont-Smith, ein Kritiker der *New York Times,* fand begeisterte Worte für das Stück: »Alle Mitwirkenden haben Lob verdient. Obwohl es sich hier eigentlich im wesentlichen um Broses Show handelt, sollte das größte Lob an Mr. Hoffman gehen, dem man attestieren kann, daß er der agilste und hintergründigste Komödiant ist, den man hier in unseren Breitengraden finden kann. Bei Mr. Hoffman ist die Sache in den besten Händen, und sollte *Eh?* nicht sonderlich verlockend klingen, dann sollte man ihn erst einmal darin sehen.«

Und Hoffman wurde gesehen, ohne Zweifel. Fernseh- und Filmproduzenten näherten sich *Eh?* und befanden, Dustin Hoffman besitze genügend Bühnenpersönlichkeit, um eine Leinwandpersönlichkeit werden zu können. Mit *Eh?* hatte dieser seinen zweiten Sensationserfolg gelandet und war sozusagen »heiße Ware« geworden – so heiß, daß er fürs erste mit den Dakapo-Rufen überhaupt nichts anzufangen wußte. Dustin befand sich nun in einer Position, die jeder Schauspieler anstrebt, ja, geradezu herbeisehnt: Es war keine Eile mehr geboten – er konnte sich Zeit lassen und seine nächste Rolle einer genauesten Überprüfung unterziehen.

Was Dustin Hoffman allerdings sehnsüchtig herbeizitieren wollte, versteckte sich hinter der Möglichkeit, durch seine Bereitschaft den Sprung vom Bühnenstar zum Filmstar zu schaffen. Dahinter verbarg sich auch jenes allerletzte Ziel, das er sich seit seinen ersten Tagen als Schauspieler gesetzt hatte. Nun war er bereit, sich in ein für ihn neues Madium zu begeben. Warum auch nicht? Er verfügte über ein Gesicht, und er verfügte über genügend Persönlichkeit. Er verfügte aber auch über ein gerüttelt Maß an Talent. In der Zwischenzeit fragte er sich ständig, zu welchem Zeitpunkt er seine erste Filmchance erhalten würde.

Glücklicherweise fügte es sich so, daß sein Traum früher wahr wurde, als sich erahnen ließ. Im Oktober des Jahres 1966 war

Dustin von seiner Rolle aus *Eh?* frei, um in einem fünfundvierzigminütigen Film eine Rolle als Beatnik-Liebhaber übernehmen zu können. Aus dem Projekt wurde der Columbia-Film *The Tiger Makes Out,* eine zeitgenössische Filmkomödie. Die Hauptrollen spielten Eli Wallach und Anne Jackson, das Drehbuch war nach einem preisgekrönten Bühnenstück von Murray Schisgal gefertigt worden. Titel: *The Tiger.* Dustin mußte erst gar nicht weit reisen, um seine Rolle für den Film spielen zu können, denn Regisseur Arthur Hiller hatte seine Szenerie für die Filmteile mit Dustin Hoffman direkt in New York gefunden. Nachdem der Film mit Beifall gezeigt worden war (Premiere: 19. September 1967), hatte Dustin Hoffman im Hinblick auf eine Karriere als Filmschauspieler einen, wenn auch bescheidenen, Anfang gemacht. Im Vorspann erscheint sein Name an neunzehnter Stelle unter den Akteuren; das war sicherlich weit von seinen beiden Hauptrollen in Broadway-Stücken entfernt, doch auch diese Arbeit vermittelte dem gerade dreißig Jahre alt gewordenen Schauspieler ein erhebliches Quantum an Auftrieb.

Wenn auch seine Rolle in *The Tiger Makes Out* nur von sekundärer Bedeutung blieb, so war sie doch für Hoffmans Erfahrung im Hinblick auf zukünftige filmische Arbeit ein Schritt nach vorn, zumal der Schauspieler mit dem Gedanken spielte, aus seiner Mitwirkung in Filmen einen Lebensinhalt zu machen. Und die zweite Möglichkeit in Bezug auf die Karriere als Filmschauspieler stellte sich schneller ein, als Hoffman erwartet hatte, denn er konnte einen Vertrag unterzeichnen, der ihm die männliche Hauptrolle in einem italienisch-spanischen Detektivfilm, einer mit niedrigem Budget angesetzten Komödie, zusicherte. Aus dem Projekt sollte *Un dollaro per 7 vigliacchi* (Zwei Nummern zu groß, 1968) werden, ein Film, der in den USA unter dem Titel *Madigan's Millions* in die Kinos gelangte. Die Dreharbeiten dazu begannen im April des Jahres 1967 in Rom, mit Stanley Prager als Regisseur. George Raft war zunächst für die Rolle des Madigan ausgewählt worden, aber einige Wochen vor Drehbeginn zog er seine Zusage zurück, wohl auch deswegen, weil ein unglücklich verfaßtes Drehbuch einem Billigfilm schon gar nicht zu Gesicht steht. Für Raft kam der unverwüstliche Cesar Romero in den Film, der gegen das italienische Starlet Elsa Martinelli besetzt wurde. Der Film ist einer der

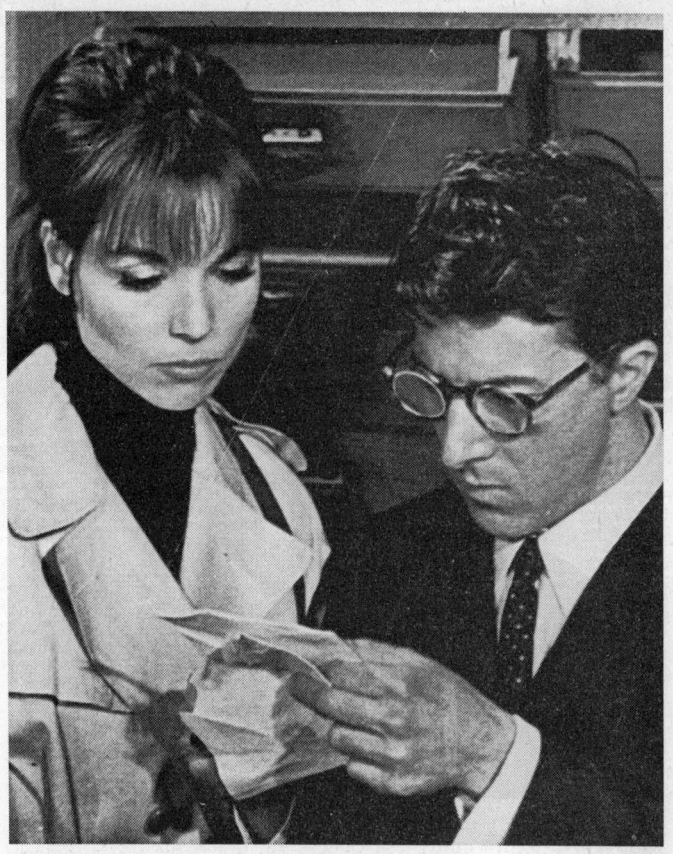

Dustin Hoffman und Elsa Martinelli in Stanley Pragers italienischem Gangsterfilm ›Madigan's Millions‹ (1969).

unterschiedlichsten Produkte der Group W Films, einer europäischen Filmgesellschaft, die ihren finanziellen Background von Westinghouse empfängt.

Nach Abschluß der Dreharbeiten in Rom kehrte Dustin Hoffman nach New York zurück, um sich zum letzten Mal nach einer Vorstellung von *Eh?* auf der Bühne zu verbeugen.

Der erste große Durchbruch
(The Graduate)

Nachdem *Un dollaro per 7 vigliacchi* abgedreht worden war, ließ sich Dustin Hoffmans einmal in Bewegung gesetzter Zug nicht mehr aufhalten. Mit sich verstärkender Geschwindigkeit bahnte er sich rigoros seinen Weg. Als Cockney-Installateur setzte sich zunächst die Bühnentätigkeit an acht Vorstellungen pro Woche fort, also immer noch in dem Stück *Eh?* Die Kritiker ließen nicht davon ab, Hoffman auch weiterhin mit Charles Chaplin oder Buster Keaton zu vergleichen, und die *Times* in London lobpreiste ihn zusätzlich noch als den »glänzendsten unter den neuen amerikanischen Schauspielern.« Und wieder gab es Preise, diesmal gleich zwei: einmal den Drama Desk der Theatre World und zum zweiten den Vernon Rice-Award.

Acht Vorstellungen pro Woche , das war Zeit genug für eine ganze endlose Reihe von Filmagenten und Filmproduzenten, die immer wieder, unerwarteterweise, die Vorstellungen von *Eh?* besuchten. Regisseur Mike Nichols und Producer Lawrence Turman, die sich gerade mit der Filmversion von Charles Webbs Roman *The Graduate* herumschlugen, befanden sich eines Abends unter den Zuschauern. Sie hatten die Produktionsvorbereitungen für ihr neues Filmvorhaben gestoppt, weil sie für das komödiantisch angelegte Filmdrama einen jungen Darsteller suchten, der ihnen haargenau in das Konzept für jenen jungen Mann paßte, um den es sich, als Titelhelden sozusagen, handlungsmäßig dreht. Ursprünglich hatten sie so etwas ähnliches wie einen blonden Surfer-Typ für die Rolle im Sinn, was nun wiederum überhaupt nichts mit Dustin Hoffman zu tun hatte. Nachdem Turman und Nichols allerdings Dustin Hoffman in *Eh?* begutachtet hatten, verstärkte sich bei ihnen der Glaube, dieser sei mit den notwendigen Elementen ausgestattet, die für die Buch- und Filmfigur vonnöten waren.

Die Figur selbst ist ein noch unschuldiger College-Abgänger, ein Graduierter namens Benjamin Braddock, kurz Ben genannt, der von einer älteren Frau (Anne Bancroft) verführt wird. Die Beschreibung dieses Ben Braddock, die den Besetzungsbüros zugestellt wurde, bezeichnete die Figur als »gutge-

›The Graduate‹ (1967): Bei der liebeshungrigen Mrs. Robinson, einer wohlhabenden, noch recht attraktiven Vierzigerin, geht der Student Ben Braddock »in die Schule«. Nachdem er bei dieser erfahrenen Frau seine »sexuelle Reifeprüfung« bestand, verliebt er sich in deren Tochter. Dustin Hoffman und Anne Bancroft stehen im Mittelpunkt des Filmes von Mike Nichols.

nährt«, »wohl erzogen« und »gutaussehend«, oder, wie Hoffman es später umschrieb: »ein wandelndes Surfbrett.« Mit dreißig war Hoffman genau zehn Jahre älter als der Ben Braddock im Roman. Aber Mike Nichols liebte das Spiel, und er hoffte, daß Dustin Hoffmans Talente sein älteres Aussehen ausgleichen könnten.

Nachden Hoffman in Hollywood angekommen war, mußte er sich in eine lange Reihe von hoffnungsfrohen Kandidaten einreihen lassen, die für eine zehn-minütige Szene mit Katharine

Ross getestet wurden. Daran erinnerte sich der Schauspieler: »Ich war so nervös und übermüdet, daß ich mich überhaupt nicht konzentrieren konnte. Ich warf die verschiedensten Textzeilen durcheinander und benahm mich so fürchterlich und stümperhaft, daß ich von Anfang an das Gefühl hatte, ich würde diese Rolle niemals in meinem Leben bekommen.«

In diesem Leinwandtest mußte Dustin auf einem Bett sitzen und mit Katharine Ross eine Liebesszene spielen. Dazu sagte er: »In meiner Ausbildungszeit während der Schauspielstunden hatte mich niemals ein Mädchen darum gebeten, mit ihr eine Liebesszene zu spielen. Und auch ich war viel zu schüchtern, den Mädchen solche Szenen vorzuschlagen.«

Katharine Ross teilte diese Empfindungen, zumal ihr erster Eindruck von Hoffman der eines naiven College-Burschen war. Und das beeinflußte die bislang ungünstige Konstellation. »Er sah aus, als sei er lediglich einen Meter groß und ein vollkommen ernsthafter Mensch, bar jeden Witzes und ziemlich verwahrlost«, erinnerte sich Katharine Ross an diese erste Begegnung in einem Interview. »Ich nahm an, der Leinwand-Test würde eine Katastrophe werden.«

Zur Katastrophe fehlte nicht viel. An einer Stelle wurde Hoffman so nervös, daß er nicht wußte, was er mit seinen Händen tun sollte. Er griff Katharine Ross an das Hinterteil. Die Schauspielerin erschrak und trug dem verdutzten Hoffman auf, seine Hände bei sich zu behalten. Trotz Hoffmans Nervosität fand Mike Nichols in der Darstellung des Schauspielers genau die Art wieder, die er für den verwirrten und in Angst und Schrecken versetzten Ben Braddock benötigte. Das Unbehagen, das Hoffman während der Liebesszene mit Katharine Ross empfand, veranlaßte Nichols zu der Überzeugung, Hoffman verstünde die stillen Leiden des Ben Braddock aus dem Roman.

Mike Nichols erinnerte sich auch an den Leinwandtest und fand ihn weniger katastrophal als er nach Dustin Hoffmans Ansicht gewesen war: »Als wir den Test machten, schien es zu Anfang, als würde nichts Besonderes daraus werden. Hoffman hatte erhebliche Schwierigkeiten mit seinem Text und war ungemein nervös. Aber als wir das dann auf der Leinwand sahen, fanden wir es gut. Das war etwas ganz besonderes – wir konnten herzlich über Hoffman lachen. Das, was wir da sahen, war so extrem, aber unter dem Spiel lag große Vitalität. Auf der Lein-

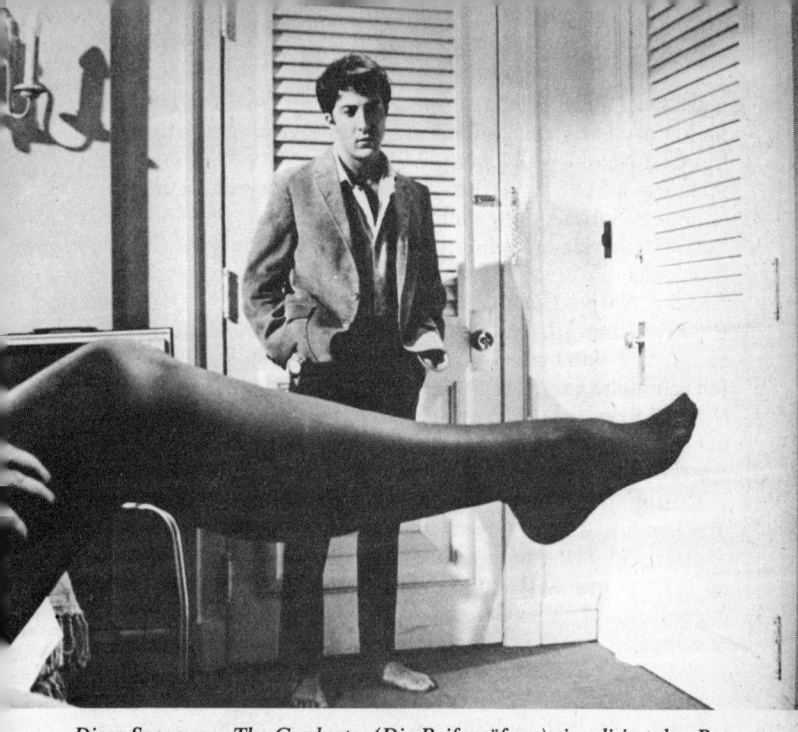

Diese Szene aus ›The Graduate‹ (Die Reifeprüfung) signalisiert den Beginn der Verführung Ben Braddocks (Dustin Hoffman). Das Bein gehört zu Anne Bancroft.

wand sah das so aus, als spiele Hoffman uns sein wahres Leben vor, ohne jede Heuchelei, vollkommen schutzlos, ohne jede Verstellung.« Zu Dustins großem Erstaunen bot Mike Nichols ihm die Rolle des Benjamin Braddock an und zahlte ihm dafür siebzehntausend Dollar – und nicht zwanzigtausend Dollar, wie an anderen Stellen oft fälschlicherweise behauptet wird.

Als es Hoffman bewußt wurde, daß er die Rolle in *The Graduate* (Die Reifeprüfung, 1967) unter Dach und Fach hatte, verspürte er nicht ohne Grund so etwas wie Stolz und Erleichterung: »Ich hatte den Roman gelesen und ahnte, daß ich nicht der Richtige für diese Rolle sein konnte. Der Typ im Buch war hochaufgeschossen, gutaussehend und hatte einen athletischen Körperbau. Mike Nichols aber wollte die Rolle mit einem ge-

41

gensätzlichen Burschen besetzen. Als man mir sagte, ich dürfte in den nächsten Tagen den Vertrag unterzeichnen, stimmte ich nur deshalb zu, weil ich vor Mike Nichols als Regisseur große Achtung hatte.« Sicherlich waren die siebzehntausend Dollar an dieser Entscheidung nicht ganz unbeteiligt.

Während der ersten drei Wochen Arbeit an *The Graduate* fühlte sich Hoffman unsicher und befangen. Durch die sichere Hand von Mike Nichols verringerten sich diese Empfindungen. Ein Problem warf allerdings die Tatsache auf, daß Hoffman zum ersten Mal eine Figur interpretieren mußte, die seinem eigenen Ich sehr nahe kam. Er hatte es hier mit einem sehr schüchternen Menschen zu tun, der zwar intillegent war, sich aber, trotz seiner guten Erziehung, nicht richtig verständlich machen konnte, der redlich sein wollte, ohne dabei lügen zu müssen.

Dustin erinnerte sich ebenfalls an die mehr oder minder komischen Situationen, als er mit Anne Bancroft seine Szenen im Schlafzimmer zu spielen hatte. Für ihn brachten diese Szenen allerlei Schwierigkeiten mit sich, nicht weil er mit Anne Bancroft in ein Bett steigen mußte, sondern weil er wußte, daß die gesamte Filmcrew dabei zuschauen würde. Um seine Scheu und Nervosität überspielen zu können, stellte er sich vor, ein völlig anderer Mensch zu sein, der sich dort mit Anne Bancroft im Bett befaßte, während die Filmcrew einfältige Gesichter machte.

Im Film *The Graduate* wurde aus Dustin Hoffman und Ben Bradock ein und dieselbe Person. Ben war gerade vom College entlassen worden, wo seine studentische Karriere spektakulär gewesen war, ganz abgesehen von seiner Mitarbeit an der Schulzeitung, deren Herausgeber er gewesen war und seiner überaus erfolgreichen Mitgliedschaft in Bezug auf die Leichtathletikmannschaft der Schule. Nun aber ist er gehemmt, zumal ihm nicht klar ist, wie seine Zukunft aussehen wird. Bens Verwirrung im Hinblick auf eine ungewisse Zukunft erhält noch zusätzliche Nahrung auf einer Party, die die Eltern zu Ehren des Sohnes veranstalten. Dort wird er von einer Horde Männern belagert, die Geschäftsfreunde seines Vaters sind und ihm in den Ohren liegen, er solle nach den Früchten greifen, die sie als Firmenbesitzer für ihn parat hätten. Weiterer Druck, allerdings ganz anderer Natur, wird ihm von Mrs. Robinson (Anne Bancroft) vermittelt, denn sie findet Ben attraktiv. Ungeachtet der unumstößlichen Tatsache, daß sie verheiratet ist, dazu noch mit

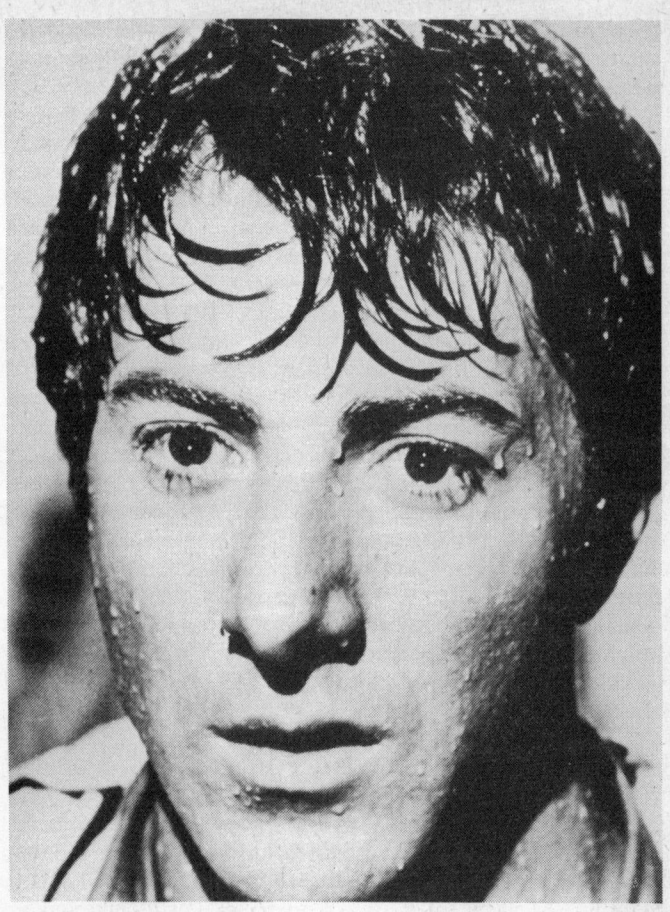

Gleich mit dem ersten Film wurde aus dem Off-Broadway-Schauspieler Dustin Hoffman ein gefeierter Leinwandstar, nachdem Hollywood- und Broadway-Regisseur Mike Nichols den Schauspieler für seine Filmkomödie ›The Graduate‹ (1967) entdeckt hatte.

einem Partner seines Vaters, nutzt Mrs. Robinson Bens Verwirrung und Höflichkeit aus und bittet ihn, sie nach Hause zu fahren. Dort will sich Ben so schnell wie möglich verabschieden, aber Mrs. Robinson läßt nicht locker und versucht, den Verwirrten durch ihre Verführungskünste vollkommen aus dem Gleichgewicht zu werfen.

Die Annäherungsversuche auf sexuellem Gebiet werden allerdings vorzeitig unterbrochen, denn Mr. Robinson kommt unerwartet früh und zur Unzeit nach Hause, aber Ben hat bereits Feuer gefangen. In einem eleganten Hotel bereitet er alles für ein romantisches Abenteuer vor, und trotz seiner einfältigen Verführungsversuche ergibt sich eine heimliche Affäre mit Mrs. Robinson. Dann aber trifft er auf Mrs. Robinsons Tochter Elaine (Katharine Ross) und ist von ihr fasziniert. Bens Eltern, die sich um sein teilnahmsloses Verhalten Sorgen machen, arrangieren zwischen ihm und Elaine ein Treffen. Ben verhält sich nicht so, wie sich ein Verliebter verhalten sollte. Er gibt sich vollkommen lümmelhaft und nimmt Elaine in ein Bumslokal mit, wo Stripperinnen ihre Künste vorführen. Trotz all dieser Vorfälle endet der Abend damit, daß Ben sich für Elaine entschieden hat.

In seinen Bemühungen, eine ernsthafte Beziehung aufzubauen, berichtet Ben Elaine von seiner Beziehung zu ihrer Mutter. Seine Aufrichtigkeit führt aber zu dem Ergebnis, daß Elaine überhastet die Stadt in Richtung Berkeley verläßt, wo ein Studium und eine standesgemäße Heirat mit einem lorbeerumkränzten Sportler auf sie warten. Aber Ben, einmal angespornt, gibt sich einen Ruck, macht sich auf nach Berkeley und versucht alles, um Elaine zurückzugewinnen. Die Sache endet vor dem Traualtar. Aber vor einem, vor den Elaine und ihr Sportler als Brautleute getreten sind. Die Trauungszeremonie ist gerade beendet, aber Bens leidenschaftliches Flehen bewirkt, daß Elaine ihr eben erst abgegebenes feierliches Ehegelöbnis vergißt und Ben entgegeneilt. Das Paar setzt sich von der irritierten und verwirrten Hochzeitsgesellschaft ab und findet Zuflucht in einem Stadtbus. Nach einem kurzen Augenblick der Glückseligkeit fahren Ben und Elaine einem ihnen selbst unbekannten Ziele zu, wobei Ben sich ernsthafte Gedanken über seine Zukunft und die von Elaine zu machen beginnt. Simon und Garfunkels Hit »Mrs. Robinson« beschließt den Film.

The Graduate war der zweite Film von Mike Nichols, den er in seiner Eigenschaft als Regisseur inszenierte.[4] Für Dustin Hoffman war *The Graduate* der dritte Spielfilm, der ihm zugleich die zweite Hauptrolle eingebracht hatte. Man darf in diesem Zu-

Dustin Hoffman als Ben Braddock und Katharine Ross als Elaine Robinson in Mike Nichols' Film ›The Graduate‹ (Die Reifeprüfung, 1967).

sammenhang allerdings nicht vergessen, daß der Ben in *The Graduate* die erste Rolle für den Schauspieler in einem Film war, die Format und Größe hatte. Und Format und Größe besaß auch der Film selbst. Nichols' filmischer Stil bringt Jugend auf die Leinwand, sogar Ausgelassenheit und Überschwenglichkeit. Mitunter streift er unnötigerweise die Bereiche des Kunstkinos, so in jenem Augenblick des Films, in welchem Ben gerade Mrs. Robinson in die Falle gegangen ist und in drei aufeinanderfolgenden Großaufnahmen seiner Benutzung als Beute entgehen will. Das sieht aus, als hätte Sergej Eisenstein dabei Pate gestanden. Aber zum größten Teil, und glücklicherweise, hilft der protzige Einsatz von Bildern, das Innenleben von Ben Braddock offen darzulegen.

Hoffman hatte in und durch *The Graduate* ausreichend Gelegenheit, sein Talent im Hinblick auf komische Dialoge darzulegen. Seine darstellerische Leistung ist für den Film von immenser Bedeutung, denn, einmal abgesehen von den witzigen Dialogen, ist in Handlung und Situationen nichts sonderlich Lustiges zu finden. Der Dank ist an Hoffman selbst und seine zum Teil hervorragenden Mitspieler zu richten, die aus einer mehr oder minder schmutzigen und geschmacklosen Geschichte einen glänzenden Film entstehen ließen.

The Graduate ist auch gleichzeitig der erste Film für Dustin Hoffman, durch den er in einer großen Rolle sein Image als Antiheld installieren konnte. Benjamin Braddock ist nicht der Typ, der seine College-Erfolge an die große Glocke hängt, obwohl seine Eltern gern ein solches Verhalten von ihrem Filius erwartet hätten. Hier beginnt sein Status als Antiheld. Hinzu kommt, daß er dem Leben ganz allgemein mit Verwirrung gegenübersteht und daß der Anklang an eine berufliche Karriere mit Situationen einhergeht, die mit Heldenhaftigkeit relativ wenig zu tun haben. Daß er zum Schluß des Films Elaine für sich gewinnen kann, täuscht keineswegs darüber hinweg, daß er dem von Hollywood implizierten Image des Helden, der sein Mädchen bekommt, überhaupt nicht entspricht. Ben Braddock ist nicht etwa ein ernstzunehmender Held, der weiß, was er will, sondern ganz eindeutig ein junger Mann, der in seiner Verwirrung das, was er tut, für richtig hält, aber alle Zweifel an seinem Tun nicht vollkommen forträumen kann. Während Elaine wieder an seiner Seite sitzt, weiß Ben nicht, warum er sich so und nicht anders verhalten hat. Die Verwirrung bleibt. Schließlich und endlich hatte Dustin Hoffman aber mit der Darstellung des Ben Braddock einen Charakter geschaffen, der in Melodram oder Komödie gleichermaßen seinen Platz hatte. Wieder einmal stellte der Schauspieler seine Vielseitigkeit als Menschendarsteller unter Beweis, und zwar mit Erfolg.

Für Embassy Pictures, die Produktionsfirma, wurde *The Graduate* zu einem gigantischen Erfolg an den Kinokassen. Bereits sieben Monate nach seiner Premiere hatte er 30 Millionen Dollar eingespielt und damit den letzten Hit an den Kinokassen, Walt Disneys Film *Mary Poppins* (Mary Poppins, 1964), in den Einspielergebnissen übertrumpft. Kurz nach dem Kinostart im Dezember 1967 wurde *The Graduate* nahezu einstimmig von der Kritik mit hohem Lob bedacht. *Time* bezeichnete Hoffman als

»ein Symbol der Jugend«, der stellvertretend für »eine neue Garde von Schauspielern« dastehe. Die *Newsweek* fand für den Darsteller Worte ähnlichen Inhalts und zitierte Mike Nichols als einen Regisseur, der »das unvergessliche Porträt eines Jungen« geschaffen habe, der »in Panik und Entsetzen gerät und dabei gleichsam schreiend und widerstrebend in das Mannesalter hinübergezerrt« wird. Bosley Crowther, der Kritiker der *New York Times,* flocht in seinem Ruhmeskranz für Dustin Hoffman in dessen Charakterisierung des Benjamin Braddock noch die Worte »glaubwürdig« und »gewinnend« mit ein.

Die Kritiker waren aber auch nicht die einzigen Menschen,

Anne Bancroft als Mrs. Robinson und Dustin Hoffman in ›The Graduate‹ (1967).

die ihre Meinung in Bezug auf den Film kundtaten. Das Zeitungswesen der ganzen USA wurde mit Briefen von Fans überschwemmt, die ihre Zuneigung und auch Abneigung für und gegen den Film darlegten. Der Brief eines Studenten der Stony Brook Universität, New York, den die *New York Times* veröffentlichte, enthielt die folgenden Zeilen: »Ich identifiziere mich mit Ben ... Er ist für mich ein Bruder im Geiste. Er war verwirrt und unsicher im Hinblick auf seine Zukunft, und er wußte nicht, wo er seinen Platz in der Welt finden sollte. Und so ergeht es auch mir. Der Film rüttelt einen wach, und man muß nicht unbedingt ein Intellektueller sein, um das zu begreifen«.

David Brinkley, ein Veteran, und der Kommentator der NBC-News, war in seiner monatlichen Kolumne ganz entschieden gegen die Lobpreisungen der Kritiker und wand sich in scharfer Form gegen den Film: »Junge Leute mögen diesen Film ... und zwar deshalb, weil er es versteht, Eltern als unmoralische Tölpel hinzustellen. *The Graduate* ist weit davon entfernt, dem Film nahe zu kommen, den ich am liebsten betrachtet habe, und abgesehen von einigen Minuten zu Beginn, halte ich ihn für einen sehr schlechten Film. Mir scheint, daß *The Graduate* im Hinblick auf amerikanisches Familienleben in unangemessener Weise übertreibt und dann in den krampfhaften Unsinn verfällt, den Mack Sennett daraus gemacht hätte, wenn er über soviel nutzlos vertanes Geld hätte verfügen können.«

Brinkley gehörte damit zu einer kleinen Gruppe von teils medienorientierten Kritikern, die *The Graduate* und Dustin Hoffman ablehnten. Das National Catholic Office for Motion Pictures belegte den Film für die Katholiken unter den Kinobesuchern mit einer A-4Bewertung und bemerkte dazu: »Moralisch nicht einwandfrei, nur für Erwachsene mit Vorbehalt.« Ein Sprecher der Filmbewertungsstelle sagte seinerzeit in einem Interview: »Obschon die moralische Stellung, die der Film bezieht, augenscheinlich ist, soll der gewonnene Eindruck durch ein versöhnliches und romantisches Ende verbrämt werden. Aber gerade der Ausgang des Films ist aus psychologischen Gründen eine arge Täuschung, wenn man die schäbige Affäre zu einer verheirateten Frau vorausstellt. Darüber hinaus sind verschiedene Handlungsabläufe unnötigerweise übertrieben worden und hinterlassen einen üblen Nachgeschmack.«

Dieser »Nachgeschmack«, der vom Sprecher des National

Mit weiblicher Raffinesse weiß die vom Wohlstandsleben und ihrem Mann gelangweilte Mrs. Robinson (Anne Bancroft) das Interesse des jungen College-Studenten Benjamin Braddock (Dustin Hoffman) in dem Film ›The Graduate‹ (1967) auf sich zu ziehen und ihn schließlich zu verführen. Aber die intimen Beziehungen zwischen der reifen Frau und ihrem Geliebten sind nur von kurzer Dauer.

Catholic Office for Motion Pictures moniert wurde, war auch für eine andere Gruppe, die sich staatsbürgerlich verstehen will, ein Stein des Anstoßes. Die »Amerikaner italienischer Herkunft« richteten über den Produzenten einen Protest gegen den Film, weil ein Schauspieler darin das Wort »Itaker« gebraucht hatte.

Joseph Jordan, der Programm-Koordinator von AID, forderte von Embassy Pictures, das Wort aus dem Film zu entfernen. Teile des Textes, die Jordans Brief an das Filmstudio beinhalten, wurden in *Film Daily* abgedruckt, einem führenden Branchenblatt aus Hollywood. Darin steht zu lesen: »Wir wurden von zahllosen Telefonanrufen und Briefen überhäuft, die von unseren Mitgliedern und Freunden an uns gerichtet wurden und die sich klagend über das Genuschel in dem Film *The Graduate* beschweren, von dem wir annehmen, daß es unbeabsichtigt in den Film geriet. Ich erinnere in diesem Zusammenhang an eine Zeile, die einer der Schauspieler an Dustin Hoffman richtet. Darin heißt es: ›That's a beautiful red wop job (car) you have out there,‹ wobei auf ein in Italien gefertigtes Automobil hingewiesen wird. Das mag wohl nicht unbedingt wortwörtlich zitiert sein, aber immerhin wird das Wort ›Itaker‹ dabei verwendet.«[5]

Der Brief an Embassy Pictures forderte zu einer Klärung der Situation auf, zumal das Wort *wop* zu ungerechtfertigten Diffamierungen Anlaß geben könnte. Jordan forderte Embassy Pictures damit auf, das Wort aus allen Kopien des Films zu entfernen und bei der Bearbeitung zukünftiger Skripts entsprechende Sorgfalt walten zu lassen, sollte man wieder einmal auf ähnliche Dialoge stoßen. Die Proteste von AID wurden allerdings nicht verstärkt vorgetragen, denn bis heute wurde das Wort *wop* nicht aus der angesprochenen Szene entfernt.

Obwohl der Film einige Interessengrupen in helle Aufruhr versetzte, entfachte er allerdings, unabhängig vom Vorführen auf der Leinwand, auch Vorfälle heiterer Art, die von den Zeitungen aufgegriffen wurden. Hoffman war durch diesen Film und die nachfolgende Publicity zu einer allseits bekannten Person geworden, so daß es zu einem nachfolgend geschilderten Vorfall kommen sollte, der sich im Mai des Jahres 1968 ereignete. Bedienstete des Sahara Hotels in Las Vegas waren nicht wenig erstaunt, als ein Mann des Namens Dustin Hoffman für eine Woche ein Zimmer bei ihnen buchte. Da man annahm, es hand-

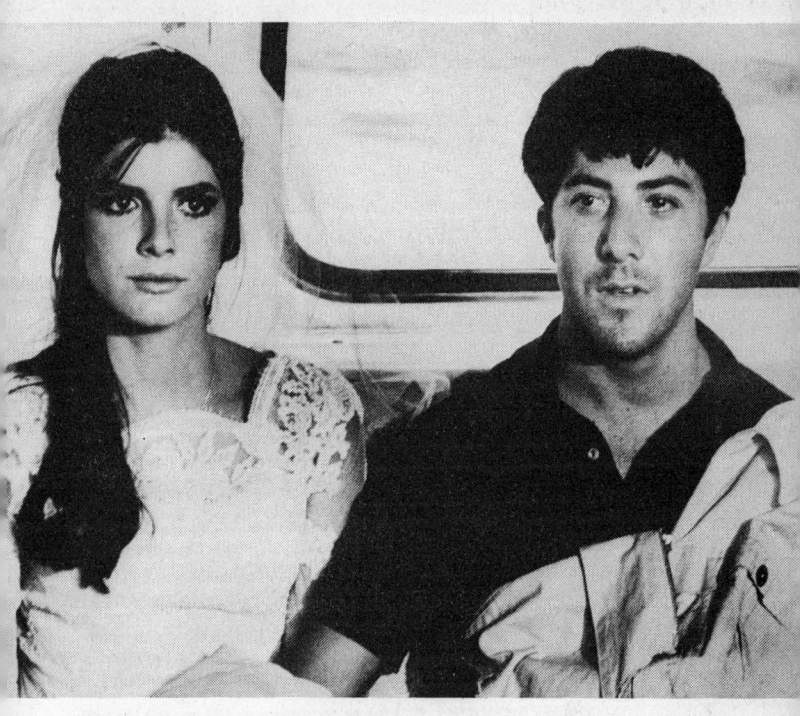

Benjamin Braddock (Dustin Hoffman) hat Elaine Robinson (Katharine Ross) kurzerhand vom Traualtar fort entführt. Jetzt fahren die beiden in einem Bus einer ungewissen Zukunft entgegen. Eine Szene aus ›The Graduate‹ (1967), dem Film von Mike Nichols, durch den Dustin Hoffman seinen Leinwandruhm begründete.

le sich um den gerade bekanntgewordenen Schauspieler, ließ man für ihn den roten Teppich ausrollen. Er wurde rund um die Uhr so behandelt, wie man mit einer »very important person« in den Hotels umzugehen pflegt. Das Fernsehen und die Zeitungen rissen sich um ihn. Brav beantwortete er jede Frage, die ihm von den Zeitungsleuten gestellt wurde und schrieb seinen plötzlichen Erfolg als Filmschauspieler seinen Eltern zu, die in den vorangegangenen Jahren vorbehaltlos zu ihm gestanden hätten.

51

Am Mittwoch seiner Woche im Sahara Hotel wurde »Hoffman« mit einer unbekannten Frau gesehen, die er zu einem Galaabend, den Dean Martin im Sands Hotel gab, eingeladen hatte.»Hoffman« forderte für sich und seine Begleiterin einen Tisch in unmittelbarer Nähe von Dean Martins Betätigungsfläche, aber Phil Goldman, der *Maitre d'hotel*, der *The Graduate* nicht gesehen hatte, verweigerte dem angeblichen Filmstar Tisch und bevorzugte Behandlung. Erst später stellten Hotelbedienstete fest, daß sie es bei diesem »Dustin Hoffman« mit einem Hochstapler zu tun hatten. Der Mann hieß in Wirklichkeit Harvey Pepper, war dreiundzwanzig Jahre alt und in Montreal, Kanada, geboren. Aber er sah aus wie Dustin Hoffman. In einem Interview sorgte Pepper für eine Klärung seines Verhaltens: »Ich war auf Arbeitssuche. Und da jeder *The Graduate* gesehen hatte, behauptete ich von mir, ich sei Dustin Hoffman. Man glaubte mir, und ich hatte meinen Spaß an dem Spiel.«

Es stellte sich allerdings heraus, daß es sich um einen kostspieligen Spaß gehandelt hatte, denn Pepper wurde festgenommen und verbrachte zwölf Stunden im Clark County-Gefängnis. Der Zwangsaufenthalt wurde aber sehr bald unterbrochen, denn ein Manager des Sahara Hotels bürgte vermittels einer Kaution für Pepper, so daß der Schwindler auf freien Fuß gesetzt werden konnte. Man sagte ihm, das Hotel stünde für die verursachten Zimmerkosten gerade. Aber das, was Pepper gegessen und getrunken hatte, mußte er aus eigener Tasche bezahlen.

Auch der echte Dustin Hoffman hatte eine Verschnaufpause eingelegt, allerdings nicht in Las Vegas. Er war nach New York zurückgekehrt und wartete auf die Kinopremiere von *The Graduate*. Aber ebenso wie sein Ebenbild Harvey Pepper begann er sich mit einer mysteriösen Frau zu treffen, die später als Anne Byrne, eine Tänzerin, identifiziert wurde. Nachweislich traf Dustin Hoffman Anne Byrne zum erstenmal in einer vollautomatisierten Schnellwäscherei.

Als die ersten Kritiken, Lobpreisungen und Lorbeeren über Dustin Hoffman hereinbrachen, wurde auch verkündet, daß die Hollywood Foreign Press Association den Film *The Graduate* mit fünf Golden Globes bedacht hatte. Das bedeutete, daß der Produzent einen dieser Preise für den »Besten Film« erhielt, Regisseur Mike Nichols einen für die »Beste Regie«, Anne Bancroft einen weiteren als »Beste Schauspielerin in einem Musical oder einer Filmkomödie«, Katharine Ross bekam ihren Golden Globe als »vielversprechendste Nachwuchsschauspielerin« und Dustin Hoffman seinen Preis als »vielversprechendster Nachwuchsschauspieler«.

Im April des Jahres 1968 geriet, nicht nur durch die Meinung der Kritiker, der Film in ungeahnte Sphären, denn die Academy of Motion Picture Arts and Sciences (AMPAS) hatte *The Graduate* in den unterschiedlichsten Kategorien für meherere OSCARS nominiert: einmal als »Bester Film des Jahres«, wobei die Konkurrenz anderer Prestigefilme offenkundig blieb, denn *Bonnie and Clyde* (Bonnie und Clyde), jener Film mit Warren Beatty und Fay Dunaway, den Warner Bros. produziert hatten, war nominiert, United Artists *Dr. Dolittle* mit Rex Harrison und Samantha Eggar, Columbias *Guess Who's Coming to Dinner?* (Rate mal, wer zum Essen kommt?) mit Spencer Tracy und Katharine Hepburn sowie ein weiterer Film der United Artists, *In the Heat of the Night* (In der Hitze der Nacht) mit Sidney Poitier, Rod Steiger und Warren Oates. Als die Umschläge auf der alljährlich stattfindenden OSCAR-Party geöffnet und die Sieger verkündet wurden, blieb von dem ganzen Rummel nur ein Preisträger übrig: Mike Nichols als »Bester Regisseur des Jahres«. Dustin Hoffman blieb Rod Steiger unterlegen, der für seine brillante Darstellung in *In the Heat of the Night* ausgezeichnet wurde, jener Film also, der auch »Bester Film des Jahres« wurde. Katharine Hepburn verwies für ihre Leistung in *Guess Who's Coming to Dinner?* Anne Bancroft auf die Plätze, und Katharine Ross, die als »Beste Darstellerin in einer Nebenrolle« nominiert worden war, mußte sich Estelle Parsons geschlagen geben, die für ihre hervorragende Porträtierung in *Bonnie and Clyde* ihren OSCAR zugesprochen bekam.[6]

Der Verlust des OSCARS war für Dustin Hoffman zweifelsohne eine herbe Enttäuschung, aber dieser ließ sich diese Enttäuschung nicht anmerken. Zur OSCAR-Verleihung bemerkte er, daß er dankbar für die Nominierung sei, aber eigentlich doch recht froh, daß man ihn bei der Preisverleihung nicht berücksichtigt hatte. Er suchte nach einem positiven Sinn der ganzen Angelegenheit, zumal er bei einem OSCAR-Gewinn der Gefahr ausgesetzt gewesen wäre, als Neuling in eine Position zu geraten, aus der man ihn heraus hätte überschätzen können, was

Der tollpatschige ehemalige College-Student Ben Braddock (Dustin Hoffman) aus ›The Graduate‹ (1967).

sich bei einem Newcomer auch ganz erheblich zum Nachteil auswirken kann. Der Verlust des OSCARS brachte ihn auf einen ihm gerecht werdenden Standard zurück, von dem aus er ohne Eile aufbauen konnte, denn der von Hollywood installierte Reklamerummel zerstört nicht selten Persönlichkeiten, obwohl er sie doch eher etablieren sollte. Dustin Hoffman suchte an anderer Stelle nach den Gründen dafür, daß er aus seinem Erfolg mit *The Graduate* keinen vorzeitigen Nutzen hatte schlagen können: »Man nimmt, was man kriegen kann. Das weiß ich gewiß. Zur gleichen Zeit aber, und das ist durchaus scharfsinnig gemeint, bin ich sicher, daß ich mir im Hinblick auf meine künstlerische Entwicklung mehr Respekt verschaffen und eine längere Karriere aufbauen kann, wenn ich mich aufrichtig verhalte.«

Für Dustin Hoffman blieb es leicht, aufrecht zu sein und ehrlich zu bleiben.

Die weiteren Schritte und eine Ehe
(John and Mary; Jimmy Shine; Midnight Cowboy)

Der phänomenale Erfolg von *The Graduate* verhalf dem Schauspieler Dustin Hoffman dazu, seine Glaubwürdigkeit zu untermauern, und er verhalf ihm auch zu der unumstößlichen Tatsache, daß (nicht nur) Hollywood in ihm einen seiner hoffnungsvollsten und strahlendsten jungen Darsteller sah. Angesichts des ganzen Rummels, der ab nun um seine Person gemacht wurde, hatte er doch immer die Gewißheit, daß sein Preis in ungeahnte Höhen emporgeschnellt war. Zunächst die Arbeitslosigkeit, dann 55 Dollar pro Woche und nun 17,ooo Dollar für einen Film. Das waren gewaltige Schritte. Die 17,ooo Dollar waren allerdings sehr bald verschwendet, und eine entsprechende Beschäftigung ließ sich nicht finden. Wieder einmal, nachdem er bei seinem ersten Anlauf in New York ohne Arbeit tatenlos herumgesessen war, mußte er sich mit den Unbilden herumschlagen, die Arbeitslosigkeit mit sich bringt. Es blieb nun eine Frage der Zeit, bis sein herabsackendes Bankguthaben auf Null zusammengeschrumpft sein würde. Aber auch in den schlimmsten Jahren seines Existenzkampfes befand er, daß Geld niemals die treibende Kraft gewesen sei, um eine Karriere im Filmgeschäft anzugehen. »Bis zu meinem einunddreißigsten Lebensjahr habe ich jährlich nie mehr als dreitausend Dollar verdient. Wenn meine Eltern mir nicht regelmäßig jede Woche Geld hätten zukommen lassen, wäre ich wohl verhungert«, bekannte er einmal. Scharfsinnig , wie er war, konnte er sich allerdings auch ausmalen, daß seine Arbeitslosigkeit von vorübergehender Dauer sein würde. Geduldig wartete er auf eine Nachricht seiner Agentur, von wo her er Filmangebote oder Theateraufgaben erwartete, die in ihrer Substanz seinen Gefallen finden konnten.

1968 im Dezember, nachdem eine Flut von Bühnen- und Filmangeboten an ihn herangetragen worden war, hatte Hoffmans Agent eine angemessene Beschäftigung für seinen Klienten gefunden. Angebote der unterschiedlichsten Art waren zwi-

Ein frühes Foto von Dustin. Man merkt ihm an, daß er versucht, einen entspannten Eindruck zu hinterlassen.

schen Agentur und Klient besprochen worden, davon ein Angebot, in einem zeitgenössischen Liebesfilm der Twentieth Century-Fox die männliche Hauptrolle zu übernehmen und ein anderes, das Hoffman mit der Hauptrolle einer revueartigen Broadwaykomödie in Verbindung brachte, die wiederum von

Murray Schisgal geschrieben worden war. Dustin entschloß sich, beide Produktionen anzunehmen, das Ergebnis ließ ihn aber in einen viehischen Zeitplan geraten, bei dem er in den nächsten acht Monaten wahres Stehvermögen und echte Hingabe zeigen mußte.

Der erste Handel, der abgeschlossen wurde, bezog sich auf die Filmversion von *John and Mary*, ein Film, der Dustin Hoffman mit Mia Farrow zusammenbrachte. Die Fox verkündete in *Daily Variety* am 4. Dezember 1968 den Vertragsabschluß. Der Film basiert auf dem gleichnamigen Bestseller von Mervyn Jones. Peter Yates, der die Kinogänger ein Jahr zuvor mit Steve McQueen und *Bullitt* überrascht hatte, wurde als Regisseur verpflichtet. Die erste Klappe für *John and Mary* (John und Mary) fiel am 27.Januar 1969 in den Biograph Studios. Darüber hinaus wurde vor Ort in New York gedreht. Der Film entstand während der Zeit, in der Dustin zum Broadway zurückgekehrt war, um in *Jimmy Shine* die Hauptrolle zu spielen. Zwischen *Jimmy Shine* und dem von den Kritikern gelobten Bühnenstück *Eh?* hatte Hoffman am Broadway nicht gearbeitet.

Dustin verbrachte zum Einstudieren der Dialoge und zum sich Eingliedern in die Show drei lange und ermüdende Wochen. Nachdem die Proben begonnen hatten, war das Schwierigste an seiner Bühnenfigur überwunden und die Feinheiten hatten sich konsolidiert. Es fehlten lediglich noch einige Nuancen, die mit dem Charakter und der Gemütsverfassung der Figur zu tun hatten. Auch diese Probleme wurden umgehend aus der Welt geschafft, und die Show hatte am Donnerstag, dem 5. Dezember 1968 ihr Broadway-Debüt am Brooks Atkinson Theatre in New York. Kurz bevor die Revue in New York aufgeführt worden war, hatte man ihre Wirkung auf das Publikum in Baltimore, Maryland, während einiger Vorstellungen testen können.

Wer aber war Jimmy Shine? Der Autor Murray Schisgal hatte sich diese imaginäre Figur anfangs gleich als eine Art Benjamin Braddock vorgestellt, eines jungen Mannes also, dessen Zukunft noch in den Sternen stand. Will man genau sein, so war dieser Jimmy Shine nichts anderes als ein Ebenbild von Ben Braddock. Nach Schisgals Vorstellungen handelte es sich hierbei ebenfalls um einen Hochschulstudenten, der allerdings, im Gegensatz zu *The Graduate*, nicht den oberen Schichten ange-

Eine Szene aus dem Panavision-Farbfilm ›John and Mary‹ (1969), einer Verfilmung des Romans »Jeder Tag beginnt bei Nacht« von Mervyn Jones: Mia Farrow und Dustin Hoffman. Regie: Peter Yates. – Während die Frühstückseier kochen, machen John und Mary etwas gezwungene Konversation. Sie kennen sich eigentlich auch noch gar nicht, sahen sich am Abend zuvor zum ersten mal, aber verbrachten die Nacht gemeinsam.

Aus der Zeit, als Dustin am Broadway in ›Jimmy Shine‹ spielte, stammt dieses Foto. V.l.n.r.: Claire Nichtern, die Produzentin, Dustin, Murray Schisgal, der Autor des Stückes, Donald Driver, der Regisseur und Zev Buffman, der gemeinsam mit Claire Nichtern produzierte.

hört, sondern in einem Lagerhaus lebt. Einige Kritiker fühlten sich durch die Figur Jimmy Shines an Walter Mitty erinnert, der »in seiner eigenen Traumwelt« lebte. Die Ansichten, die er über das Deuten seiner Träume hatte, waren genauso verworren und nicht vorhersehbar wie die Träume selbst. Mitunter scheint es, als bräche er ganz plötzlich aus seiner Phantasiewelt aus, denn er verfällt in eine mit Musik unterlegte Tanzszene, oder er befaßt sich aber mit zeichnerischen Fertigkeiten, die zur graphischen Gestaltung von Hollywood-Größen wie W. C. Fields führen. Dann schließt er sich selber einer radikalen Hippie-Gruppe an, in der Hoffnung, die Antworten auf seine Fragen an anderer Stelle zu finden.

Irgendwann einmal ist es Jimmy leid, unproduktiven Dingen

nachzuhängen; er wendet sich der Kunst zu und hat seine Bestimmung gefunden. Er macht die Bekanntschaft einer Prostituierten, die bereit ist,sich von ihm für ein Gemälde malen zu lassen. Jimmy durfte erfahren, nach was ihm im Leben am meisten dürstete. So sehr Kunst »ein Ausdruck von Größe« ist, so sehr entwickeln sich Jimmys Erfahrungen, die er mit einem Lächeln zur Kenntnis nimmt.

Als ratloser Teenager war Hoffman wieder einmal recht überzeugend, aber es blieb ihm unmöglich, die Bühnenproduktion von umsichgreifender Kritik fernzuhalten. Die Theaterkritiker brandmarkten Inszenierung und Stück und fanden auch wenige schmeichelnde Worte für Hoffman. Richard P. Cooke, der Theaterrezensent des *Wall Street Journal*, schrieb: »*Jimmy Shine* mit seiner vielversprechenden Mischung aus unterschiedlichen Talenten blieb für diesen Betrachter ein Reinfall. Möglicherweise mag es den Theaterbesuchern genügen, wenn sie Mr. Hoffman auf der Bühne bewundern können, aber viele Leute werden an dieser Sache keine Freude haben, denn das allein reicht nicht.« *Newsweek* vergaß gleich ganz alle Höflichkeitsfloskeln und nannte *Jimmy Shine* »das schlechteste Bühnenstück, das man sich denken kann ... ein Durcheinander, ein uninteressantes, banales und schamlos ausgeschlachtetes Gemisch ... das Stück selbst ist eine Mißgeburt.«

Jimmy Shine wurde mit einer großen Anzahl von schlechten Kritiken bedacht, und Murray Schisgal, der es geschrieben hatte, war der Ansicht, daß *Jimmy Shine* noch übler abgeschnitten hätte, wenn man auf einen Profi wie Dustin Hoffman hätte verzichten müssen. »Es ist sehr tröstlich, mit Dustin Hoffman zusammen zu arbeiten, denn er gibt stets sein Bestes. Ich glaube nicht, daß er uns hierbei übers Ohr gehauen hat,« sagte Schisgal.

Dustin Hoffman jedoch hatte keinen Grund zur Klage, unabhängig davon, wie schlecht auch immer *Jimmy Shine* bei der Kritik abgeschnitten hatte. Für seine Arbeit bekam er 4,5oo Dollar pro Woche und dazu zehn Prozent der Einnahmen. Und er sorgte für eine Veränderung in der Theaterwelt, die bislang unumstoßbares Gesetz gewesen war. Die Legende weiß zu berichten, daß die Produzenten des Stücks für die Programmhefte aus Reklamegründen Fotomaterial einschalteten, ohne von Hoffman dafür die Genehmigung erhalten zu haben. Das brachte den

›John and Mary‹ (1969): Der Morgen danach. Mary (Mia Farrow) ist eben erwacht. Der Mann an ihrer Seite, John (Dustin Hoffman), ist eigentlich ein Fremder für sie. Sie kannte ihn nur wenige Stunden, ehe sie ihm in seine Wohnung folgte.

Schauspieler auf, und in der Manier, in der unabhängige Baseball-Spieler größere Abfindungen, Handgelder und Gehälter fordern, begann er mit dem Produzenten des Stückes, Zev Buffman, zu handeln und hatte nun auch noch die Hälfte aller Gewinne in der Tasche, die beim Verkauf von Souvenir-Theater-Programmen gemacht wurden. Da ein Programm einen Dollar kostete, wanderten noch einmal 100 Dollar pro Woche auf Hoffmans Bankkonto! Für gewöhnlich gehören die Einnahmen aus dem Verkauf von Theaterprogrammen den Finanziers, die hinter jeder Theateraufführung stehen, aber in diesem speziellen Fall beschnitt der Schauspieler die Einnahmen der Geldgeber, und das war in der Tat ein revolutionierender Schritt.

Dustin war nicht nur ein geriebener Geschäftsmann, sondern er konnte gleichermaßen scharfsinnig auch die Leute um sich herum manipulieren. Donald Driver, der *Jimmy Shine* inszenierte, erinnerte sich an diesen Wesenszug von Dustin Hoffman: »Am Premierenabend schnitt sich Hoffman in Baltimore in den Finger. Lange, nachdem die Wunde bereits verheilt war, forderte er vom Bühnenmanager, den Zuschauern im Saal mitzuteilen, Mr. Hoffman habe sich geschnitten und müsse mit einer Wunde am Finger spielen. Das war ein offenkundiger Appell, durch den er die Sympathie der Zuschauer auf seiner Seite wissen wollte.«

Sympathie hin oder her, Dustins fundamentales Spiel bei *Jimmy Shine* gab zu der Erkenntnis Anlaß, daß das Schreiben und Aufbauen von Bühnenstücken sich ebenso fundamental geändert hatte. Das Stück rührte an so kitzligen Themen wie Prostitution und am Marihuana-Genuß der Hippies, Dinge also, die in vorangegangenen Bühnenstücken und Filmen stets beschönigt dargestellt worden waren. Die neue Haltung Hollywoods und auch diejenige des Broadway bestand darin, den gesellschaftlichen Problemen nicht länger den Rücken zuzuwenden. Ob Dustin das geahnt hatte oder nicht, gerade durch den Film *The Graduate* war Film- und Bühnenproduzenten die Idee gekommen, mit kulturellen Themen, die dazu noch realistisch angepackt wurden, trotz entsprechender Risiken Geld zu verdienen.

Aus den genannten Gründen hatte die Zeit in den ausgehenden sechziger Jahren die Tage der einfältigen Filmdrehbücher eingeholt. Die Filmindustrie wollte auf dem Laufenden sein. Den Menschen fiel immer heftiger auf, daß die Gesellschaft mit Problemen verschiedenster Art zu kämpfen hatte, mit Prostitution und Drogenkonsum. Öffentlich wollten nur sehr wenige Institutionen darüber diskutieren. Die Filmproduzenten allerdings hatten sich dafür entschieden, etwas in dieser Richtung zu unternehmen. Ihrer Meinung nach mußte etwas getan werden.

Einer jener Filme, die sich mit Prostitution und Homosexualität befaßten, wurde *Midnight Cowboy* (Asphalt Cowboy, 1969), mit Dustin Hoffman in einer der beiden männlichen Hauptrollen, und zwar der des abstoßend wirkenden Homosexuellen Ratso Rizzo. Der Film, der seine Themen von Drehbuchautor Waldo Salt und James Herlihys Bestseller-Roman bezog, mußte nach Ansicht von Produzent Jerome Hellman und Regisseur John Schlesinger vor seiner Entstehung langanhaltende Geburtswehen, die einer Zerreißprobe gleichkamen, durchstehen, denn Waldo Salt hatte es nicht einfach, Herlihys

Ratso Rizzo (Dustin Hoffman) aus John Schlesingers Film ›Midnight Cowboy‹ (Asphalt-Cowboy, 1969).

Roman für den Film umzuarbeiten. Keiner der Beteiligten wird den Nervenkrieg so schnell vergessen, der dem ersten Drehtag an *Midnight Cowboy* voranging.

Bereits im August des Jahres 1965, kurz nachdem der Roman publiziert worden war, hatten die Filmagenten ihre Runden durch die Produktionsstudios der Filmindustrie gemacht, weil ihnen der Roman Herlihys zur Verfilmung geeignet erschien.

Jedes der großen Filmstudios, darunter auch United Artists, das Studio, das *Midnight Cowboy* schließlich verfilmen ließ, lehnte eine Umwandlung in ein Leinwandepos ab. Der abschließende Bericht der United Artists nach Beendigung der allerersten Vorgespräche sagte aus, daß die Handlung des Buches, wenn überhaupt in ausreichendem Maße vorhanden, »einen beständigen Weg in eine Talsohle« nehme, aus der »es kein Herauskommen« mehr gäbe. Jedoch im Oktober des Jahres 1966, ein Jahr nach der Entscheidung, man wolle an dem Roman aus Verfilmungsgründen nicht partizipieren, entschloß sich David V. Pikker, der Präsident der United Artists, zu dem Schritt, die filmischen Rechte an Herlihys Buch anzukaufen. Daraufhin traf er sich mit dem britischen Regisseur John Schlesinger, der zur Verfilmung des Stoffes an die United Artists gebunden wurde. Jerome Hellman wurde als Produzent hinzugezogen.

Das Ausarbeiten des Drehbuches gestaltete sich zu einer schwerfälligen Angelegenheit, und John Schlesingers Agent bedrängte seinen Klienten, aus dem Projekt auszusteigen. Schlesinger hatte an anderer Stelle die Gelegenheit, Jack Lemmon, seinen Lieblingsschauspieler, für den Film *The April Fools* (Ein Frosch in Manhatten, 1968) zu inszenieren. Schlesinger befand sich auf Grund dieser Konstellation in einer Zwickmühle. Er hatte gerade die Arbeit an dem Film *Far from the Madding Crowd* (Die Herrin von Thornhill, 1967), einem katastrophalen britischen Produkt, beendet und wünschte sich sehnlichst, sein nächster Film möge ein Renner werden. »Ich hatte gerade einen Reinfall inszeniert,« erinnerte sich Schlesinger, »der mich ganz schön entnervt hatte. In den USA wird von einem Regisseur erwartet, daß er einen Hit nach dem anderen hervorbringt. Und, um bei der Wahrheit zu bleiben, dieser schreckliche alte Spruch, daß man als Regisseur immer so gut sei wie der vorhergehende Film, war genau der Standpunkt, vor dem ich Angst hatte. Auf der einen Seite schenkte ich den Leuten Glauben, die mir von der Herlihy-Sache abrieten, aber ich selbst glaubte auch, daß ich bei *Midnight Cowboy* eine verdammt gute Sache vor mir hatte.«

Schlesinger fügte hinzu, daß Dustin Hoffman der erste Schauspieler gewesen sei, dem man das Drehbuch vorgelegt hatte. Dieser akzeptierte die Rolle des skrofulösen Ratso Rizzo ohne jedweden Einspruch. Dann unternahm man eine ganze Reihe von Tests, durch die die Rolle des Joe Buck besetzt werden soll-

Eine von Dustins größten Darstellungen war und ist die Figur des kranken Stadtstreichers Ratso Rizzo aus ›Midnight Cowboy‹.

te, jenes schwadronierenden Cowboys, der sein Glück in New York bei sexhungrigen Frauen zu machen versucht. Vier Darsteller mußten sich Eignungstests unterziehen, darunter Michael Sarrazin und Jon Voight.

Voight war der hochgewachsene, blonde, blauäugige Schauspieler aus New York, der durch seine Darstellung als Partner von Irene Papas in *That Summer, That Fall* den Theatre World Award und eine große Anzahl überschwenglicher Kritiken für seine Interpretation des Rudolfo in dem Off-Broadway-Stück *A View from the Bridge* (mit Dustin Hoffman als Regie-Assistent) eingeheimst hatte. Darüber hinaus war Voight in verschiedenen Filmen zu sehen gewesen, und seine Mitwirkung in den TV-Serien »Cimarron Strip« und »Gunsmoke« war bei einem breiteren Puplikum auf Resonanz gestoßen. Und Voight war für Hoffman kein Fremder.[7]

Jon Voight ergatterte die Rolle des Buck, und die Dreharbeiten konnten im April des Jahres 1968 beginnen.[8]

Schlesinger richtete die Dreharbeiten so ein, daß Hoffman seine Matinee-Vorstellungen von *Jimmy Shine* spielen konnte. John Schlesinger: »Dustin brachte sehr viel Gefühl mit, nachdem er das Skript zum ersten Mal durchgelesen hatte. Sein Gespür für und seine Meinung über die Rolle hatten Hand und Fuß. Es schien auch, als bringe er alle körperlichen Voraussetzungen mit, die für die Charakterisierung des Ratso erforderlich waren. Auch Jerry (Jerome) Hellman war da meiner Ansicht: Heute kann ich mir gar nicht mehr vorstellen, daß jemals ein anderer Schauspieler der Rolle des Ratso Rizzo gerecht werden könnte.« Für die Darstellung des Ratso bot man Hoffman 250000 Dollar Gage, das war mehr als fünfzehn Mal soviel Geld wie er für *The Graduate* erhalten hatte.

In die Zeit der ersten Drehtage zu *Midnight Cowboy* fällt auch die Verhärtung eines anderen persönlichen Wunsches, mit dem sich Dustin Hoffman befaßte. Er wünschte sich eine Ehefrau. Bis zu diesem Zeitpunkt hatte er sich, wenn man seinen Kalkulationen Glauben schenken darf, exakt siebenmal verliebt und mit zwei Frauen zusammengelebt. Mittlerweile war er reifer geworden und hielt sich für so gefestigt, daß er eine engere und bedeutungsvollere Beziehung einzugehen gedachte. Er verstärkte seine Rendezvous mit Anne Byrne und hoffte darauf, seine Träume der nahen Zukunft würden in Erfüllung gehen.

Ein ungleiches Paar findet in New Yorks Straßen zueinander: Joe Buck (gespielt von Jon Voight) und Ratso Rizzo (Dustin Hoffman). Eine Szene aus John Schlesingers Film ›Midnight Cowboy‹ (1969).

Die Entstehungskosten für *Midnight Cowboy* wurden ursprünglich auf einen Betrag von zwei Millionen Dollar veranschlagt. Aber vielen amerikanischen Filmproduktionen (und nicht nur denen) ergeht es ähnlich, sie geraten durch Terminverschiebungen und Terminüberschreitungen in finanzielle Bedrängnis und müssen budgetmäßig, mitunter ganz erheblich, neu veranschlagt werden, wodurch der Produktion weitere Finanzierungsspritzen verabreicht werden müssen. Die Filmgewaltigen der United Artists waren allerdings nicht sonderlich von Budgetüberziehungen begeistert und hatten kein Interesse daran, daß das auf den Weg gebrachte Projekt noch weitere

Gelder verschlang, denn man hatte das ganz bestimmte Gefühl, der Film würde bei weitem nicht das einspielen, was man an Produktionskosten an ihn vertan hatte.

Die Gewaltigen der United Artists hielten eine ihrer üblichen Sitzungen ab und beschlossen, sich den Budgetüberziehungen nicht zu verweigern. Im Allgemeinen besagen die abgeschlossenen Verträge mit Filmemachern und Filmproduzenten, daß im Falle von Budgetüberschreitungen der jeweilige Film voll und ganz unter der Kontrolle des jeweiligen finanzierenden Studios zu gelangen hat. Was in diesem Zusammenhang aber befremdlich wirkt, ist die Tatsache, daß niemand von den Studiooffiziellen an die Möglichkeit einer Oberaufsicht im Hinblick auf *Midnight Cowboy* erinnerte. Ganz im Gegenteil, die Dreharbeiten wurden fortgesetzt, und als der Film in die Kinos gelangte, hatte seine Herstellung drei Millionen Dollar gekostet.

Zwischenzeitlich hatte Dustin Hoffman Gelegenheit, seine Titelrolle in *Jimmy Shine* weiter zu spielen. Nach 161 Vorstellungen stand er in diesem Stück am 26. April 1969 zum letzten Mal auf der Bühne. Was ihn in der letzten Zeit in seinem privaten Bereich besonders interessierte, wurde mit Taten untermauert: Dustin Hoffman heiratete.

Die Frau in seinem Leben wurde die schlanke, brünette Balettänzerin Anne Byrne, die er drei Jahre lang, also ab der Verfilmung von *The Graduate*, kannte. Anne war in Chappaqua, New York, geboren und aufgewachsen und hatte vor ihrem Balletstudium an der American School of Ballet die Horace Greeley School besucht.

In den drei Jahren des Zusammenseins konnte Anne davon Zeuge werden, wie Dustins Karriere als Schauspieler Formen annahm und ihre Liebe füreinander von Tag zu Tag gedieh. Auf der anderen Seite konnte Dustin beobachten, wie Anne zeitweilig eine Karriere als Tänzerin anstrebte und ausbaute. Dustin hat immer wieder behauptet, daß intellektuelle und kreative Frauen für ihn eine Stimulanz bedeuteten, und Anne Byrne fiel in diese Kategorie. Obwohl beide unterschiedlichen Religionen angehörten – Anne ist katholisch und Dustin Jude – stellte diese Tatsache für beide kein ernsthaftes Problem dar. Nicht selten hatte sich Dustin über eine Ehe Gedanken gemacht, aber er wollte erst seine Karriere stabilisiert wissen, um dann eine eheliche Verbindung einzugehen.

68

Der mittellose und kranke Ratso Rizzo (Dustin Hoffman) wird von einem Ladenbesitzer beim Stehlen erwischt. Joe Buck (John Voight, links) eilt seinem bedrängten Freund zu Hilfe. ›Midnight Cowboy‹ (1969), ein Film über homosexuelle Bindungen, von John Schlesinger mit Sylvia Miles, Bernard Hughes, John McGiver (1913–75) und Brenda Vaccaro in weiteren Hauptrollen inszeniert.

Für Dustin war diese Ehe die erste. Anne war geschieden und hatte eine Tochter, Karina, aus ihrer ersten Ehe. Die für sie zweite Ehe wurde am 4. Mai 1969 in Westchester, New York, geschlossen, und zwar dort in der Temple Beth El-Synagoge.

Zirka fünfunddreißig enge Freunde und Verwandte waren bei der Zeremonie zugegen, darunter Hoffmans Eltern und sein Bruder Ronald. Nach den Hochzeitsfeierlichkeiten zog sich das frischvermählte Paar in die Flitterwochen zurück und reiste unter anderem auch nach Asien.

Zurück in Hollywood, machten sich in den Elfenbeintürmen der United Artists Pessimismus und Unbehagen breit. Die Manager trugen sich mit ernsthaften Bedenken und fragten sich, ob *Midnight Cowboy* das Geld wieder einspielen würde, das in die Herstellung des Films eingeflossen war. Aus diesem Grunde wurde eine auf das Wesentliche konzentrierte Promotion-Kampagne initiiert. Dieser Werbefeldzug, so entschied die Produktionsgesellschaft, wandte sich an nahezu alle Medienfirmen der USA, an die Rundfunkanstalten, an die TV- Werbeprogramme und an die Tageszeitungen, in denen ganzseitig geworben wurde, in der Hoffnung, die jüngeren Kinobesucher auf *Midnight Cowboy* aufmerksam machen zu können.

Nachdem der Film nach der Premiere am 26. Mai 1969 in einigen ausgewählten Lichtspielhäusern angelaufen war, stellte sich der Erfolg sehr bald ein, denn die Besucherzahlen der ersten Woche waren ermutigend. New Yorks Coronet-Kino verzeichnete in den ersten beiden Wochen einen Zuschauerrekord, der die Besucherzahlen von *The Graduate* sehr bald einholte. Mit diesen hatte das Haus einen internen Rekord aufgestellt. Dort sahen am Eröffnungstag 7,568 Zuschauer *Midnight Cowboy*, und 7,568 kamen am zweiten Tag. Bereits im August konnten Hollywoods Handelsblätter von Kinoeinnahmen berichten, die 1.017.812 Dollar erreicht hatten. Diese Summe enthielt 491.233 Dollar, die *Midnight Cowboy* allein in New York eingespielt hatte, und zwar in neun Wochen. 182.288 Dollar kamen aus Boston für die ersten fünf Wochen Kinoeinsatz, und die Einspielergebnisse aus Chicago waren mit 102.800 Dollar zu vermelden. Dazu David V. Picker, der Chef der United Artists: »Als wir den Film eines nachmittags sahen, waren wir wie verzaubert, verzaubert und verblüfft von der Kraft, die Hoffman und Voight gemeinsam ausstrahlten. Wir entschlossen uns daher für ein ganz spezielles Einsatzschema: ein paar Monate vor allen anderen Städten der USA ließen wir den Film in einem kleinen Kino anlaufen und verliehen ihn auch anderswo in kleine Lichtspielhäuser mit langen Laufzeiten. Die Mundpropaganda ließ *Mid-*

night Cowboy sehr schnell zu einem heißen Tip für die Kinogänger werden.«

Nicht nur die Propaganda von Mund zu Mund war ein Plus für den Überraschungserfolg von *Midnight Cowboy*, sondern auch die Tatsache, das Dustin Hoffmans Fangemeinde gewachsen war. Die Erwachsenen waren wie vor den Kopf geschlagen durch Hoffmans bemitleidenswerte Filmfigur Ratso Rizzo. Viele Menschen entschieden sich dafür, sich den Film noch ein zweitesmal anzuschauen, ein drittes, ein viertes Mal...

Midnight Cowboy wurde zum meistdiskutierten Film der siebziger Jahre, denn er behandelte frei und ohne Vorbehalte die Themen homosexueller und heterosexueller Liebe. Joe Buck, gespielt von Jon Voight, ist ein die Gesellikeit liebender heißblütiger Cowboy, aus dem ein Großstadt-Gigolo wird, und der sich so auffällig kleidet wie die Helden, die er in den Westernfilmen gesehen hatte. Er schleppt mit sich ein Foto von Paul

Jon Voight und Dustin Hoffman in ›Midnight Cowboy‹ (1969).

Newman umher und sieht in seiner Westernkleidung so aus, als sei er einem Film mit Roy Rogers oder John Wayne entsprungen. So etwas fordert selbst in New York erstaunte Blicke heraus.

Mit einigen Szenen, die Joe Buck in Rückblenden als verstoßenes Kind zeigen, beginnt der Film. Der Junge, von der Mutter der Fürsorge der Großmutter überlassen, wird zu einem Wesen, das zur körperlichen Liebe mißbraucht wird. Eine spätere Traumsequenz führt uns zu seiner ersten intimen Beziehung mit seiner Freundin Crazy Anne, die von einer Gruppe junger Leute vergewaltigt wurde. Joe Buck erinnert sich daran, daß Anne ihm zu verstehen gab, er sei der einzige der Jungen gewesen, mit dem sie gern geschlafen hätte. Sichtbar verbittert und traurig darüber, daß die Verbindung in die Brüche ging, verkündet Joe: »Körperliche Liebe, das war alles, für das ich stets gut genug war.« Mit diesen Worten preßt er sich sein Transistoradio ans Ohr und verschwindet in einem Bus, dessen Ziel New York ist.

Einmal dort angekommen, verdingt sich Buck als Gigolo und geht mit Frauen aller Rassen und Altersgruppen ins Bett. Viele dieser Frauen sind noch gefühlloser als er selbst. In einer bemerkenswerten Szene, die den notwendigen Realismus sexueller Begierde nicht vermissen läßt, gerät Joe an eine Straßendirne (Sylvia Miles). Voller Ungeduld öffnet sie Joes Hosenlatz, beendet aber keineswegs ihr Telefongespräch. Joe, der sich für seine Dienste stets von Frauen bezahlen ließ, wird von der Prostituierten hinters Licht geführt und ist am Ende selbst der Zahlende.[9] Ein anderes Geschehnis, das während einer lauten Party Form und Gestalt annimmt, zeigt uns eine unabhängige Frau, dargestellt von Brenda Vaccaro, in der Joe Buck lediglich einen weiteren weiblichen Körper sieht. Sie verführt Buck. Nach einer heißen ekstatischen Nacht bringt die Frau Joes Namen als einen Geheimtip für ungetrübte Liebesfreuden in ihren Bekanntenkreis, und durch diese Mundpropaganda (wieder einmal, aber in anderem Zusammenhang) ist Joe sehr schnell vom Menschen in die Bereiche eines Objektes herabgesunken, mit dem allerlei reiche Frauen ihren Spaß haben. Ihre Tricks aber bestehen darin, Joe lediglich aufgrund seiner Tauglichkeit zur körperlichen Liebe auszubeuten, bezahlen tun sie ihm aber keinen müden Dollar, so daß der auf diese Weise Ausgelaugte einigermaßen verwirrt und ohne einen Penny in der Tasche beschließt, bei einem anderen Mann Liebe und Verständnis zu finden.

So geht er eine Bindung zu dem tuberkulosekranken Ratso Rizzo ein. Die Verbindung vollzieht sich aber weniger auf der Basis zweier Liebhaber, eher auf der Grundlage zweier Verlierer. Erst in der fortlaufenden Handlung des Films erlangt die Verbindung Konturen. Dustin Hoffman berichtete einmal darüber, daß im ursprünglichen Drehbuch eine von sexuellen Handlungen zwischen den beiden Männern geprägte Szene eingebaut gewesen war, die aber in letzter Minute aus dem Skript gestrichen wurde. Regisseur John Schlesinger verdeutlicht aber trotzdem, wenn auch nicht direkt, daß zwischen den beiden Männern Dinge laufen, die mit dem Wort Zuneigung zu umschreiben wären, aber diese Zuneigung vollzieht sich auf destruktiver, rein negativer Basis.

Die Figur des verabscheuungswürdigen Ratso hat doch , dank der großen Schauspielkunst von Dustin Hoffman, ihre reizvollen Momente. Als Ratso, der eine bemitleidenswerte Figur bleibt, zeigt Dustin Hoffman eine reichhaltige Skala verschiedenster Gefühle – Liebe, Mitgefühl, Wirklichkeitsempfinden, Freude und Traurigkeit – eine Gefühlswelt, ohne die Hoffmans vor *Midnight Cowboy* liegende Filmfiguren auskommen mußten. Ratso repräsentiert auch einen Ausgestoßenen der Gesellschaft und einen Antihelden von grenzenlosen Eigenarten. Für einen Mann, dessen Existenz sich auf einer der untersten Ebenen menschlichen Lebens vollzieht, zeigt er Verhaltens- und Überlebensformen, denen man Bewunderung entgegenbringen muß. Krank und dem Verfall nahe, hinkt er auf wackligen Beinen durch die Straßen, spuckt Blut, wird von Fieberanfällen und kalten Schweißausbrüchen geschüttelt. Anstelle von Unterwäsche, die er nicht besitzt, benutzt er die *New York Daily News*. Kinobesuchern wird an dieser Stelle bereits klar, das Ratso ein Todgeweihter ist, daß er sterben wird. In seinen umgänglichsten Augenblicken erklärt Ratso seinem Freund Buck, was es heißt, ein Mann zu sein. Für ihn ist der ganze »Cowboy-Rummel genaugenommen etwas für Blödsinnige«. Joe Buck, der sich gegen diese Meinung wehrt, weil seiner Ansicht nach ein Cowboy Maskulinität verkörpert, antwortet mit einer Frage: »John Wayne – willst du mir sagen, daß der blödsinnig sei?« Ratso aber ist der Ansicht, daß alle Helden in ihrem gleichmütigen Verhalten sexuelle Ambivalenz und innere Unruhe verbergen und nach außen hin den Anschein erwecken, heterosexuell zu sein.

Der Film endet schließlich mit der Busfahrt nach Florida, die Joe und Ratso gemeinsam angetreten haben in der Hoffnung, Ratsos Träume könnten sich im warmen Klima dieses Bundesstaates erfüllen. Während der langen Reise zeigt uns Joe seine Zuneigung zu Ratso; er pflegt ihn während der Fahrt und wischt ihm die von kaltem Schweiß nasse Stirn. Alle Tröstungen sind jedoch umsonst, denn Ratsos Träume werden sich nie erfüllen. Er stirbt in Bucks Armen. Während Joes Arme noch den toten Freund halten, schwillt die Musik an und erweist Ratso die letzte Ehre.

In *Midnight Cowboy* ist Dustin Hoffman als erstklassiger Schauspieler zu bewundern, der Film gehört aber eigentlich Jon Voight, durch den und durch dessen Darstellung das Thema Homosexualität keineswegs anstoß- oder ärgerniserregend wirkt, sondern eher naiv. Schlesinger, der sich von seinem Reinfall mit *Far from the Madding Crowd* wieder erholt hatte, verstand es, in *Midnight Cowboy* Komisches, Witziges und auch Bitterkeit einfließen zu lassen. Selbst Widerwärtigkeit, Schmutzigkeit und Gemeinheit lassen ein echtes filmisches Werk entstehen, das die Welt der Homosexuellen realistisch zeichnet. Selbst Waldo Salts Drehbuch hielt sich getreu an die sexuellen Episoden, die im Roman kühn und freizügig dargestellt wurden. Obwohl für die meisten Leinwandadaptationen, die sich auf Literatur berufen, eigentlich recht ungewöhnlich, packte Salt doch sehr viele Vorfälle und Ereignisse, die im Roman in allen Einzelheiten beschrieben worden sind, mit in sein Drehbuch hinein.

Midnight Cowboy stellte John Schlesinger wieder in die Reihen seiner berühmten Regiekollegen und rückte Jon Voight in das Rampenlicht. Auch Hoffman bekam seinen Teil vom Erfolg des Films zu spüren, denn die wöchentlich erscheinenden Zeitschriften stürzten sich auf ihn und bezeichneten ihn als »Hollywoods neuesten Antihelden«.Als *Midnight Cowboy* in die Kinos gelangt war, enthüllte Dustin Hoffman, daß viele Freunde ihm vor Vertragsunterzeichnung davon abgeraten hatten, die Rolle des Ratso Rizzo zu übernehmen. In einem Interview sagte der: »Viele meinten, ich würde den größten Fehler in meiner Karriere begehen.« Hoffman aber war von der Figur Ratso Rizzo begeistert, insbesondere deshalb, weil ein solcher Mensch als »der Abschaum dieser Welt« bezeichnet wurde. Später fügte er hinzu: »Ich wollte mich in einen solchen Menschen hineinleben. Diese Menschen unterscheiden sich nicht wesentlich von uns. Nur ihre Lebensumstände vollziehen sich anders.« Darüber hinaus gestand Dustin Hoffman, er habe die höchste Achtung vor diesem Film, den er lange Zeit für seinen besten hielt. »Ich habe eine innige Zuneigung zu *Midnight Cowboy*. Von allen Rollen, die ich jemals gespielt habe, kommt diese mir und meiner Person am Nahesten,« sagte er.

Die Kritiker waren auf Seiten von *Midnight Cowboy* und beurteilten den Film als »ein revolutionäres Werk«. John Mahoney vom *Hollywood Reporter* schrieb begeistert: »Dustin Hoffman und Jon Voight hatten große und ungewöhnliche Rollen in einem Film, über den in diesem Jahr wohl am meisten diskutiert werden wird und der wohl, was die Einspielergebnisse anbelangt, der erfolgreichste werden wird.« Die *Newsweek* fand sogar noch Worte, die eine größere Begeisterung ausdrückten: »Jon Voights darstellerische Leistung ist so gut, so daß alles, was zu seinem Vorleben gehört, ihm in der späteren Darstellung Glaubwürdigkeit abnötigt. Hoffmans Leistung ist keineswegs von niedrigerem Rang, aber das Drehbuch hat bewirkt, daß der Film Jon Voight gehört.« Dazu noch die Meinung des *Look*-Kritikers Gene Shalit, der *Midnight Cowboy* als ein »Meisterwerk, das üble Ausdünstungen« verbreitet bezeichnete, und in ihm eine »intensive Untersuchung einer kranken Gesellschaft« sah.

Eine Kritik, die durchaus mit dem Wort »überraschend« umschrieben werden kann, kam aus einer anderen Quelle, aus einer Ecke, aus der für gewöhnlich selten gute Kritiken kommen, nämlich von den Autoren, die ihre Werke nach einer Übertragung auf die Leinwand in den meisten Fällen ihren Meinungen zufolge nur entfremdet wiedererkennen. James Leo Herlihy, der Buchautor von *Midnight Cowboy*, stellte sich bei einer Pressekonferenz Reportern in Hollywood und bekannte, er hätte es niemals für möglich gehalten, daß es jemand schaffen würde, aus seinem Roman einen Film zu machen. Seine Gefühle, so bekräftigte der Autor, seien ähnlicher Natur gewesen wie jene, die bei der Produktionsfirma durchgesickert waren, nachdem man die Verfilmungsrechte am Roman aufgekauft und nicht so recht gewußt hatte, ob man den Film mit einem großzügigeren Budget ausstatten oder einfach unvollendet zu den Akten legen sollte. Herlihy: » Ich hatte an der Verfilmung meines Romans kein sonderliches Interesse, auch dann noch nicht, als ich aus Hollywood erfuhr, der Film könne möglicherweise wie eine Bombe einschlagen. Erst als ich *Midnight Cowboy* bei einer Premiere in New York sah, stieß der Film auf mein Interesse.«

James Leo Herlihys Worte sind keineswegs verfälscht wiedergegeben, zumal man weiß, daß Romanciers, wie gesagt, die Filmversionen ihrer Werke in den meisten Fällen rundheraus ablehnen. Um so mehr spricht Herlihys enthusiastische Aussage für den Film *Midnight Cowboy*: »Ich mag den Film in seiner ganzen Länge, mit ein paar wenigen Ausnahmen. John Schlesinger war wunderbar und Waldo Salt phantastisch. Und Dustin Hoffman war als Ratso die perfekte Besetzung.«

Midnight Cowboy zog unter den Erwachsenen alle Altersgruppen in die Kinos und kassierte Einnahmen mit vollen Händen. Obwohl der Film im Frühjahr des Jahres 1969 in die Lichtspielhäuser gelangte, blieb doch noch genügend Zeit, damit er sich für die alljährliche OSCAR-Verleihung qualifizieren konnte. Als diese Feierlichkeiten im April über die Bühne gingen, war *Midnight Cowboy* nicht nur als »Bester Film des Jahres« nominiert, sondern auch in der Kategorie »Beste Regie« und »Bester Darsteller«. Dustin Hoffman und Jon Voight teilten sich in der letztgenannten Kategorie ihre Nominierung, wobei Hoffman zum zweiten Mal für einen OSCAR vorgeschlagen worden war.

Zur großen Freude aller John Wayne-Fans in den USA holte sich aber der »Duke« seinen OSCAR als »Bester Schauspieler des Jahres« ab, und zwar für seine Darstellung des ruppigen Cowboys in *True Grit* (Der Marshal, 1969). Dustin Hoffman und Jon Voight gingen leer aus. Als Beweis für einen erstklassigen Film wurde *Midnight Cowboy* aber als »Bester Film des Jahres« ausgezeichnet (der OSCAR ging an Produzent Jerome Hellman), und John Schlesinger wurde für seine Regiearbeit geehrt. Angesichts dieser beiden Preise fühlten sich Hoffman und Voight herabgesetzt, und diese zweite Niederlage ließ Hoffmans zwiespältige Gefühle für die Academy of Motion Picture Arts and Sciences nur noch wachsen.[10]

Wohl mit einem Achselzucken verdrängte Hoffman seinen

Unwillen gegenüber den Ansichten der AMPAS-Mitglieder und verlagerte seine ganze Kraft auf sein nächstes Filmprojekt, nämlich auf *Little Big Man* (Little Big Man/Weit ist die Prärie, 1970). Von seiner Produktionsfirma als epischer Western einge-stuft, übernahm Hoffman darin die Rolle des Jack Crabb, des einzigen Überlebenden aus den Kämpfen am Little Big Horn zwischen General George Armstrong Custer und den Indianern, auch bezeichnet als »Custers Last Stand«. Im Frühling des Jahres 1970 begannen die Kameras, die ersten Bilder zu *Little Big Man* einzufangen.

In der Zwischenzeit hatte United Artists begonnen, *Midnight Cowboy* in den Kinos der ganzen USA einzusetzen, unter ande-rem auch in Los Angeles. Die Offiziellen der United Artists waren begierig darauf, die Nachwirkungen der drei OSCARS in klingende Münze umgewandelt zu sehen. Als *Midnight Cowboy* dann schließlich nach Hollywood gelangte, hatte ein anderes Studio einen weiteren Film mit Dustin Hoffman für den Kino-einsatz vorbereitet: *John and Mary* von der 20th Century-Fox.

Noch bevor die Dreharbeiten zu diesem Film begonnen hat-ten, war Dustin Hoffman mit einer Erklärung an die Öffentlich-keit getreten, derzufolge er die Rolle des John nicht wegen des Drehbuchs übernommen hatte, sondern um Regisseur Peter Yates einen Gefallen zu tun. »Als wir noch in Baltimore waren und mit *Jimmy Shine* unsere Anfangsschwierigkeiten hatten, kam Peter uns besuchen und sah uns zwei oder drei Nächte bei den Vorführungen zu. Daraufhin machte er uns einige außerge-wöhnlich gute Vorschläge in Bezug auf die Inszenierung«, sagte Dustin. »Es schien ihm mehr Freude zu machen, uns bei unse-rem Bühnenstück zu helfen, als sich um die Vorbereitungen für seinen neuen Film zu kümmern, und ich dachte: ›Das ist ein wirklich ehrlicher Bursche‹.«

Aber es hatte auch andere Motive gegeben. Seinem Film *The Graduate* hatte Dustin die Rolle des kranken Zuhälters Ratso Rizzo folgen lassen, eine Figur, die sich hinter einer Make-up-Maske verstecken konnte. Die Rolle des John bedeutete für den Schauspieler eine Herausforderung, zumal sie die erste Haupt-rolle nach *The Graduate* markierte und ebenso Hoffmans erste romantisch gestaltete Filmrolle sein sollte. Durch die Charakte-risierung eines solchen Menschen gedachte Hoffman seinen schauspielerischen Horizont zu erweitern, zumal er in *The Gra-*

duate von einem Liebhaber nicht viel hatte zeigen können.

John and Mary konzentriert sich auf die Prüfungen und Leiden eines Junggesellen namens John (Dustin Hoffman), der in einer Kneipe für Singles in Manhattan ein alleinstehendes Mädchen mit Namen Mary (Mia Farrow) trifft. Die beiden beschließen, ein Wochenende in Johns Apartment zu verbringen, wo sie nicht nur miteinander schlafen, sondern sich auch gegenseitig im Hinblick auf ein Leben zu zweit testen, ohne überhaupt den Namen des anderen zu kennen. Es stellt sich heraus, daß Mary bereits ein Verhältnis zu einem verheirateten Politiker unterhält. John aber läßt das kalt, und er fährt fort, Mary den Hof zu machen. Nach seinem ersten sexuellen Erlebnis mit Mary sagt er: »Sollte unsere Verbindung eine ernsthafte Sache werden, dann ist das für mich in Ordnung.«

Der Film nimmt danach eine Wende und befaßt sich mit Ansichten, Ängsten und Träumen der beiden Charaktere, die nach guten Gründen suchen, die für eine gemeinsame Zukunft sprechen. Dustin Hoffman zeigt in *John and Mary* seine ganze Pfiffigkeit als Schauspieler, denn aus seinem John wird ein zeitgenössischer romantischer Liebhaber. In vielen Szenen mit seiner neuen Liebe sieht man ihn als einen hingebungsvollen, besorgten und empfindsamen Charakter. Mia Farrow stellt auf der Gegenseite ihre Befähigung als feinfühlige Gefährtin unter Beweis und zeigt, daß sie mit Ernsthaftigkeit einer dramatischen Rolle gerecht werden kann.

Man verliebt sich im Film ineinander. John aber sträubt sich anfangs, da er Bedenken gegen eine feste Bindung äußert. Seine schlechten Erfahrungen, die er in einer vorangegangenen Beziehung mit einem Mädchen namens Ruth (Sunny Griffin) gemacht hatte, lassen ihn an einer neuerlichen Zweierbeziehung zweifeln. Ruth hatte Johns Leben mit ihren Verhaltensweisen ins Tragische abgleiten lassen und aus seiner Wohnung einen Trümmerhaufen gemacht. Trotzdem ist er bereit, Mary Vertrauen entgegenzubringen und sie als das Mädchen anzusehen, das die Zukunft mit ihm gestalten wird. In der Schlußphase des Films, in der man noch einmal ins Bett hüpft, ist John mit seiner Entscheidung ausgesöhnt, Mary als seine neue Partnerin zu tolerieren. Im Verlauf dieses letzten wollüstigen Aufeinandertreffens fragt Mary: »Mein Name ist Mary ... und wer bist du?«

Regisseur Peter Yates und seine gefühlvolle Regie lassen

New York, 4.2.1975: Dustin Hoffman wurde zum Entertainer des Jahres gewählt, wobei man seine Filme ›Lenny‹ und ›Papillon‹ in die Bewertung mit einbezog. Filmproduzent Joseph E. Levine (links) hat den Preis gerade überreicht, als Dustin sich die Nase putzen muß.

durch den Film Zartheit und Rührung durchscheinen, allerdings schaffte er es nicht, eine langweilige Geschichte mit Leben zu erfüllen. Die außergewöhnlich gute Kameraarbeit von Gayne Rescher verstärkt noch zusätzlich die Intensität der vertraulichen Liebesszenen zwischen John und Mary. Dustin Hoffman befand sich wieder in Topform, obwohl er in seiner neuen Antihelden-Rolle mitunter doch recht unsicher wirkt. Der größte Fehler des Films liegt in dem von John Mortimer geschriebenen Drehbuch, das mitunter ungeschickt und unlogisch vorgeht. Es scheint vollkommen absurd zu sein, daß zwei Menschen mehrere Wochen miteinander ins Bett gehen, ohne ihre Namen zu kennen. Einen weiteren Fehler erkennt man aus dem Drehbuch, das die Frauen als unzuverlässige Wesen abstempelt.

Die 20th Century-Fox versuchte, mit *John and Mary* ein altes Studiogesetz zu neuer Tragfähigkeit zu bringen, durch das es in der Vergangenheit bekannte männliche und weibliche Filmstars auf die Leinwand gebracht hatte, um an den Kinokassen erfolgreich zu sein. Man erinnere sich nur an die Hollywood-Paarungen der Vergangenheit, durch die die Fox solche bekannte Größen wie James Stewart und June Allyson, Spencer Tracy und Katharine Hepburn, Rock Hudson und Doris Day und natürlich Mickey Rooney und Judy Garland zusammengebracht hatte. Die Kritiker vertraten größtenteils die Meinung, das Studio sei unfähig, ein stabiles und überzeugendes Drehbuch hervorzubringen. Gegen die Verbindung zweier aufstrebender Filmstars war nichts einzuwenden. *Newsweek* fand für *John and Mary* harte Worte: »Das Format der Dialoge und der Darstellungen ist falsch. Das ist den Amerikanern ja alles bekannt. Diese Vertrautheit ist nicht mehr zu ertragen und läßt einen Vergleich zu den Problemen zu, die die amerikanischen Kompaktautos so an sich haben: Zu pompös, um wendig zu sein, und zu klein, um Eindruck zu machen.«

Der *Hollywood Reporter* verteidigte sporadisch auftretende subtilere Gütefaktoren des Films und ließ sich begeistert über Dustin Hoffmans Darstellung des John aus: »Hoffman übereignet uns wieder einmal eine außergewöhnliche schauspielerische Leistung. Beispiellos teilt er uns seine Gefühlswelt durch Gefühle mit, die auf seinem Gesicht zu sehen sind, ohne dabei Dialoge in Anspruch nehmen zu müssen. Da erkennt man eine Darstellung von einfacher Klarheit, die persönlich bleibt und durch Witz und Güte bereichert wird. Hoffman beweist damit, daß er die Fähigkeit besitzt, eine zeitgenössische romantische Hauptfigur zu verkörpern.« Das *Time*-Magazin war mit Komplimenten nicht so großzügig: »*John and Mary* ist so leer wie eine Bar am Montagmorgen. Beruft man sich auf die Fähigkeit des Stars, so erkennt man nie, warum sich diese Menschen lieben, und man erkennt auch nicht, was sie zu dieser Liebe hätte veranlassen sollen.«

John and Mary wurde zum erstenmal während der Thanksgiving-Woche vom 25. November 1969 an gezeigt. In der glei-

Dustin und seine Frau Anne mit der neugeborenen Jennifer Celia, die am 15. Oktober 1970 zur Welt kam.

chen Woche wurde in den Zeitungen auch der erste Einsatz von *Midnight Cowboy* in Los Angeles angekündigt. In fünf Vorführrungstagen in Westwood (Bruin Theatre) hatte *Midnight Cowboy* bereits die beachtliche Summe von 14.118 Dollar eingespielt, während *John and Mary* sich vom Start weg müde dahinschleppte.

Dustin war sichtlich enttäuscht über die schwache Resonanz an den Kinokassen und über die enttäuschenden Kritiken. Später verkündete er seine Zweifel, die er gehabt hatte, als man ihm die Rolle des Liebhabers angeboten hatte. Er befand, seine Gefühle seien durch die Darstellung eines eindimensionalen Charakters wie John nicht zum Vorschein gekommen, obwohl da viele Fans und Kritiker anderer Meinung gewesen waren und es noch immer sind.

Dustin erwartete auch nicht, weitere Stufen auf seiner Erfolgsleiter im Sturmschritt zu nehmen, nachdem sein zweiter Filmreinfall landesweit in die Kinos gelangte. Seine Darstellung des wichtigtuerischen kleinen Beamten des US-Schatzamtes in der zweitrangigen Filmkomödie *Un dollaro per 7 vigliacchi* (*Madigan's Millions* in den USA) wurde in den Vereinigten Staaten zwei Jahre nach seiner Entstehung in Italien den Kinos zugeführt. Die US-Filmpremiere fand am 29. Dezember 1969 statt; entstanden war der Film ja bekanntlich nach Dustins erstem Einsatz als Filmschauspieler in *The Tiger Makes Out*.

Madigan's Millions, um bei dieser Bezeichnung zu bleiben, mit Cesar Romero als Co-Star und mit dem italienischen Sexbömbchen Elsa Martinelli, wurde in den Kinos der USA als *double-feature* mit einem anderen Film-Oldie eingesetzt, und zwar mit *Fearless Frank*, einem Film mit Jon Voight in der Hauptrolle, den dieser ebenfalls vor seinen *Midnight Cowboy*-Tagen gemacht hatte.[11] Für die Produzenten von *Madigan's Millions* kam das Premierendatum in den USA zur rechten Zeit, denn durch Dustin Hoffmans Bekanntheitsgrad waren gute Einnahmen an den Kinokassen auch für dieses zweitrangige Produkt von vornherein gesichert. Inwieweit der Schauspieler mit diesem »Frühwerk« zur Unzeit einverstanden war, steht womöglich auf einem anderen Blatt.

Madigan's Millions ist ein komödienhaftes Drama (glauben Sie es oder nicht!), das von Mike Madigan (Cesar Romero) handelt, einem italienischen Gangster, der nach einem Diebstahl von einigen Millionen Dollar von den USA aus das Weite suchte und in Rom Unterschlupf fand. In bekannter Mafia-Manier wird er nach zwei Minuten Film ermordet, und die amerikanische Botschaft in Rom ist, neben italienischen Behörden, sehr daran interessiert, dem Geld auf die Spur zu kommen. Aus diesem Grunde entsendet das amerikanische Schatzamt in Washington einen seiner Spitzenmänner, Jason Fister (Dustin Hoffman), nach Rom, um die versteckten Millionen aufzustöbern. Schwerfällig entdeckt Fister Madigans Millionenversteck, nachdem er kaleidoskopmäßig in alle möglichen Vorfälle verwickelt wurde: Die italienische Polizei sitzt ihm im Nacken, Gangster heften sich an seine Fersen, er wird in zwei Morde verwickelt und darf der liebenswerten Elsa Martinelli behilflich sein. Hoffman brach hier mit der mittlerweile zur Tradition gewordenen Darstellung von Antihelden.

Um ein Meisterwerk zu sein, fehlte dem Film Vieles. Die spaßigste Sequenz des Films ist möglicherweise seine Eröffnungsszene. Ein gezeichneter Trickfilm-Dustin fährt in alle möglichen aufgestellten Fallen hinein, die durch ein Puzzlespiel angeordnet sind. Ebenso wie seine italienischen Mitspieler kann auch Dustin Hoffman das Grimassenschneiden nicht lassen; das ist ermüdend, aber auf der anderen Seite wieder bezeichnend für italienische Filmkomödien aller Art. Die gesamten Darsteller sind, mit Ausnahme von Dustin, äußerst schlecht synchronisiert worden, darüber hinaus sind 77 Minuten für einen Spielfilm bei Weitem zu wenig. Das Drehbuch von James Henaghan kommt der Wirkung von lauwarmem Kaffee sehr nahe, und Stanley Pragers Regieführung zeigt, daß ohne große Lust an der Sache gearbeitet worden war.

Ein paar wenige Kritiker steckten ihre Nasen in den Film, darunter auch jener vom *Hollywood Reporter*. Er schrieb: »Ein Glück für Dustin Hoffman, daß dieser Film in die Kinos kam, als der Schauspieler bereits zu einem Leinwandstar herangereift war. Die italienischen Darsteller verzerren ihre Gesichter so schrecklich, daß ihre Synchronsprecher auch nichts mehr retten konnten ... « Ein Kritiker von *Film Daily* zeigte Wagemutigkeit und Verständnis für Dustin Hoffmans *Madigan*- Film, denn er schrieb: »Kein Zweifel. Dustin Hoffman ist talentiert. Er ist so naiv, so tölpelhaft und so schwerfällig in *Madigan's Millions*, daß er den ganzen Film aus dem Feuer reißt.«

Angesichts der aufeinanderfolgenden Reinfälle mit *John and Mary* und *Madigan's Millions* blieb dem Schauspieler nur die Hoffnung auf bessere Tage und der Blick nach vorn in Richtung auf ausgewogene Drehbücher. Das Wort »Wann?« erhob sich in diesem Zusammenhang zu einer von Dustin Hoffmans vielen Fragen.

Neue Rollen... und die Rolle eines Vaters

(Little Big Man)

Daß jeder Regisseur »immer nur so gut ist wie sein letzter Film« läßt sich in Hollywood auch auf Schauspieler übertragen. Angesichts dieses Spruches hoffte Dustin, daß man für ihn in absehbarer Zeit eine interessante Story ausfindig machen würde. Dies geschah. Für den Schauspieler folgte nun die Darstellung einer reizvollen Rolle, und zwar die des 122-jährigen alten Mannes Jack Crabb, von dem behauptet wurde, er hätte als einziger Weißer General Custers letzten Kampf gegen die Indianer überlebt. Nachempfunden wird das Leben dieses Crabb in Arthur Penns epischem Western *Little Big Man*(Little Big Man/Weit ist die Prärie, 1970).

Der Film war schon ein paarmal in Angriff genommen worden. So hatte die MGM (Metro-Goldwyn-Mayer) ursprünglich eine Produktion initiieren wollen, die eine Angelegenheit von über zehn Millionen Dollar geworden wäre und Thomas Bergers Bestseller-Roman als Ausgangsbasis herangezogen hätte. Dann fiel der Handel mit MGM ins Wasser, und im Juni des Jahres 1969 stimmte ein weniger bekanntes Filmstudio, Cinema Center Films, zu, das Projekt zu finanzieren. Jack Richardson, der mit dem Ausarbeiten des Drehbuches bereits begonnen hatte, wurde durch Calder Willingham (der *The Graduate* geschrieben hatte) ausgetauscht. Willingham besaß Dustin Hoffmans ungeteiltes Vertrauen, denn er gehörte zu den vom Schauspieler favorisierten Leinwandautoren. Mit Dustin in der Titelrolle wurde dem Film ein Budget von fünf Millionen Dollar zugebilligt. Die Aufnahmen zu *Little Big Man* fanden an unterschiedlichen Drehorten statt, so zum Beispiel in Los Angeles, in Billings, in Montana, in Colorado, in Nevada City, in Calgary, in Kanada und natürlich auch am Originalschauplatz von Custers letzten verzweifelten Bemühungen, die Indianer im Zaum zu halten.

Hoffman war nicht nur darauf bedacht, sein angekratztes Leinwandimage wieder zu glätten, es paßte ihm auch nicht, An-

Der junge Jack Crabb (Dustin Hoffman) aus Arthur Penns Western › Little Big Man‹ (Weit ist die Prärie/Little Big Man, 1970).

ne, seine Frau, und Karina, deren Tochter, sich selbst zu über-lassen. In Bezug auf seine neuerworbene Familie war Dustin sehr empfindsam, aber diese Feinfühligkeit ließ er auch anderen Menschen angedeihen. Wenn seine Familie nicht um ihn herum war, machte ihm ausgedehntes Reisen über längere Zeiträume keinen Spaß. Die Lösung: Er lud Frau und Tochter ein, ihn zu begleiten und hielt diese Lösung auch bei seinen zukünftigen Projekten für die beste. Nachdem dieses Problem sich als kein Problem mehr erwies, traf Dustin mit dem Produzenten Stuart Millar und dessen Co-Produzenten Gene Lasko entsprechende

Vorbereitungen zum Start der Dreharbeiten. Faye Dunaway wurde für die Rolle der unzüchtigen Grenzerschönheit verpflichtet, und Chief (Häuptling) Dan George wurde aus den Reihen der Indianer ausgesucht, um als Indianer die Rolle eines Indianers zu spielen. Hier sprang dieser für Richard Boone ein, den man ursprünglich für die Rolle des siebzigjährigen Häuptlings Old Lodge Skins ausgewählt hatte.[12]

Little Big Man förderte allerlei Probleme mit den nordamerikanischen Indianern zutage. Stuart Millar hatte eine vertragsähnliche Übereinkunft zu unterzeichnen, damit er das Gelände um »Custers Last Stand« in den Film einbauen konnte. Diese Übereinkunft hatte allerdings auch einen Haken: Millar mußte zirka vierzig echte Crow-Indianer bei den Dreharbeiten beschäftigen. Ähnliche Vereinbarungen mußten auch mit den Northern Cheyennes unter Dach und Fach gebracht werden, damit man in Lame Deer, Montana, filmen konnte. Die Scarvee- und Stony-Indianer stellten ähnliche Ansprüche und damit auch ihr Land in Calgary, so daß auch dort für *Little Big Man* Filmaufnahmen gemacht werden konnten. Millar versuchte so mit diesen Vereinbarungen gleich von vornherein böses Blut zwischen den Filmleuten und den Indianern zu vermeiden. Außerdem konnte er auf diese Art einigermaßen sicher sein, daß Interessengemeinschaften der nordamerikanischen Indianer nicht auf die Idee kommen könnten, im fertigen Film nach Verunglimpfungen ihrer roten Blutsbrüder zu forschen.

Die Dreharbeiten mußten zeitweise wegen schlechter Wetterverhältnisse eingestellt werden. In Calgary fielen die Thermometer zeitweilig so erheblich unter den Gefrierpunkt, daß an Arbeit nicht zu denken war. Angesichts der bitteren Kälte und des rauhen Klimas kam Regisseur Arthur Penns 114 Mann starkes Team in erheblichen Zeitverzug, und zwar so sehr, daß, nach Dustin Hoffmans Worten, das Budget des Films von den ursprünglich geplanten fünf Millionen Dollar auf das Doppelte anschwoll.

Was Dustin Hoffman an der Rolle des Jack Crabb am meisten aus der Fassung brachte, war das Finden einer Stimme, die zu der Figur passen mußte. In einem Interview mit Richard Meryman sagte der Schauspieler: »Zunächst einmal versuchte ich mich an einer Stimme, die schnarrend und krächzend klang, wenn die Stimmbänder, wie bei alten Menschen, nicht mehr in

Eine Szene aus dem grandiosen Western-Epos ›Little Big Man‹ (1970), das Regisseur Arthur Penn (›Bonnie and Clyde‹) mit einem Millionen-Etat inszeniert hat. – Kaum zu glauben: Die verwitwete Frau Pastor Pendrake (Faye Dunaway), jetzt Lulu genannt, ist im Bordell gelandet. Einst hatte sie dem jungen Jack Crabb (Dustin Hoffman) die Benutzung einer Badewanne erklärt – jetzt versucht sie, ihn durch einen zünftigen Striptease zum Verweilen auf den »Polstern der Erquickung« zu veranlassen.

Ordnung sind. Ein befreundeter Arzt machte für mich auf Welfare Island ein Altenheim ausfindig, wo ich alte Menschen beobachten konnte. Ich fand einen Alten, mit dem ich mich eine ganze Weile lang unterhielt und unsere Gespräche auf ein Tonband aufnahm. Aber das gefiel mir nicht, denn der Mann war einfach noch nicht alt genug. Hinterher war ich ziemlich niedergeschlagen. Dann berichtete mir ein anderer Arzt, daß es eine Medizin gäbe, die bei Alkoholikern angewendet würde und durch deren Wirkung eine Stimme krächzend klingen würde. Aber davor bekam ich Schiß, so weit wollte ich nicht gehen.«

Dustins nächste Reise führte nach Montana, wo die Dreharbeiten fortgesetzt werden mußten. Die bevorstehenden Szenen mit dem alten Jack Crabb lagen wie ein böser Alptraum auf ihm, denn er hatte sich bis dahin noch nicht für eine ganz bestimmte Stimme entschieden. »Dann bekam ich eines Tages eine Kehlkopfentzündung, die meine Stimme veränderte. Mit dieser neuen Stimme machte ich allerlei Versuche auf dem Tonband«, bekannte Dustin einmal. »Nun hatte ich endlich gefunden, was ich gesucht hatte. Aber dann dachte ich, ich würde mich falsch verhalten und hatte Angst davor, ernstlich krank zu werden. Schließlich kamen wir dann nach Kanada, nachdem wir fünf Monate mit Dreharbeiten verbracht hatten. Ich freundete mich mit einem Orientalen an, der einhundertvier Jahre alt war. Überall hatte ich nach einer passenden Stimme gesucht, auf Welfare Island und in Montana. Sogar dort war ich in verschiedene Altenheime gegangen, um eine passende Stimme zu finden, und dann saß plötzlich in Kanada dieser alte Mann direkt vor mir. Vier Stunden lang habe ich mich mit ihm befaßt und ihn beobachtet.«

Die Stimme des alten Jack Crabb konnte Dustin erst in Los Angeles einsetzen, wo die Dreharbeiten fortgesetzt wurden. Als das Produktionsteam den Tagen an der Westküste immer näher kam, geriet der Schauspieler in Angst und Schrecken, denn die krächzende Stimme, an der er so lange gearbeitet hatte, wollte sich nicht zwingen lassen. »Ich wußte nicht mehr, was ich anfangen sollte. In blinder Hast rannte ich in ein Zimmer, schloß mich ein und heulte Rotz und Wasser bis ich heiser wurde. Am darauffolgenden Tag war die Heiserkeit wieder verschwunden. Also fing ich wieder an zu heulen und zu schreien. Ich schrie, während man mich ankleidete, und ich schrie, während ich die Garderobe verließ. Auf dem Weg zum Sawtelle-Veteranenheim schloß ich die Fenster des Autos und brüllte wie ein Wahnsinniger. Ich schrie alle möglichen Vokallaute heraus, natürlich auch in unterschiedlichen Stimmlagen. Ich brüllte do, re, mi, fa und übte auch Tonlagen, in denen kein Mensch spricht. Und ich wurde wieder heiser.«

Aber Hoffman erlebte mit *Little Big Man* noch andere denkwürdige Augenblicke. Unter heißen Make-up-Lampen wurde sein Gesicht in das des einhundertzweiundzwanzigjährigen Jack

Eine Szene aus dem spannungsgeladenen Western ›Little Big Man‹ (1970). – Tragische Verstrickung: Das Glück von Jack Crabb (Dustin Hoffman) und der jungen Squaw Sunshine (Amy Eccles), die ihren kleinen Sohn im Arm hält, soll bald zerstört werden – durch einen mörderischen Überfall der »Bleichgesichter« auf das Lager unter Anführung des fanatischen Indianerhassers General Custer.

Crabb verwandelt. Eine Maske, bestehend aus vierzehn Einzelteilen, wurde auf seinem Gesicht aufgetragen. Diese Prozedur nahm täglich fünf Stunden Zeit in Anspruch. Das Make-up selbst war eine Schöpfung von Dick Smith, Hollywoods legendärem Maskenbildner. Hoffman witzelte später: »Jeder, der die Maske aufgetragen bekommen und behauptet hätte, er fühle sich nicht alt, wäre ein Lügner gewesen.«

Angesichts der vielen Falten, so bekannte Hoffman, behandelte jeder der Filmcrew den Schauspieler unbewußt so, als sei er tatsächlich ein alter Mann. »Mit meinen Kontaktlinsen, die eine Erkrankung simulierten, den grauen Star, konnte ich nicht viel sehen, also nahmen mich Teammitglieder bei den Armen, stützten mich und verpflanzten mich in einen alten Rollstuhl, mit dem ich durch die Gegend geschoben werden mußte. Tja, sie gingen alle recht sanft mit mir um. Und das half mir, an meine Phantasiewelt zu glauben.«

In den letzten Tagen des Novembers war es mit Hoffmans »Phantasiewelt« vorbei, denn die Dreharbeiten zu *Little Big Man* waren beendet worden. Der Film verschwand nun in den Schneideräumen Hollywoods. Nach Abschluß des Films zog sich Dustin mit seiner Familie nach New York zurück und gönnte sich zwischen weiteren Verpflichtungen zunächst einmal eine verdiente Entspannungspause. Fünf Monate seines Lebens hatte er damit verbracht, sich an den Schauplätzen von *Little Big Man* filmen zu lassen, und er hatte die Tage gezählt, die ihm zwischen den Drehtagen als drehfreie Pausen eingeräumt worden waren, damit er mit Frau und Kind allein sein konnte. Viele freie Tage hatte es nicht gegeben. Hanukkah, ein jüdischer Feiertag, war vorübergegangen, ohne daß Hoffman sich dem Genuß, diesen Tag zu feiern, hingegeben hätte. Erst kürzlich bekannte der Schauspieler: »Ich bin nicht das kleinste bißchen religiös. Das war ich noch nie.«

1970 war Hoffman wieder einmal in den Schlagzeilen der Presse, nachdem bekannt geworden war, daß Franco Zeffirelli, der nicht zu unterdrückende Filmproduzent, den Schauspieler für einen seiner neuen Filme haben wollte. Zeffirelli, so berichteten die Zeitungen, wollte Hoffman für die Hauptrolle von *Brother Sun and Sister Moon* haben, einen Film, den die Paramount-Studios zu machen abgelehnt hatten. Es wurde berichtet, auch Hoffman hätte es abgelehnt, bei diesem neuen Zeffi-

Eine Szene aus ›Little Big Man‹ (1970): Dem jungen Jack Crabb (Dustin Hoffman) wird von Mrs. Pendrake (Faye Dunaway), derzeit noch eine ehrbare Pfarrersfrau, die Benutzung einer Badewanne erklärt. Jahre später trifft man sich in einem Bordell wieder.

relli-Projekt mitzumachen. Aber Zeffirelli, dessen Film *Romeo and Juliet* der Überraschungserfolg des vergangenen Jahres gewesen war, bestritt Hoffmans Ablehnung.[13] Die Vertreter der William Morris Agency, die mit Hoffmans Interessen betraut waren, verkündeten mittlerweile, daß Hoffman mit Zeffirelli in Kontakt getreten war, daß ein Vertrag aber nicht unterzeichnet worden war. Ein paar Tage später berichteten die Zeitungen erneut, der Schauspieler habe sich entschlossen, mit Zeffirelli zu filmen. Dann aber hatte Hoffman das Interesse an dem Projekt verloren.

Tatsächlich hatte sich der Schauspieler mit einer anderen Entscheidung herumzuschlagen, denn es ging darum, sich entweder einem neuen Filmvertrag zu unterwerfen oder an den Broadway zurückzukehren. Die Unmittelbarkeit und die Nähe der Theater am Broadway hatten stets Hoffmans ungeteiltes Interesse. Eine Bühnenproduktion war allemal schneller auf die Beine zu stellen als eine Filmproduktion.

Dann, im März des Jahres 1970, hatten die Tageszeitungen im Hinblick auf den Schauspieler wieder Neues zu berichten, das die Titelseiten der US-Zeitschriften ebenso interessierte. Um eine neue Rolle ging es dabei keineswegs. Es stand zu lesen, daß drei laute Explosionen zu hören gewesen wären, und zwar in der Straße von Greenwich Village, wo Hoffman mit seiner Familie zuhause war. Die Detonationen entfachten ein Feuer an Hoffmans Haus, das in dem Baustil errichtet worden war, der zur Zeit des Bürgerkrieges vorgeherrscht hatte. Der Brand zerstörte eine ganze Reihe privater Habe, aber Hoffman, seine Frau und Tochter Karina waren glücklicherweise zur Zeit der Detonationen zu Einkäufen in der Stadt.

Dem Schauspieler wurde aber an diesem Tage sehr schnell zugetragen, daß sein Haus in Flammen stünde. In fliehender Hast eilte er zu der Stätte des Unglücks. Es war ihm sogar noch möglich, aus dem rauchgeschwängerten Haus drei seiner modernen Gemälde zu retten sowie einen Lampenschirm, den er bei Tiffany's erworben hatte. Bedauerlicherweise war aber der Rest seiner Gemäldesammlung zerstört, die Möbel waren versengt worden und konnten nicht mehr benutzt werden. Alles in allem waren über Nacht dreiundzwanzig Menschen obdachlos, und der Polizei war es nicht möglich gewesen, den Ursachen für die Detonationen auf die Spur zu kommen. Seinen Bekannten und Freunden erzählte Hoffman später: »Gottseidank, daß ich kein armer Mann geworden bin!«

Kurz nach diesem Vorfall unterzeichnete Dustin einen Vertrag, der ihn an einen weiteren Spielfilm band, den Cinema Center Films unter dem Titel *Who Is Harry Kellerman and Why Is He Saying Those Terrible Things About Me?* (Wer ist Harry Kellerman?, 1971) entstehen ließ. Dieses Projekt war Hoffmans zweiter Film für dieses Studio. Ein Gefährte aus alten Broadway-Tagen, Ulu Grosbard, wurde als Regisseur verpflichtet, der ein Drehbuch von Herb Gardner zur Grundlage seines Filmes machen konnte.[14]

Who Is Harry Kellerman and Why Is He Saying Those Terrible Things About Me? wurde praktisch in Hoffmans Garten hinter dem Haus verfilmt, was insofern recht angenehm gewesen war, weil dem Schauspieler die Unannehmlichkeiten und die Hektik,

›Little Big Man‹ (1970): Dustin Hoffman als eleganter Pistolenheld – das ist eine der aufregenden Stationen im abenteuerlichen Leben von Jack Crabb. Daneben schlägt er sich als Cowboy, Kundschafter, Cheyenne-Krieger, Falschspieler, Trunkenbold, Geschäftsmann, Eremit, Polyga-mist und einziger Überlebender des Massakers am Little Big Horn durch den Wilden Westen. Rechts Jeff Corey in einer klassischen Westernrolle als Wild Bill Hickok.

die weitauseinanderliegende und oftmals ausländische Drehorte mit sich bringen, erspart blieben. Hoffmans Szenen wurden darüber hinaus an weiteren Plätzen New Yorks gedreht, darunter beispielweise in einem Penthouse auf der Fifth Avenue, von wo aus man über den Central Park blicken konnte, dann in Brooklyns U-Bahnhöfen, im Lincoln-Tunnel, auf Coney Island und im Lunt-Fontanne-Theater. Eine ganz spezielle Szene wurde in Manhattans berühmtem Rock-Palast, dem Fillmore East, eingefangen. Die Szenen mit Dustin in seinem Wohnbereich entstanden auf der fünfzigsten Etage des Gebäudes von General Motors.[15]

Hoffmans Lieblingsszene aus diesem Film entstand vor dem General Motors-Wolkenkratzer. Darin mußte er sich in das Gebäude retten, weil eine Gruppe von Verehrern seiner habhaft werden wollte (Hoffman spielte im *Kellerman*-Film einen Rock-Star). Anfangs wehrte sich der empfindsame Schauspieler gegen diese Szene, die ihn mit einer Masse an Menschen in Berührung brachte. Er protestierte lautstark. Aber Ulu Grosbard konnte den Mimen davon überzeugen, daß gerade diese Szene für den Film von großer Bedeutung sei. Hoffman zog den Kopf ein, nahm all seine Konzentration zusammen und schritt wortlos durch den Massenauflauf. Er bezeichnete die grölende Menge später als »eine Ansammlung gaffender Fans!«

Während des Fortschreitens seiner Filmkarierre war Dustin stets ein Verfechter seiner eigenen Theorien über das Filmemachen. Er fürchtete sich nicht davor, seinen Regisseuren bei den Dreharbeiten zu gemeinsamen Filmen hereinzureden. Es machte ihm auch nichts aus, Anregungen weiterzugeben, die Zugang zu den Drehbüchern fanden. Er wollte wissen, was mit ihm und um ihn herum geschah. Auf diese Art und Weise entstanden Filmfiguren, die nahezu vollkommen in ihren Wesenszügen in Dustins Kopf entstanden waren. Einige Regisseure betrachteten das Vorgehen des Schauspielers als Einmischung in ihre Kompetenzen, als Übergriff auf ihre Kreativität, aber die Mehrheit der Filmemacher hörte sich Dustins Meinungen über seine ganz speziellen Vorstellungen mit einer ebenso speziellen Rolle an und handelte nach diesen Vorstellungen des Schauspielers. Wenn er seine Einwürfe oder Bemerkungen über einen Part beisteuerte, dann folgte Hoffman keineswegs den Beispielen anderer Schauspieler, sondern stets seiner eigenen Eingebung, denn nur er kannte seine eigenen Fähigkeiten am besten und konnte sie dementsprechend einsetzen und verwerten.

Who Is Harry Kellerman and Why Is He Saying Those Terrible Things About Me? folgte in Dustins filmischer Arbeit unmittelbar den Erfahrungen von *Little Big Man*. Hier fühlte er, daß der Film sehr exakt seinen eigenen Talenten sehr nahe kam. In einem Zeitungsinterview sprach Hoffman von der Tatsache, daß seit *Harry Kellerman* eine Situation eingetreten war, die ihn einigermaßen zufrieden mit seinen filmischen Ergebnissen sein ließ: »Ich bin mit mir in vielen Dingen zufrieden. Ich habe einen Fehler gemacht und dieser Fehler war der Film *John and Mary* gewesen. Ich war mir klar darüber, daß aus dem Film nichts werden würde. Der Regie ist kein Versagen anzulasten. Ich konnte die Figur nicht in den Griff bekommen. Das ist nicht so aufzufassen, daß man bei etwas, mit dem man sich verbunden fühlt, versagt; man spürt nur, daß man unfähig ist, der Rolle gerecht zu werden. Und wenn man bei einer Sache versagt, der man sich verbunden fühlt, wird man durcheinandergeworfen.«

Dustin stellte auch fest, daß es ihm Befriedigung bereite, mit dem Regisseur Ulu Grosbard zu arbeiten. Seine Freundschaft mit Grosbard führte bis in das Jahr 1962 zurück, als Hoffman noch Charakterdarsteller bei der Bostoner Theatre Company gewesen war. *Waiting for Godot* war das erste Bühnenstück gewesen, für das Hoffman in den Bostoner Tagen als Darsteller ausgewählt worden war. Und Ulu Grosbard hatte es inszeniert. Später hatte ja Grosbard, wie bekannt, den Schauspieler als Regieassistent bei *A View from the Bridge* am Broadway eingesetzt.

Noch während der Dreharbeiten zu *Who Is Harry Kellerman and Why Is He Saying Those Terrible Things About Me?* wurden dem Schauspieler weitere Filmangebote unterbreitet. Ein Projekt, zu dem er sich hingezogen fühlte, war eine ABC-Pictures-Produktion für das Fernsehen. Titel: *The Point*. Dieser Zeichentrickfilm von Murkami-Wolf entstand nach einer Geschichte von Harry Nilsson, wobei die Musik ebenfalls von dem bekannten Liedermacher geschrieben worden war. Hoffman fungierte bei diesem Projekt als Sprecher. Der Film wurde als Teil der ABC-Serie »Movie of the Week« am 2. Februar 1971 ausgestrahlt. Dustin war aber hierbei nicht nur der Erzähler des Films, sondern hatte auch die Synchronisation eines provinziel-

len Vaters übernommen, der gegen eine TV-Gesellschaft an-
kämpft, um seinen Kindern einen Beweis seiner Integrität liefern zu können.

Die Dreharbeiten zu *Harry Kellerman* zogen sich bis in die ersten Tage des Oktobers hin. Dustin war froh darüber, daß die
Dreharbeiten planmäßig verliefen und mit zusätzlichen Arbeits-
tagen nicht gerechnet werden mußte. Seine Frau Anne hatte
ihre mehr oder minder halbherzige Karriere als Tänzerin einige
Monate zuvor aufgegeben, denn die Unbillen, die mit einer
Schwangerschaft einhergehen, waren für sie in Verbindung mit
der Tätigkeit als Tänzerin nicht mehr länger vereinbar gewesen.
Am 15. Oktober 1970 brachte sie ihr zweites Kind zur Welt, das
die Namen Jennifer Celia erhielt (Kosename: Jenna). Jenna
brachte nach der Geburt acht Pfund auf die Waage. Als das
Kind auf die Welt gekommen war, konnte man in Dustin einen
dankbaren Vater wiedererkennen – er verfügte nicht nur über
eine perfekte Frau, jetzt verfügte er auch über eine perfekte Familie. In diesen Tagen hatte Dustin gleich mehrfach Grund zum
Feiern, wozu in einigen Jahren zuvor weniger der Anlaß gewesen war. Einen Tag vor Annes Einlieferung in das Krankenhaus
hatte der Schauspieler einen lukrativen Vertrag unterschrieben,
der ihn mit dem prätentiösesten Filmprojekt in Verbindung
brachte, das seine Karriere bis dato offeriert hatte. Die Rede ist
von Sam Peckinpahs Film *Straw Dogs* (Wer Gewalt sät ...,
1971). Da die Dreharbeiten zu diesem Projekt allerdings erst in
den letzten Tagen des Jahres 1970 in Angriff genommen werden
sollten, hatte Dustin genügend Zeit, sich seiner neugeborenen
Tochter zu widmen.

Einige Zeit nach Jennifers Geburt, genauer gesagt im späten
November, wurde Dustin zu einem Essen eingeladen, das von
der American Jewish Committee's Motion Picture and Entertainment Division initiiert worden war.[16] Über fünfhundert
Filmregisseure und Filmproduzenten brachten dem Schauspieler ihre Hochachtung entgegen, dem der William J. German
Human Relations-Preis dieser Vereinigung zugesprochen worden war. Gordon T. Stulberg, der Chef von Cinema Center
Films, überreichte Dustin diesen Preis. Die Auszeichnungsur-
kunde spricht von »menschlichem Verständnis in den Bemühungen, durch politische Vorgänge für eine bessere menschliche Gesellschaft« zu sorgen. Hoffman hatte sich lange Zeit um

Dustin Hoffman als David in Sam Peckinpahs Film ›Straw Dogs‹ (Wer Gewalt sät ..., 1971).

das Psychoanalytische Institut in New York verdient gemacht und war aus diesem Grunde mit dem Preis ausgezeichnet worden. Unter den zu früheren Zeitpunkten ausgezeichneten Personen befinden sich allerlei klang- und namhafte Persönlichkeiten aus Hollywood: Sidney Poitier, Stanley Kramer, Paul Newman sowie Joanne Woodward, dessen Frau.

Als National General Pictures am 14. Dezember 1970 den Film *Little Big Man* in die Kinos brachten (in New York geschah dies im Paramount- und im Sutton-Theatre), da setzte sich Dustins Glückssträhne fort. *Little Big Man* hat eine Laufzeit von nahezu zweieinhalb Stunden, und gerade diese Zeitspanne hielten viele Kritiker einfach für zu lang. Den Fans aber machte das überhaupt nichts aus. In den ersten Wochen gingen die Geschäfte mit *Little Big Man* an den Kinokassen ungemein gut, und eine Änderung war nicht in Sicht. Die Kinogänger belagerten die Bürgersteige vor den Kinos in New York, denn sie wollten Dustin Hoffman sehen. Und Dustin sprach nicht nur die mittleren und älteren Semester an, auch die Herzen der Teenager flogen ihm zu. Jeder wollte wenigstens im Kino von Hollywoods neuestem »Wunderkind« ein wenig erhaschen. *The Graduate* und *Midnight Cowboy* waren schon Meilensteine gewesen und die ersten großen Stufen auf dem Weg zum Erfolg. Mit *Little Big Man* aber war Dustin Hoffman ganz oben angelangt.

Der Film beginnt mit dem zerbrechlichen alten Jack Crabb im Alter von 122 Jahren. Dieser letzte Überlebende von »Custers Last Stand« erinnert sich in Rückblenden an die Schicksalsprüfungen und Leiden, die ein erfülltes, reiches Leben mit sich bringen. Sehr deutlich erinnert er sich an die Zeit, als er zehn Jahre alt war und die Indianer seiner habhaft wurden. Häuptling Old Lodge Skins (Chief Dan George) nahm den Jungen an Kindesstatt an und erzog ihn zu einem tapferen Krieger. Diesen historischen Begebenheiten folgt ein kleiner Zeitsprung, und wir begegnen Jack Crabb wieder, nachdem er fünfzehn Jahre alt geworden ist. Weiße Siedler haben ihn den Indianern wieder abspenstig gemacht, und Reverend Mr. Pendrake (Thayer Davis) nimmt den Jungen unter seine Fittiche, ebenso wie Pendrakes übererotische Ehefrau (Faye Dunaway), die, um der Komik im Film gerecht zu werden, zu allem Überfluß ein Bordell führt. Jack Crabb wächst heran. In sein Leben treten zwei Ehefrauen, eine totale Pleite, Alkoholismus und Karrieren als Indianer-Scout und abgefeimter Betrüger.

Der Film hat dann seine dramatischsten Augenblicke, wenn General Custer die schicksalsschwere Entscheidung fällt, den Indianern ihr Land am Little Big Horn wieder fortzunehmen. Wie auch schon in anderen ähnlichen Western gezeigt, führt Custer sein Regiment mitten in das Lager der Indianer. Hunderte von rothäutigen Kriegern stehen gegen Custers kleine Soldatengruppe. Das sich aus Custers eigenmächtigem Vorgehen rekrutierende Gemetzel endet so blutig, wie die Geschichtsbücher es zu schildern verstehen. Jack Crabb überlebt das Blutbad und hat den Tod von Frau und Kind zu betrauern, die im Kreuzfeuer ums Leben kommen mußten.

Sieht man Dustin Hoffman als Jack Crabb, so sieht man auch kleine Hinweise in seiner Darstellung, die den Rollen Ben Braddock und Ratso Rizzo entlehnt worden sind. Aber wiederum spielt der Schauspieler hier ganz eindeutig die Rolle eines Antihelden, wenn auch auffälliger und gekonnter als zuvor. Seine Charakterisierung von Jack Crabb ist die eines Überlebenden, eines Mannes, der bei einem blutigen Gemetzel, das niemals hätte stattfinden dürfen, mit heiler Haut davon kam. Hoffman demonstriert auch sehr deutlich seine Fähigkeit, einen bärbeißi-

›Little Big Man‹ (1970): Beinahe hätten sich die beiden Bleichgesichter gegenseitig in die ewigen Jagdgründe befördert. Ein Soldat von General Custers Truppe hat den jungen Jack Crabb (Dustin Hoffman), der bei den Cheyenne-Indianern aufgewachsen ist, für eine der verhaßten Rothäute gehalten.

gen und mürrischen alten Mann glaubwürdig darzustellen. Dazu sind in erster Linie die Bewegungen eines alten Menschen zu zählen, das fortwährende Wischen der Stirn mit einem Handtuch und die wohldurchdachte und wohlgestaltete schwerfällige Art des Sprechens.

Gleich eine ganze Reihe von ausgezeichneten Nebendarstellern beleben die Handlung des Films, darunter Chief Dan George als Jack Crabbs indianischer Mentor, Jeff Corey als Wild Bill Hickock, Richard Mulligan als General Custer, Thayer David als Reverend Pendrake und Faye Dunaway als die Frau des Predigers, die sich der Prostitution verschrieben hat.[17]

Little Big Man ist eigentlich weniger ein dem Genre des Westerns zuzurechnender Film, was mehr oder minder seinem langsamen Tempo zuzuschreiben wäre. Man könnte ihn vielmehr als eine Art wahrheitsliebenden Dokumentarfilm bezeichnen. Und kommt einmal ein dem Western gemäßes Tempo auf, so wird es durch Rückblenden und zahllose kleine Episoden wieder gebremst. Weitere Probleme entstanden dem Film durch Widersinnigkeiten im Drehbuch von Calder Willingham und durch Arthur Penns weitschweifige und Verwirrung schaffende Regieführung. Willingham stopfte zu viele Ideen in sein Skript, und Penn ließ zu vieles schleifen, um aus dem Film ein einheitliches Ganzes werden zu lassen.

Durch viele dieser ins Auge stechenden Mängel versäumten es auch die Kritiker, Dustin Hoffmans schauspielerische Leistungen genauer unter die Lupe zu nehmen. Sie waren sich aber darüber einig, daß der Schauspieler wieder einmal mehr seine Vielseitigkeit gezeigt und sein umfangreiches Können unter Beweis gestellt hatte. Larry Cohen meinte dazu im *Hollywood Reporter*: »Die rechtschaffene Darstellung zeigt einen kultivierten Sinn für verschiedene Feinheiten in der Darlegung von Komödiantischem, in der Darstellung von Alter und ernsten Problemen. Hoffman schlägt sich wacker, und es macht Freude, ihn den Herausforderungen seiner Rolle gewachsen zu sehen.« Vincent Canby, ein Kritiker der *New York Times,* nannte *Little Big Man* einen »besonders extravaganten und ehrgeizigen« Film. Charles Champlin von der *Los Angeles Times* bezeichnete Dustin Hoffman in seiner Rolle als Jack Crabb »ungewöhnlich lebendig und prachtvoll«. Ganz eindeutig: Hoffman stand wieder am Ruder.

Ein Baum wächst und trägt Früchte
(Straw Dogs; Harry Kellerman; Alfredo, Alfredo)

In Hollywood war die Rede davon, Dustin Hoffman hätte einen OSCAR verdient. Nicht nur für den Schauspieler war *Little Big Man* ein überdimensionaler Erfolg, sondern auch für die Produktionsfirma Cinema Center Films, die das Geld an den Kinokassen nur so einsackte. Und in Fragen der Popularität hatte Hoffman wieder einige gewaltige Schritte nach vorn gemacht.

Mit *Little Big Man* war seit nahezu zehn Jahren in Hollywood wieder einmal ein epischer Western entstanden. John Wayne befand sich immer noch unter den führenden Hollywood-Stars, gefolgt von Burt Reynolds, einem Newcomer, dessen Filme gewaltige Einnahmen aus den Kinos zu verzeichnen hatten. Dustin stand diesen Leuten in kaum mehr etwas nach, denn mit jedem neuen Film wurde seine Fangemeinde größer.

Viele Schauspieler müssen fünfzehn Jahre und mehr kämpfen, um den goldenen Kreis von Hollywoods erfolgreichsten Leinwandstars zu durchbrechen. Dustins kontroverse und dynamische Leistungen ersparten ihm diesen Kampf. Der Weg ins Rampenlicht war für ihn ein kurzer. Durch *The Graduate,* vollgepfropft mit sexuellen und sozialkritischen Untertönen, etablierte er sich als Amerikas »strahlendsten Newcomer«. Seine Darstellung des Benjamin Braddock verblaßt in ihrer Bedeutung nahezu, wenn man sie mit Hoffmans Rollen in *Midnight Cowboy* und *Little Big Man* vergleicht. Die Verkörperung dieser beiden Rollen hatte Hoffman unter die Garde jener Schauspieler katapultiert, deren Erfolg an den Kinokassen ungewöhnlich groß war.

Da seine Karriere nun an Tempo zugenommen hatte, begann Dustin die Arbeit an seinem sechsten Spielfilm, *Straw Dogs,* einem erstklassigen Sam-Peckinpah-Film. Produziert wurde *Straw Dogs* (Wer Gewalt sät, 1971) von Dan Melnick und seinen Partnern David Susskind und Leonard Stern von Talent Associates (Talent Associates war gleichzeitig jene Produktionsfirma, die für die langlebige komische Detektiv-Serie »Get Smart« verantwortlich zeichnete).[18] Der Film, dessen Dreharbeiten am

*Dustin Hoffman und Susan George als David und Amy in ›Straw Dogs‹
(1971).*

3. Februar 1971 begannen, gehörte zu jenem halben Dutzend
Spielfilmen, die ausschließlich für die neue Spielfilmabteilung
der ABC- Pictures hergestellt wurden.

Susan George, die britische Schauspielerin, wurde neben Dustin Hoffman als dessen Frau eingesetzt. Sam Peckinpah inszenierte für ABC-Pictures. Für *Straw Dogs* mußte Dustin nach
England fliegen, wo zehn Wochen lang gedreht wurde. Dem
Film lag als literarische Vorlage Gordon M. Williams' Bestseller-Roman »The Siege of Trencher's Farm« zugrunde (so lautete auch der ursprüngliche Titel des Films), den David Z. Goodman und Sam Peckinpah in ein Drehbuch umgewandelt hatten.
Peckinpahs feines Gespür für Realismus führte in seinen Filmen
immer wieder zur plastischen Schilderung von Gewalt. Die Legende weiß auch davon zu berichten, daß Peckinpah seine Auseinandersetzungen gegenüber Andersdenkenden mit seinen
Fäusten beendete. Auch vor Frauen pflegte er dabei keinen

Halt zu machen. Diese Vorfälle und Auseinandersetzungen müssen wohl der Anlaß dazu gewesen sein, daß die Produzenten Sam Peckinpah sieben Jahre lang nicht beschäftigten.

Einmal berichtete er, wie er den beiden Hauptdarstellern Dustin Hoffman und Susan George seine Auffassung vom Filmemachen unter die Nase reiben wollte. Und auch Dustin erinnerte sich an einen Drehtag, wo man bereits sechs Stunden ernsthaft und angestrengt gearbeitet hatte und Peckinpah trotzdem die Geduld seiner Mitarbeiter bis in die Nacht hinein strapazierte, denn mit dem einmaligen Filmen einer Szene war er selten zufrieden. Einige Mitglieder der Filmcrew brachten gegen Peckinpahs Vorgehen einen solchen Unwillen auf, daß sie damit andere Mitarbeiter ansteckten, die ebenfalls versuchten, sich gegen die endlosen Überstunden zu wehren. Ein Streit brach vom Zaun, und Peckinpah entließ kurzerhand zwei Mitarbeiter. Von einem anderen Vorfall soll noch die Rede sein, demzufolge Susan George sich dagegen wehrte, eine Vergewaltigungsszene bis zum Ende durchzuspielen. Peckinpah ließ keinen Augenblick realistischer Darstellungsweise ungenutzt vorübergehen. Er nahm Susan George beiseite und ersetzte sie durch ein dralles weibliches Double, damit die betreffende Szene zu Ende gespielt werden konnte.

Mit Sam Peckinpah zu filmen hieß also, mit Folgeerscheinungen rechnen zu müssen. Seine Auffassung von seiner Arbeit als Regisseur und sein inszenatorischer Stil unterschieden sich von jedem anderen seiner Kollegen in Hollywood. Und aus allerlei ähnlichen Geschichten konnte man heraushören, daß Peckinpah und seine Arbeiten bei gleichrangigen Regisseuren nicht selten auf gegensätzliche Meinungen stießen. Dustin Hoffman allerdings hatte keinerlei Grund, mit dem Regisseur zu hadern. Für ihn war die Arbeit mit Peckinpah, wie er selber sagte, »ein schwieriges Unterfangen. Aber ich habe gern mit ihm gearbeitet. Er besaß die Spontaneität eines Kindes. Mitunter kam er ganz plötzlich mit Vorschlägen und Ideen, die einen Reiz ausübten und denen man sich nicht entziehen konnte.« Gerade aus diesem Grunde, und dies ist auch Dustin Hoffmans Ansichten über Sam Peckinpah zu entnehmen, waren für ihn die Dreharbeiten zu *Straw Dogs* eine Angelegenheit, an die man sich gerne erinnert.

Einige Monate später waren auch die Schneidearbeiten an

Straw Dogs beendet. Die Dreharbeiten selbst hatte Dustin mit einem neugewonnenen Gefühl verlassen. Er glaubte fest an Sam Peckinpahs enorme Kraft als Regisseur und hoffte darauf, daß dieser neue Film erneut seiner Karriere als Schauspieler guttun würde. Er kehrte nach Greenwich Village zurück, wo Frau und Töchter auf ihn warteten.

Gelegentliche freie Tage benutzte der Schauspieler dazu, in seinem Produktionsbüro zu arbeiten. Die Sweet Wall Productions befand sich an der West Fiftysixth Street – in dem gleichen Gebäude, das auch Alan Kings Suite enthielt. Hoffman schränkte nun seine Auftritte in der Öffentlichkeit ein, um mehr Zeit für seine Familie übrig zu haben. Dann, im März des Jahres 1971, ging das Rennen um die alljährlichen OSCARS in sein Endstadium. Dustin hoffte nicht nur, daß *Little Big Man* in der Kategorie »Bester Film des Jahres« nominiert werden, er war sich auch ganz sicher darüber, daß seine schauspielerische Leistung in diesem Film mit einer Nominierung bedacht werden würde. Aber er sah sich getäuscht – in beiderlei Hinsicht. Als er von den nackten Tatsachen hörte, konnte er mit seiner Beherrschung nicht länger hinter dem Berg halten und versuchte sich, durch die örtlichen Medien, im Hinblick auf das Auswahlsystem bei den Academy Awards Luft zu machen.

Hoffman erklärte sich gegenüber Army Archerd von *Daily Variety,* denn schon bei *The Graduate* und bei *Midnight Cowboy* hatte er sich empfindlich darüber aufgeregt, weil er bei den Preisverleihungen leer ausgegangen war. Jetzt, da man ihn auch bei *Little Big Man* übersah, mußte er seinen Unwillen über den Auslesemodus der Academy of Motion Picture Arts and Sciences offenbaren. In dem Interview mit Army Archerd verkündete der Schauspieler: »Aber natürlich möchte ich einen OSCAR gewinnen. Ich weiß zwar als vernunftbegabtes Wesen, daß ich auch ohne diesen Preis auskommen kann. Aber ich weiß auch, daß man *mit* einem OSCAR mehr Macht besitzt und in die Möglichkeit versetzt wird, die besten Drehbücher angeboten zu bekommen. Und man kann mehr Geld fordern und verdienen – und dieses Geld kann man für jene Zeiten zurücklegen, in denen man nicht mehr großen Herausforderungen gegenübergestellt wird. «[19]

Eine andere Bestrebung äußerte sich in Dustins Wunsch, einmal Adolf Hitler zu spielen. »Es würde mir Spaß machen, die-

David (Dustin Hoffman) liebt die Ruhe und die Abgeschiedenheit, aber seine junge Frau Amy (Susan George) erwidert nicht selten die lüsternen Blicke einiger männlicher Landbewohner. – Eine Szene aus ›Straw Dogs‹ (1971).

sen Mann zu spielen, und ich *weiß*, daß ich ihn verkörpern kann. Aber andererseits möchte ich dabei auch Regie führen, denn nur so habe ich die Möglichkeit, Hitler *zu sein*, « bekannte Dustin einmal. In einem anderen Interview (in diesem Falle mit der fest bei der Presse angestellten Kolumnistin Dorothy Manners) sprach Dustin erneut von seinem langgehegten Wunsch, Hitler zu verkörpern. Einer von Dustins Freunden, der bei diesem Interview mit Dorothy Manners zugegen war, äußerte sich hierzu: »Dustin weiß, daß es sehr schwierig sein wird, Hitler zu spielen. Er sieht darin eine Studie, die mit menschlichem und unmenschlichem Verhalten zu tun hat. Ich meine damit, daß ihn auch der Mensch hinter dem Monstrum Hitler interessiert. Dustin sagte zu mir: ›Ich habe immer versucht, Hitler als ein menschliches

Wesen zu sehen, als eine Art Geheimnis mit gewaltigen schauspielerischen Fähigkeiten und theatralischen Gesten. Darüber hinaus sehe ich in Hitler einen bösartigen Zauberer, der eine ganze Nation verführen konnte.«

Dustin fügte diesen Worten auch hinzu, für ihn habe ein Hitler-Film in unserer heutigen Zeit eine besondere Bedeutung, und die Figur Hitlers zu untersuchen, sei für ihn eine schauspielerische Herausforderung und ein Erfahrungswert von politischer Tragweite. Für ihn sei die Darstellung Hitlers, um mit seinen Worten zu sprechen, »ein Unterfangen von dynamischer Sprengkraft.« Obwohl Hoffman sich der Idee, Adolf Hitler zu verkörpern, verschrieben hatte, wußten Filmproduzenten mit Hoffmans Wünschen nichts anzufangen.

Zu dieser Zeit gelangte Dustins Film *Who Is Harry Kellerman and Why Is He Saying Those Terrible Things About Me?* landesweit in die US-Kinos. Werbemäßig war der Film in Teilen und in Interviews im Fernsehen bereits vorgestellt worden, auch waren die Zeitungen in die Werbekampagnen einbezogen worden. Hinzu waren einige Reisen gekommen, die Hoffman zur Vorstellung des Films unternommen hatte. Durch den *Kellerman*-Film gelangte eine Hoffmansche Charakterisierung auf die Leinwand, die sich von allen anderen und vorhergehenden Figuren des Schauspielers unterschied. Hoffman hatte seine Rolle vollkommen ohne Make-up, vollkommen ohne Einwirkungen eines Maskenbildners gespielt.

Who Is Harry Kellerman and Why Is He Saying Those Terrible Things About Me? ist Fiktion, Komödie und Drama gleichermaßen. Mit einem amerikanischen Traum wird hier gleichsam abgerechnet. Rock-Komponist Georgie Soloway (Dustin Hoffman) ist durch sein traumhaftes Leben den eigentlichen Realitäten des Lebens vollkommen entrückt worden. Dafür sorgte sein Status als weltberühmter Rocksänger. Soloway sieht nur einen Ausweg aus seiner Misere: Selbstmord. Aus dem fünfzigsten Stockwerk eines Penthauses stürzt er sich in den Tod. Während er auf dem Pflaster des Bürgersteiges vor dem Penthaus aufschlägt, muß er feststellen, daß er nur geträumt hat.

Nach dem Aufwachen sucht er an anderer Stelle nach der Auflösung seiner Probleme. Sein Psychiater, Dr. Solomon F. Moses (gespielt von Jack Warden) dringt in den Patienten ständig mit nur einer Frage ein: »Warum ist das Leben so unerträglich?« Das führt allerdings lediglich dazu, daß Dr. Moses sich Luft verschaffen muß, und er tut es, indem er plötzlich den Song »Leave Me Alone« singt. Als er sein Lied beendet hat, dringt er wieder mit Fragen auf Georgie ein, Fragen, die sich mit dem Ursprung von Georgies Problemen beschäftigen und von der Kindheit bis hin zur Gegenwart reichen. In Rückblenden nimmt Georgie zu seinem problembeladenen Leben Stellung. Er erzählt von Episoden aus der Zeit, als er achtzehn Jahre alt war und läßt auch Erlebnisse aus der unmittelbaren Vergangenheit nicht aus.

Für das erste von seinen unmittelbaren Ängsten und Befürchtungen befreit, verläßt Soloway die Praxis von Dr. Moses und trifft sich mit Allison Densmore (Barbara Harris). Diese psychokranke Frau, die sich um eine Arbeit beim Theater bemüht, ist das weibliche Gegenstück zu Georgie Soloway. Sie ist gleichermaßen verstört wie der Rock-Star. Bei Theaterproben fällt sie durch, weil es ihr unmöglich ist, ungezwungen und frei zu spielen. Georgie nimmt sich dieser Frau an. Man geht miteinander ins Bett, wo beide die Möglichkeit haben, ihre Frustrationen zu verringern.

In dem Film *Harry Kellerman* hat Dustin Gelegenheit, nicht nur seine Beweglichkeit unter Beweis zu stellen, er zeigt auch eine bemerkenswert umfangreiche Skala menschlicher Regungen und Gefühle, wenn er seine Rolle als ehemaliger, prominenter Rocksänger spielt, der zum Absteiger wird. Dustin liefert sich seiner Filmfigur vollkommen aus, während sich Regisseur Ulu Grosbard und Drehbuchautor Herb Gardner in den entscheidenden Szenen des Films zurückhalten. Grosbard gelingt es nicht, mit Nachhaltigkeit auf seine Filmfigur Soloway einzugehen. Man hat das Gefühl, daß er nicht eindringlich genug auf die seelischen Probleme seines Protagonisten zugeht, zumal auch nur sehr vage erklärt wird, was Soloway krank werden ließ. Andererseits hat Herb Gardner vollkommen inkonsequent eine ganze Reihe von Episoden aneinandergeleimt, die nur sehr wenig an Eindruck hinterlassen.

So waren auch dann die Kritiken für *Who Is Harry Kellerman And Why Is He Saying Those Terrible Things About Me?* in ihren Bewertungen eher zurückhaltend. Der Kritiker des *Time*-Magazine stellte fest: »Wie das schon bei Rockkonzerten der Fall ist, so wird bei *Harry Kellerman* lediglich die Zeit totge-

schlagen, abgesehen von ein paar unterhaltenden Minuten...
einige raffiniert inszenierte Bilder können über die Geistlosig-
keit des gesamten Filmes nicht hinwegtäuschen.« *Box Office*,
eine namhafte Filmzeitschrift aus Hollywood, kommentierte
wie folgt: »Trotz vieler Unebenheiten ist *Harry Kellerman* recht
interessant.« Charles Champlin, der Kritiker der *Los Angeles
Times*, nannte Dustin Hoffmans Darbietung »eine originelle
und vor Spielwitz sprühende Arbeit ... eine weitere schauspielerische Glanzleistung«. Diese Glanzleistung allein konnte jedoch
den gesamten Film nicht retten. Preise gab es dafür nicht zu gewinnen, und an den Kinokassen versagte *Harry Kellerman* kläg-
lich. Für Dustin Hoffman blieb *Harry Kellerman* eine unheilvol-
le Angelegenheit, die man sehr rasch zu vergessen hatte.[20]

Während Dustin sich die Wunden leckte, hatte sein Agent genug damit zu tun, neue Film- und Theaterangebote mehr oder
minder wohlwollend zu sortieren. Ein Angebot war von First
Artists Productions gemacht worden, einer neuen und unabhän-
gigen Filmgesellschaft, die beabsichtigte, Filme mit Dustin
Hoffman zu verleihen, wobei dem Schauspieler künstlerische
Kontrolle zugesichert wurde. Während Hoffman damit beschäftigt war, ein neues Filmdrehbuch zu lesen, versuchte sein
Agent, bei First Artists bessere Konditionen auszuhandeln.

Das neue Drehbuch trug den Titel *Till Divorce Do You Part*
(»Bis daß die Scheidung euch trennt«) und sollte zu einer Film-
satire umgestaltet werden, wobei Pietro Germi, der italienische
Filmemacher, als Produzent und Regisseur verantwortlich zeigte. Germi war auch in den USA bekannt geworden, und zwar
für seine mit vielen Preisen ausgezeichnete Filmkomödie *Divorzio all'italiana* (Scheidung auf italienisch, 1961).[21] Germi bot
Hoffman nicht nur die Hauptrolle seines neuen Films an, sondern auch die Rechte des Co-Produzenten. Mit diesem Angebot
erklärte sich Hoffman einverstanden, zumal ihm auch noch zugestanden worden war, seine Rolle nach seinen Vorstellungen
auszurichten. Im Oktober begannen dann die Dreharbeiten zu
diesem italienischen Film. Für Dustin wurde dieses Filmprojekt
zu seinem zweiten ausländischen Film, erinnert man sich an seine andere italienische Filmkomödie, *Madigan's Millions,* der allerdings, wie bekannt, kein großes Glück beschieden war.

Till Divorce Do You Part wurde ursprünglich in italienischer
Sprache gedreht. Da Dustin dieser Sprache nicht mächtig war,

ließ er sich umgehend einen Italienisch-Lehrer kommen. Pietro Germi kehrte aber zu seiner ursprünglichen Idee zurück, Dustins Rolle später synchronisieren zu lassen, und zwar in italienisch durch einen italienischen Schauspieler. Über amerikanische Synchronfassungen seiner Filme hatte Germi seine eigenen Ansichten: »Egal, wie groß ein italienischer Film auch ist, es ist nicht gut für ihn, wenn er in den USA in einer synchronisierten Fassung gezeigt würde. Die literarischen Werke großer europäischer Autoren sind in den USA stets in übersetzter Form auf den Markt gekommen, aber unerklärlicherweise lassen die Amerikaner ausländischen Filmen keine solche Behandlung zuteil werden.«

Trotz all dieser Umstände ließ Germi Dustin Hoffman jedoch die Möglichkeit, seinen Part in englischer Sprache zu spielen, obwohl Germi wußte, daß italienische Filme in den USA, trotz besserer Einsicht, stets mit Untertiteln oder im Original in die Kinos gelangen, weil der US-Markt es immer wieder ablehnt, synchronisierte Fassungen zu bringen. Einige von Pietro Germis Regiekollegen unterstellten dem Regisseur, er habe Dustin Hoffman verpflichtet, um den amerikanischen Markt hinter sich zu haben. Germi wies diese Unterstellung später von sich und sagte: »Ich habe Dustin nicht die Rolle übertragen, um den amerikanischen Verleih ins Spiel zu bringen. Ich hielt den Schauspieler für die perfekte Besetzung und übersandte ihm das Drehbuch eigentlich mit sehr wenig Hoffnung auf Billigung. Das ist genauso, als würde man einen Brief in eine Flasche stecken, in das Meer werfen und darauf hoffen, daß er dem Adressaten zugestellt wird.«

Mit dem Arbeitstitel des Films war Germi nicht sonderlich einverstanden. Seiner Meinung und seinem Empfinden nach hätte man das Werk als eine Neuauflage von *Scheidung auf italienisch* ansehen können. Deshalb erhielt der Film seinen endgültigen Titel unter der Bezeichnung *Alfredo, Alfredo* (Alfredo, Alfredo) und gelangte 1973 in den USA in die Kinos.

In Italien zu filmen, bedeutete für Dustin Hoffman, in einer anderen Welt zu leben. Er sagte einmal: »Gedreht wurde mit einem eher gemütlichen Tempo. Germi wußte exakt was er wollte. Er filmte die einzelnen Szenen nur ganz selten mehrmals und verwendete sehr viel Zeit auf jeden einzelnen Mitarbeiter. Jeder, der mit ihm dreht, fühlt sich als ein Teil einer Familie. Mit einigen Leuten vom Team arbeitete Germi schon mehrere Jahre. Ich war wohl bei den Dreharbeiten das einzige neue Teammitglied. Ich fühlte mich wie ein neuer Mieter in einem Wohnhaus. Aber man hatte mich sehr bald in den ›Kreis der Familie‹ aufgenommen.«

In der ersten Februarwoche, und nach Beendigung der Dreharbeiten an *Alfredo, Alfredo,* kehrte Dustin in die USA zurück. Einige Monate später erfuhr er, daß Paramount Pictures die Verleihrechte des Films für die Vereinigten Staaten und Kanada erworben hatten.

Während der Schauspieler sich vom spannungsgeladenen Filmemachen erholte, warteten seine Verehrer schon begierig auf die Premiere von *Straw Dogs,* die dann am 26. November 1971 im Sutton Theatre in Manhattan stattfand. Die Kritiker bezeichneten *Straw Dogs* als einen von Peckinpahs besten Filmen, und das rund um den Globus. Einige dieser Rezensenten fanden, Sam Peckinpah habe einen »schwierigen und mitunter auch düsteren« Film entstehen lassen, wobei allerdings nahezu in allen Kritiken zu lesen war, Dustin Hoffman trage den gesamten Film durch eine weitere glänzende schauspielerische Leistung.

Straw Dogs ist eine Melange aus Gewalt, Bosheit, Sex und Unterdrückung. David Sumner (Dustin Hoffman), ein stiller amerikanischer Mathematiker, begibt sich mit seiner liebenswerten und attraktiven Frau Amy (Susan George) nach Trencher's Farm, einem alten Landhaus, um dort in der Nähe von Cornwall Village die Abgeschiedenheit zu suchen. Amy stammt aus dieser Gegend, wurde dort geboren und wuchs dort heran.

David ist ein intellektueller Menschentyp, dem die Ruhe über alles geht. In Sex und Leidenschaft findet er keine Befriedigung. Amy, das vollkommene Gegenteil ihres Mannes, ist da schon ganz anderer Ansicht. Sie ist ein kokettes Wesen und flirtet mit den Männern, wo immer sich die Gelegenheit bietet. Sie ist die Verführerin, die sich bedenkenlos und ebenso hemmungslos mit Männern einläßt. Ihren Mann läßt sie dabei wohlweislich aus dem Spiel. Ein alter und bekannter Verführer des Dorfes vergewaltigt Amy gemeinsam mit einem anderen Rowdy aus dem Ort. Die junge Frau schämt sich zu sehr, um ihren Mann vom Vorgefallenen in Kenntnis zu setzen. Auch muß sie sich eingestehen, an der ganzen Sache irgendwie Spaß gefunden zu haben. Ihr ständiges Paradieren und Prunken, das Zurschau-

Dustin Hoffman und Susan George, seine britische Partnerin aus ›Straw Dogs‹ (1971), am 19.1.1971 in einem Londoner Hotel: Promotion-Tour für den gerade erschienenen Film.

stellen der eigenen Reize, versetzt einige Landarbeiter in Aufruhr. Schon bald nehmen sie jede Gelegenheit wahr, David zu demütigen. Einmal drängen sie ihn mit einem Wagen von der Straße ab, ein andermal strangulieren sie Amys Katze. Was anfangs wie ein Spiel aussah, führt über Rachgier und Mordlust zu einem Blutbad.

Die gewalttätigen Vorfälle häufen sich und führen zu einem Höhepunkt, nachdem David einem schwachsinnigen Dorfbewohner zu Hilfe eilt. Dieser Henry Niles tötete ohne Absicht die vom Sex besessene Tochter eines Dorfbewohners. David ist diese Tatsache nicht bekannt. Er gewährt Niles Schutz und Unterschlupf in seinem Haus, während die Landbewohner in Aufruhr geraten und sich Davids Farm mit Gewehren und anderen Waffen nähern. David kann verhindern, daß die aufgebrachten Farmer von Niles und seinem Haus Besitz ergreifen. Er bekämpft sie mit seinem eigenen Waffenarsenal, bestehend aus einem Eisenrohr, aus heißem Wasser, siedendem Öl und einer Fußangel. Davids heldenmütiger Kampf ist gleichzeitig ein Test für seine Männlichkeit. Für Dustin Hoffman war dieses Vorgehen weit von den Handlungsweisen seiner bisherigen Antihelden entfernt.

Als David Sumner bewegt sich der Schauspieler mit seiner Darstellungskunst erneut in die Gefilde auszeichnungswürdiger Interpretierungen. In *Straw Dogs* ist er eine Mischung aus Benjamin Braddock und jenem gefühlvollen Leinwandcharakter, den er in *John and Mary* verkörperte. Im Verlauf des Films verändert er sein Wesen, und aus einem intellektuellen Mathematiker wird ein gewalttätiger Dämon. Die Rolle des David ist in ihrer Darstellungsart der des Ratso Rizzo ähnlich, der eine aufregende und zugleich bemitleidenswerte und rührende Figur blieb.

Susan George stellt in vielerlei Hinsicht unter Beweis, daß sie zu den sexbetonten Leinwand-Vamps Englands zu zählen ist. Und Sam Peckinpah widerlegt die Kommentare der Kritiker seiner vergangenen Filme, die ihm immer wieder unterstellten, er treibe die Gewalttätigkeiten stets grundlos auf die Spitze. In *Straw Dogs* sind die Gründe für Gewalt und Leidenschaft klar umrissen, hinzu kommen ein dem Film gerecht werdendes Tempo und eine vorzügliche Regieführung, unterstützt durch ein fähiges Drehbuch von Peckinpah und David Zelag Goodman.

Auch in dieser Hinsicht ist Peckinpah in seiner Eigenschaft als Drehbuchautor Lob und Anerkennung zu zollen. *Straw Dogs* entstand nach einem Roman von Gordon M. Williams.

Das *Time*-Magazin bezeichnete *Straw Dogs* als »eine brillante filmische Großtat«. Und weiter: »Dustin Hoffmans schauspielerische Leistung ist außergewöhnlich intellektuell und vorzüglich. Susan George, ganz Verlockung und von katzenartiger Sexualität, beherrscht ihre schwierige Rolle außergewöhnlich gut. Aber es ist Sam Peckinpah, der seinen Stoff fest in der Hand hat und gekonnt überträgt.« Nicht alle Kritiker hielten *Straw Dogs* für ein filmisches Meisterwerk. *Variety* bemängelte das Drehbuch und warf ihm vor, »Schwächen« an den Tag zu legen, »oberflächliche Charakterisierungen und schwache Motivierung ... Die Namen von Dustin Hoffman und Sam Peckinpah wird die Zuschauer in die Kinos locken. Und dann ist der Film eine Sache des persönlichen Geschmacks jedes einzelnen Betrachters.«

Die Zuschauer, die regelmäßig in die Kinos gehen, werden sich wohl sicher nicht am vor Gewalttätigkeit bebenden Höhepunkt des Films gestört haben, obwohl einige Kritiker ihrer offenen Ablehnung der Darstellung von Gewalt in Worten Luft verschafften. Aber Peckinpah befaßte sich auch auf gekonnte Weise mit einem echten sozialen Problem. In den USA spielte *Straw Dogs* 4,5 Millionen Dollar ein, in anderen Ländern insgesammt 3,5 Millionen. Mit 8 Millionen Dollar war *Straw Dogs* im ersten Anlauf also ein beachtlicher kommerzieller Erfolg. Überdenkt man in diesem Hinblick noch einmal die Kritik von *Variety*, so darf man annehmen, daß die gewohnheitsmäßigen Kinogänger durchaus durch die Namen von Peckinpah und Hoffman in die Lichtspielhäuser gelockt wurden. Umfragen haben ergeben, daß viele Kinobesucher sich den Film gleich mehrfach ansahen.

Was durch vorangegangene Filmfiguren Dustin Hoffmans ersichtlich geworden ist, trat hier noch deutlicher zu Tage: Des Schauspielers Stärke ruht auf seinem Talent, Filmcharaktere unterschiedlichster Art gekonnt darzustellen. Im Falle von *Straw Dogs* verdient dieses Talent besondere Erwähnung, denn Hoffman spielte hier eine Rolle, die mit seinem Image des Antihelden sehr wenig zu tun hatte. David Sumner ist ein repressiver Charakter, ein eher schüchterner oder gar ängstlicher Mensch, und Hoffman mußte an die Charakterisierung dieses Mannes anders herangehen, als er es bislang gewohnt war. Durch *Straw Dogs* hatte man schließlich auch Hoffmans schauspielerische Fähigkeiten in vollem Maße erkennen können. Durch ein paar nachfolgende Rollen und Filme sollte sich sein Status als Filmstar zu einem Status des Film-Superstars entwickeln, und zwar in einem Maße, das seine Schatten schon vorausgeworfen hatte.

Suche und Auswahl
(Papillon)

In einer ganz besonderen Hinsicht war Dustin Hoffman schon zum damaligen Zeitpunkt eine große Ausnahmeerscheinung unter den zeitgenössischen Filmschauspielern, denn seine Talente hatten ihm die Möglichkeit vermittelt, in einem relativ kurzen Zeitraum eine ganze Reihe unterschiedlicher Filmfiguren darzustellen. Am Ende dieses kurzen Weges stand allerdings kein Schauspieler, der danach trachtete, sich auf seinen Lorbeeren auszuruhen: Hoffman war mit seinen Darstellungsweisen nie so recht einverstanden. Auch jetzt war er begierig darauf, sich neuen, verlockenden Angeboten preiszugeben, sich weiteren Herausforderungen zu stellen. Er befand sich als Schauspieler in einer Position, von der viele seiner Kollegen nur träumen konnten: Er durfte sich im Hinblick auf seine Rollen wählerischer verhalten, und das mit gutem Grund. Seine Gagen bewegten sich in Dimensionen, die sechs Stellen vor dem Komma lagen, denn zuletzt hatte er fünfhunderttausend Dollar für *einen* Film verdient und durfte durchaus über dies hinaus noch Prozente an den Einspielergebnissen fordern. Ein beachtlicher Weg in nur fünf Jahren Filmschauspielerei, geht man einmal von der Gage für *The Graduate* aus, die ja noch unter zwanzigtausend Dollar gelegen hatte.

Und Dustin verhielt sich wählerisch. Er hatte die Möglichkeit, aus einer ganzen Reihe von Angeboten zu wählen, während sein Agent weiterhin damit befaßt war, an dem genannten Deal mit First Artists Productions herumzubasteln. Träger von großen Namen hatten sich bereits dieser Produktions- und Verleihgesellschaft angeschlossen und waren zu Teilhabern geworden: Paul Newman, Barbra Streisand, Steve McQueen, Sidney Poitier, um nur einige zu nennen.

Bei der international besetzten Konferenz ausländischer Filmverleiher in Hollywood, die von National General Pictures ausgerichtet worden war, war es dann endlich so weit: Hoffman unterzeichnete seine Teilhaberschaft am 12. Dezember 1971. Nahezu fünfundsiebzig Filmverleiher waren zu dieser Konferenz erschienen, die zu Ehren von First Artists Productions abgehalten wurde. National General Pictures kümmerte sich gleichzeitig auch um den Verleih aller First-Artists-Filme. Dustins Vertrag garantierte dem Schauspieler zunächst an Gage für einen jeden Film eine Garantiesumme von einer Million Dollar und darüber hinaus fünfzig Prozent aller Einnahmen aus dem Verleih des jeweiligen Films. Als wäre dies noch nicht genug gewesen, hatte Dustins Agent auch noch erwirkt, daß sein Klient bei allen seinen zukünftigen Filmen ein Mitspracherecht in künstlerischer Hinsicht hatte und auch den jeweiligen Film bis zum endgültigen Schnitt überwachen konnte.

Die First Artists war ursprünglich für all die großen Leinwandstars gegründet worden, die vom Bürokratismus der anderen mächtigen Filmstudios die Nase voll hatten. Zur Grundidee zählte hierbei das Angebot, jeden einzelnen Star in angemessener Weise finanziell für seinen Einsatz zu entschädigen und ihm ein Mitspracherecht bei der Gestaltung der Filme zu belassen. Als Hoffman den Vertrag unterzeichnete, waren einige der ersten Teilhaber von First Artists bereits dabei, Filme zu produzieren, so beispielsweise Sidney Poitier. Dustin hatte eine ganze Anzahl von Drehbüchern durchstöbert, aber nichts Passendes für sich gefunden. Trotz seiner Unterschrift unter den Vertrag von First Artists hatte ein Filmangebot sein ungeteiltes Interesse gefunden, das ihm von der Paramount unterbreitet worden war. Mit Leidenschaft und Inbrunst eiferte er einer Rolle nach, die durch ein schonungsloses Filmdrama mit dem Titel *The Witness* angeboten wurde, die Hauptrolle eines homosexuellen Mörders nämlich. Max Setton hatte sich als Produzent verpflichtet, Milos Forman sollte diesen geheimnisumwitterten Thriller inszenieren. Unglücklicherweise wurde aus diesem Film aber nichts, denn das Projekt kam über das Stadium anfänglicher Vorarbeiten nicht hinaus – möglicherweise ein Verlust nicht nur für die Kinobesucher, sondern in erster Linie für den Schauspieler selbst, denn *The Witness* hätte unter Umständen Hoffmans auffälligste Rolle enthalten.

Mit seinem nächsten Film, der zweifelsfrei zu seinen besten gezählt werden muß, verdiente der Schauspieler 1,2 Millionen Dollar. Anfang September 1971 hatte man Dustin gemeinsam mit Steve McQueen für die Hauptrollen der Leinwandversion von Henri Charrières Bestseller *Papillon* besetzt.

Bei *Papillon* (Papillon, 1973) traf Dustin zum erstenmal mit

Steve McQueen zusammen, der selber den Status eines Superstars genoß. Allied Artists, die Produktionsgesellschaft von *Papillon*, hatte sehr großes Vertrauen in die Zugkraft der beiden
Namen Hoffman und McQueen, denn sie ergriff die Initiative,
ein Budget in Höhe von 13 Millionen Dollar einzurichten. Auch
Dustin war vom Erfolg des Projekts überzeugt, als er mit seiner
Frau Anne nach Jamaika reiste, wo an Schauplätzen gedreht

*Steve McQueen († 1980), links, ist Papillon, und Dustin Hoffman sein
Freund Dega. Und damit hatte Regisseur Franklin J. Schaffner die Ideal-
besetzung für seine Verfilmung von Henri Charrières sensationellem Buch
gefunden gehabt. Es ist die Geschichte eines Mannes aus der Pariser Un-
terwelt, den die französische Justiz nach Cayenne verdammte, und der nur
ein Ziel vor Augen hat: Flucht von der Teufelsinsel. – Eine Szene aus ›Papillon‹ (1973).*

117

werden sollte, die im Roman von Charrière angedeutet waren. Anne war ebenfalls vertraglich in einer kleinen Rolle als Gast-Star an den Film gebunden worden. Franklin J. Schaffner, der bereits die mit OSCARS ausgezeichnete Filmbiografie *Patton* inszeniert und produziert hatte, übertrug den Roman erfolgreich in ein Drehbuch, obwohl das Buch von Charrière nur andeutungsweise echte menschliche Beziehungen darbot. In seinen Bemühungen, einen lebendigen Film zu entwickeln, bediente sich Schaffner eines Kunstgriffs und erfand einige Filmfiguren, darunter Papillons kurzsichtigen Partner Louis Dega, der daraufhin von Hoffman verkörpert wurde.[22]

Auch Allied Artists setzte große Hoffnungen in *Papillon*. Die Kinobesitzer hatten allerdings in das Team Steve McQueen-Dustin Hoffman weniger Vertrauen. Aber auch verschiedene Manager wollten nicht so recht daran glauben, daß der Film seine 13 Millionen Entstehungskosten wieder würde einspielen können. In dieser Hinsicht machten sich bei Allied Artists erst gar keine Bedenken breit. Die allgemeine Skepsis, die, wie gesagt, von Branchenkennern und Kinobesitzern dargelegt wurde, rief den Präsidenten des Studios, Emanuel L. Wolf, auf den Plan. Wolf verkündete, er habe in Steve McQueen und Dustin Hoffman, die er als »Superstars« einstufte, vollstes Vertrauen und die Hoffnung, daß diese beiden Schauspieler *Papillon* aus den roten Zahlen herauskatapultieren würden. In Wolfs Worten klang das so: »Wenn nicht diese beiden Schauspieler, wer sollte dann den Film machen?«

Von Dustin wurde berichtet, daß er die erste Woche Arbeit im tropischen Klima von Jamaika mit »nervenzerreißend« umschrieb. Jedesmal, wenn ein Drehbeginn an irgendeinem seiner Filme heranrückte, verspürte der Schauspieler wachsende Anspannungszustände. An anderer Stelle verkündete Hoffman, daß er sich bei Dreharbeiten so sehr mit seiner Rolle verkette, daß er in eine seelische Verfassung gerate, die ihn seine eigene Identität vergessen lasse.

Während der Aufnahmen zu *Papillon* verlor Dustin zwanzig Pfund an Gewicht. Dies allerdings nicht durch körperliche Belastung, sondern durch psychischen Druck, der von seiner Rolle als Louis Dega ausging. Das tropische Klima wird dabei allerdings auch zum Gewichtsverlust beigetragen haben. Aber mehr und mehr lebte sich der Schauspieler in seinen Part hinein

Dustin Hoffman als Louis Dega in Franklin J. Schaffners Abenteuerfilm
›Papillon‹ (1973). Das Foto entstand in einer Drehpause.

und fand von Tag zu Tag mehr Freude am Spiel, mehr Vergnügen am Filmemachen überhaupt. » Alle Filme sind mit harter
Arbeit verbunden. Einige Schauspieler tun sich dabei leichter
als ich. Es gibt eine ganze Reihe von Darstellern, die Spaß am
Drehen gefunden haben. Ich gehöre allerdings nicht zu diesen,«

bekannte Hoffman erst kürzlich. »Ich besitze einen Kalender, in den ich meine Drehtage eingetragen habe. Jeden Tag mache ich nach Drehschluß ein Kreuz durch den jeweiligen Tag. So ähnlich war das schon in meinen Highschool-Zeiten, wo ich ständig darauf wartete, daß die Sommerferien beginnen würden.«

Dustin fühlte aber auch, daß seine Rolle ihm keine großen Preise und schon gar keinen OSCAR einbringen würde. Dies verstärkte noch den seelischen Druck. Im Vergleich zur schauspielerischen Betätigung am Broadway bedeuteten ihm Filmrollen nicht sehr viel. Die Bühnenarbeit bereitete ihm sichtlich mehr Vergnügen. Hinzu kam auch das Wissen, von der Familie über einen längeren Zeitraum getrennt zu sein. Anne war wieder nach New York zurückgekehrt. Da er aber erst gar kein Heimweh aufkommen lassen wollte, lud Dustin seine Frau und seine Töchter Karina und Jennifer ein, mit ihm gemeinsam die Drehtage zu verbringen. Dann aber, als seine Rolle mehr und mehr von seiner Kraft zehrte, schränkte er die Tage mit seiner Familie wieder ein. Dazu sagte der Schauspieler einmal: »Jede Arbeit, die einen physisch und emotional überbeansprucht, überträgt sich auf die Familie. Oft ist man nach einem Drehtag erschöpft und niedergeschlagen. Kommen zu dieser Arbeit noch Unwillen und Zorn hinzu, dann geht man nach Hause und trägt diese Gefühle in den Bereich der Familie. Wenn ein Drehtag vorüber ist, und ich mich nach Hause begebe, muß ich mir stets bewußt sein, alle schlechten Gefühle am Drehort gelassen zu haben.«

Nicht nur das Filmen langweilte den Schauspieler, sondern mitunter auch sein Auftreten in der Öffentlichkeit, sein Umgang mit Menschen überhaupt. Hierzu sagte er: »Unabhängig von der Arbeit langweilen mich die meisten Filme. Zur Unterhaltung gehe ich selten ins Kino, schaue selten Filme im Fernsehen an. Wir leben in einer Periode größter Trägheit, in der sich das Publikum hinhockt und auf die Leinwand starrt, in der es sich hinsetzt und Musikdarbietungen zuhört, Sportveranstaltungen im Fernsehen verfolgt. Nur wenige unternehmen selbst aktiv etwas. Die Künste stehen mit der Masse Mensch auf Kriegsfuß, aber mittlerweile scheinen die Menschen immer mehr zu erkennen, was gut für sie ist. Mir bleibt lediglich die Möglichkeit, meine Arbeit so künstlerisch wie nur irgend möglich zu gestalten.«

In Hollywood ist Dustin Hoffman als ein schwieriger Mensch und Schauspieler bekannt, aber seine nachdenklich stimmenden Ansichten über das Filmemachen und die Schauspielerei kommen nicht von ungefähr. Größtenteils hängen seine Stimmungen mit den Gefühlen zusammen, die ihm jeder neue Tag bringt. Die Teammitglieder einer jeden neuen Filmproduktion mit Hoffman versuchen, seine unerwartet kommenden Gefühlsausbrüche zu ignorieren. Ausbrüche von Wut, Temperamentsausbrüche überhaupt, entstehen für gewöhnlich in Hoffmans Fall durch das Aufeinandertreffen unterschiedlicher Auffassungen zwischen dem Schauspieler und seinen Regisseuren, auch durch Differenzen mit anderen Darstellern. Für alle jene Kritiker, die sich über Hoffmans Verhaltensweisen auslassen oder negativ denken, hat der Schauspieler stets eine Vorwarnung parat: »Alle, die mich angreifen wollen, sollten vorher erst zweimal nachdenken,« sagte Hoffman gegenüber James Willwerth, einem Korrespondenten des *Time-Magazine*. »Diese Leute können die beste Zeit mit mir haben, aber ich mag jene Menschen nicht, die ständig über mich herfallen und eine Stoppuhr in der Hand tragen.«

Auch die Dreharbeiten bei *Papillon* bedeuteten für Hoffman keinerlei Ausnahme. Den Mitakteuren gegenüber bekannte er, die Rolle des Louis Dega sei die größte Herausforderung innerhalb seiner Karriere als Filmschauspieler. Darüber hinaus war sie ihm allerdings auch die liebste. Es gefiel ihm aber auch, mit Steve McQueen auf kameradschaftlicher Basis zu verkehren. Und Dustin begrüßte die Tatsache, daß seine Frau Anne in *Papillon* ihr Leinwanddebüt machen konnte, und zwar als Luis Degas Frau.

Nachdem der fertige Film am 19. Dezember 1973 in die Kinos gelangt war (Premierenkino war wieder das Sutton Theatre in New York gewesen), kamen von den Kritikern keinerlei sonderlich gute Rezensionen. In erster Linie bekrittelte man die enorme Überlänge des Films (150 Minuten) und die Charakterzeichnungen, die man für eindimensional hielt. Das Drehbuch hielt man für »unterentwickelt« und riet den Kinobesuchern, man solle sich ein eigenes Urteil bilden. Diese erlaubten sich ein eigenes Urteil: Gleich in der ersten Woche spielte *Papillon* 3 Millionen Dollar ein, und bereits nach zwei Monaten Laufzeit hatte man allein an Kinoeinnahmen 15 Millionen Dollar eingesackt! Wenn auch der Film von der Kritik gehörig verrissen wurde, so konnte sich Dustin Hoffman bei seinen Wegen auf die Bank sicherlich ein Grinsen nicht verkneifen.

Charrière, die Titelfigur des Films, die den Namen Papillon trägt, weil seine Brust ein auftätowierter Schmetterling ziert, ist ein Zuhälter, der des Mordes für schuldig befunden wird und zur Abbüßung einer längeren Strafe auf die Teufelsinsel deportiert wird. Während der Überfahrt mit dem Schiff zu jenem berühmten Gefängnis in Französisch-Guyana trifft Papillon (Steve McQueen) auf den kurzsichtigen, bebrillten und furchtsamen Geldfälscher Louis Dega (Dustin Hoffman). Dega ist zu schwach, um sich selbst vor Übergriffen anderer Mithäftlinge zu schützen. Die Freundschaft zwischen diesen beiden Männern nimmt auf Tauschbasis ihren Verlauf: Papillon bietet Dega seinen Schutz an und verlangt dafür als Gegenleistung die Finanzierung seiner Flucht.

Hauptthema des Films ist wohl der Spruch »Nur der Stärkste kann überleben«, wobei verständlicherweise die Grausamkeit eines unmenschlichen Gefängnissystems eine weitere Rolle spielt, was wiederum allerlei schwergewichtige und dramatische Vorfälle mit sich bringt. Häftlinge erstechen Mithäftlinge, verstümmeln sich selbst, um in die Krankenabteilung verlegt zu werden und unternehmen immer wieder Fluchtversuche, die zumeist mit dem Tode der Flüchtenden enden. Mittlerweile läßt Dega Papillon seine Hilfe im Hinblick auf den ersten Fluchtversuch angedeihen. Acht dieser Ausbruchsversuche führen regelmäßig wieder ins Gefängnis und zu härteren Strafen. Der neunte Versuch bringt Papillon die Freiheit. Dieser erfolgreiche Fluchtversuch führt Papillon zu seinem ständigen Aufenthaltsort in Venezuela, und zwar bis zu jenem Zeitpunkt, wo er durch Verrat wieder mit Dega auf einer südamerikanischen Insel zusammentrifft. In Freiheit ist aus Papillon ein alter Mann geworden, dessen graues Haar auf einen gebrochenen Menschen schließen läßt. Der zu Herzen gehendste Augenblick des Films ist wohl jener, wo Papillon Dega, seinen Gefährten vergangener Tage, nach langer Trennung wieder in die Arme schließt. Dieser Vorfall geht einem anderen voraus, denn Papillon springt über die felsigen Klippen der Insel in den Ozean und damit erneut in die Freiheit.

In dieser »Lovestory unter Männern« beschenkt uns Dustin

Steve McQueen und Dustin Hoffman in ›Papillon‹ (1973). – Ankunft auf der Teufelsinsel.

Hoffman erneut mit einer grandiosen schauspielerischen Leistung als kränkelnder, bemitleidenswerter Louis Dega, dessen Haar bis auf die Kopfhaut heruntergeschoren ist und der eine mit Draht zusammengehaltene Zweistärkenbrille tragen muß. Dieser sanftmütige, das Herz rührende, kurzsichtige Mann hinterläßt bei den Zuschauern einen starken Eindruck, insbesondere nach Papillons letzter Flucht, durch die Louis Dega seinen besten Freund verliert.

Aber ebenso wie Dustin Hoffman versteht es auch Steve McQueen, den Film durch eine glänzende schauspielerische Leistung aufzuwerten. Auf der Leinwand wirkt die Kameradschaft unter den beiden Filmfiguren, als hätten die Schauspieler mehrere Jahre lang intensiv miteinander verkehrt. Wenn auch die Kritiker in Bezug auf Franklin J.Schaffner anderer Auffassung waren, so muß man einfach bekennen, daß der Regisseur nach *Patton* seinen zweitbesten Film gemacht hat. Durch sein freimütiges und uneingeschränktes Eingreifen hat man das Gefühl, als würden Papillon und Dega zu echten Figuren heranreifen. Diese Echtheit überträgt sich auch auf alles, was diese beiden Männer umgibt.

Um noch einmal im Detail auf die Kritiken zu sprechen zu kommen, so fühlten sich die Rezensenten lediglich in gemäßigter Weise zu *Papillon* hingezogen.Judith Crist verkündete im *New Yorker*: »*Papillon* zeigt wieder einmal den Kinogängern, daß trotz der Talente von Dustin Hoffman und Steve McQueen, die offensichtlich beste Abenteuergeschichte zu einer langweiligen Angelegenheit werden kann.« *Newsweek* ging noch direkter zu Werke: »*Papillon* zu sehen, heißt Torturen ausstehen, wo doch Unterhaltung angebracht wäre. Hier wird aus Entertainment eine qualvolle Sache.« Im *Hollywood Reporter,* wo der Film aus einem anderen Gesichtspunkt betrachtet wurde, stand zu lesen: »Unter Schaffners starker Hand entwickelte Hoffman erneut jene Disziplin, die ihm in vorangegangenen Filmen verlorengegangen war.« Und Richard Schickel schrieb in *Time:* »McQueen arbeitet hart und liegt mit seiner schauspielerischen Leistung über seinem Status als Filmstar. Hoffman geht auf wunderliche und unterhaltende Weise in seiner Rolle als Hasenfuß auf.«

Wenn auch die Kritiken mit dem Film nichts zu tun haben wollten, so fand Allied Artists doch in der Tatsache Erleichterung, daß *Papillon* landesweit die Menschenmassen in die Kinos zog. In der sechsundvierzigjährigen Geschichte dieser Produktionsgesellschaft stand der Film mit seinen Einnahmen von 3 Millionen Dollar während der ersten Woche an einsamer Spitze. Und Dustin konnte von einem zum anderen Ohr grinsen, nachdem er vom weltweiten Erfolg des Films Kenntnis erhalten hatte. Und das aus einleuchtenden Gründen: Von den ersten 14 Millionen Dollar erhielt der Schauspieler fünf Prozent der Gewinne, und fünfundzwanzig Prozent von den ersten 500.000 Dollar. Kein schlechter Handel, oder was meinen Sie?

Hoffman hätte sich wohl eines Panzerwagons bedienen müssen, wäre er auf die Idee verfallen, seine Einnahmen aus *Papil-*

Dustin Hoffman als der kurzsichtige Louis Dega in ›Papillon‹ (1973).

lon in einer Summe von seinem Bankkonto abzuheben. Hinzu kam, das jetzt *Alfredo, Alfredo,* den er vor zwei Jahren produziert und in dem er die Hauptrolle gespielt hatte, in die Kinos der USA gelangte, und zwar am gleichen Tag wie *Papillon.* Es wirkt wohl ein wenig befremdlich, wenn die Kritiker dieser italienischen Filmkomödie, die mit geringem finanziellen Aufwand entstanden war, mehr Beachtung schenkten als *Papillon.* Allerdings traten diese Verhaltensweisen nicht ganz ungerechtfertigt zutage, denn einer von Italiens renommiertesten Regisseuren, Pietro Germi, hatte ja bekanntlich inszeniert.

Alfredo, Alfredo hat sehr starke Ähnlichkeit mit Germis vorangegangenen Filmen, die sich sehr oft mit Familiengeschicken, Ehen und Ehescheidungen und den dazu gehörigen Techtelmechteln befassen. Eine Ausnahme war allerdings offensichtlich: Zum ersten Mal war ein Amerikaner in der Hauptrolle zu bewundern. Für gewöhnlich überlud Germi seine Filme mit ganzen Wagenladungen italienischer Darsteller, die sich, vor allem in den USA, noch keinen Namen gemacht hatten und daher verständlicherweise mit zugkräftigen Stars nicht in einem Atemzug genannt werden konnten. Dustin Hoffman versprach allerdings Zugkraft genug. Das Problem lag aber an anderer Stelle: Was würden die Hoffman-Verehrer von ihrem Liebling halten, wenn sie ihn in einem italienischen Film zu sehen bekämen, bei dem darüber hinaus noch italienisch gesprochen wurde? Dies sollten Dustin Hoffman und Pietro Germi recht bald herausfinden.[23]

Alfredo, Alfredo ist eine weitere Filmkomödie Pietro Germis, in der sexuelle Dinge eine wesentliche Rolle spielen. Dustin ist darin der treuherzige Bankbote Alfredo, der sich in die hübsche und anmutige, von Stefania Sandrelli verkörperte, Drogistin verliebt, die mit Liebe und Sex bislang nicht in Berührung gekommen ist. Das Zusammentreffen der beiden Verliebten führt unmittelbar in das Ehebett und Alfredo zum Arzt: Dreimal Beischlaf am Tag (Vater werden ist hier offensichtlich schwer!) haben aus dem braven Bankbediensteten ein körperliches und geistiges Wrack werden lassen. Der Arzt muß helfend eingreifen. Damit aber noch nicht genug, denn erschwerende Vorfälle treten ein: Alfredos Frau bringt das eh schon geplagte Mannsbild in noch größere Verwirrung, denn bei Tisch beschäftigt sie sich auf genüßliche Weise mit dem Aussaugen von Fischköpfen, und, was dem Ganzen zweifelsfrei die Krone aufsetzt, während sexueller Betätigung schreit sie im Bett so laut und vernehmlich vor Wollust, als hätte irgendjemand eine Luftschutzsirene in Gang gesetzt.

Mit zurückgekämmtem, pomadisiertem Haar und hautengen Hosen findet Dustin als Alfredo sehr schnell heraus, daß seine Ehe mit der sexbesessenen Pharmazeutin zu starker Toback für ihn ist. Alfredo beantragt die Ehescheidung und landet in den Armen einer anderen Frau (Carla Gravina). Bedauerlicherweise hat auch diese liebliche und sexbetonte Frau ähnliche Ambitionen wie Alfredos erstes Ehegesponst. Vom Regen in die Traufe gelangt, weiß Alfredo nicht mehr, wo ihm der Kopf steht, er scheint in einem Karussell zu sitzen, das von niemandem angehalten wird. Die erste Ehefrau taucht nun auch wieder auf und gerät durch den ihr entfremdeten Ex-Ehemann handgreiflich an dessen zweite Frau. Der Film hat ganz eindeutig eine Botschaft, bei dem (nicht nur) italienische Maßstäbe angelegt werden müssen: Heirat und Scheidung sind zwei ähnlich gelagerte Angelegenheiten, die nur Sorgen und Nöte heraufbeschwören und den damit verbundenen Ärger keineswegs rechtfertigen.

In der Titelrolle ist Hoffman faszinierend. Er überragt in vielen der Frau-Ehemann-Szenen ebenso wie in den Einstellungen, die ihn mit seinen angeheirateten Verwandten zeigen. Ein weiteres Dankeschön muß ebenfalls an Dustin Hoffman gehen, denn seine Porträtierung des Alfredo ist eine ausgeglichene Sache; obwohl der Film einige Wermutstropfen im Hinblick auf Hochzeit und Ehe beisteuert, mindert Hoffmans Charakterisierung des Alfredo diesen bittersüßen Beigeschmack. Es scheint auch, als habe Dustin einige kühne Schritte auf eigene Gefahr unternommen, die ihn von dem von Pietro Germi beabsichtigten ehelichen Hickhack entfernen. Für seine straffe und wirkungsvolle Regieführung hat sich der Regisseur allerdings einen Sonderapplaus verdient, denn allzu bekannte soziale Probleme erfahren in Filmen nicht selten eine unqualifizierte Behandlungsweise. Solche Themen wie Ehe oder Ehescheidung gleiten oft ins Rührselige ab oder werden, da sie heikle Themenkreise berühren, oft mit schwerer Hand inszeniert.

Es schien zumindest, als würden Germis düstere Aussichten im Hinblick auf Ehe und Ehescheidung die Kritiker nicht weiter interessieren. Charles Champlin verkündete in der *Los Angeles Times*, daß der Film »geschwind dahineile« und »allerlei Possen« treibe. Champlin befand auch, daß Dustin nicht unter den Untertiteln zu leiden habe, denn Germi hatte sich im letzten Moment doch noch dazu entschlossen, den Schauspieler zu synchronisieren. Lob war auch von Richard Cuskelly vom *Los Angeles Herald-Examiner* zu hören, denn er schrieb, *Alfredo, Alfredo* sei »sehr oft amüsant mit seiner Art des einfachen italienischen Humors, und der Film zeigt uns mitunter recht deutlich, wie wir uns durch die ausgeklügelten Dummheiten innerhalb des Eherechts aus der Fassung bringen lassen.« Aber mit der Tatsache, daß Dustin Hoffmans eigene Stimme im Film nicht zu hören war, wollte sich der Kritiker nicht so recht abfinden. Cuskelly glaubte daran, daß dem Film eine Stimme, die an die von Dustin Hoffman erinnert hätte, besser getan hätte. Aber in diesem Falle hatte ein unbekannter italienischer Schauspieler Dustin Hoffman die Stimme verliehen.

Mit dieser Verfahrensweise wollten sich die meisten Kritiker nicht abfinden und zogen dagegen auf die Barrikaden. Arthur Cooper von *Newsweek* spöttelte: »Die Lippen, die sich da bewegen, sind Hoffmans eigene. Aber die Worte, die darüber hinwegstolpern, entstammen dem Munde eines anonymen italienischen Schauspielers.« Mit beißender Ironie kam eine Kritik vom *Time-Magazine:* »Einem Schauspieler die Stimme zu rauben ist so, als würde man einem Akrobaten die Beine abschlagen. Hoffman sieht unverzagt aus; ihm zuschauen heißt aber, Jerry Mahoney zuschauen.« [24] Für Dustin Hoffman blieb das Jahr 1973 finanziell ein großer Erfolg. Die Kritiken waren jedoch zweitklassig. *Papillon* war an den Kinokassen ein überragender Erfolg. Die Kritiker schnitten den Film jedoch. Und *Alfredo,Alfredo,* der Überraschungsfilm des Jahres, versetzte ganz generell die Kritiker in Erstaunen.

Dustin hätte unmittelbar nach *Papillon* noch in einem weiteren Film spielen können, aber das wandte sich gegen seine von ihm aufgestellten Prinzipien. Er hielt nichts von der Vorstellung, pro Jahr mehr als zwei Filme zu machen, denn ständig auf der Leinwand zu sein, bedeutete für ihn eine Gefahr, das Publikum mit seiner ständigen Gegenwart zu sehr zu strapazieren. Das Angebot bezog sich auf den Film *Friday, the Rabbi Slept Here* und hätte Hoffmans erste Hauptrolle in einem Film der

First Artists sein sollen. Das Filmprojekt hätte ein Pilot-Film für eine mögliche Serie nach einer Figur von Harry Kemelman werden sollen. Diese Romanfigur ist ein Detektiv, der zu einem früheren Zeitpunkt einmal Rabbi gewesen ist. Im August des Jahres 1972 hatten die Drehbuchfassungen für das Projekt auf den Schreibtischen der 20th Century-Fox gelegen, waren aber abgelehnt und zurückgestellt worden. Kurze Zeit später landete das Buch bei First Artists. Die Produktionsgesellschaft hatte vorgehabt, den Film gemeinsam mit Walter Wangers International Pictures zu realisieren, wobei Ulu Grosbard für die Regie zuständig gewesen wäre. Es blieb allerdings lediglich bei Vorbereitungsgesprächen, und Dustin hatte Zeit und Muße, sich auf andere Projekte zu konzentrieren.

Dieser hatte mit dem Jahr 1973 tatsächlich ein bewegtes Jahr hinter sich gebracht. Er hatte, durch das Auf und Ab in dieser Zeit, mehr im Rampenlicht gestanden, als ihm lieb sein konnte. In für ihn typischer Manier ließ er das Hickhack, das um ihn herum stattfand, über sich ergehen und konzentrierte sich auf die Zukunft. Er wußte, daß ein weiterer lauwarmer Film seinem Image schaden konnte. Glücklicherweise hatten seine vorangegangen Filme den Sockel, auf dem er als Superstar stand, nicht allzusehr ankratzen können. Hoffman hatte große Erfolge zu verzeichnen gehabt und betrachtete die unmittelbare Zukunft mit Geruhsamkeit und Wohlwollen.

Die dritte Enttäuschung
(**Lenny** und Regie am Broadway)

Obwohl er über seine Talente als Schauspieler bescheid wußte, fand Dustin, daß der Hang zur Komödie, zum Komödiantischen, nicht bei jedem Darsteller zutage zu fördern war. Für ihn bedeutete ein komödiantisches Talent eine natürliche Angelegenheit, denn er selbst war mit einem Sinn für Slapstick auf die Welt gekommen. Trotzdem mußte er eine mehr oder minder überraschende Entdeckung machen, weil der Regisseur Bob Fosse ihn für die Hauptrolle in seinem Film *Lenny* (Lenny, 1974) haben wollte, der den Lebensweg des Komödianten Lenny Bruce erzählen sollte.

Filmproduzent Marvin Worth, ein Langzeitfreund von Lenny Bruce, hatte schon seit 1968 versucht, über den verstorbenen Komiker eine Filmbiografie inszenieren zu lassen. Er hatte sich auch schon mit Bob Fosse auseinandergesetzt, der neben der Regie auch als Co-Produzent fungieren sollte. Fosses erste Wahl für die Rolle des Lenny Bruce blieb Dustin Hoffman. Der Regisseur, selbst ein Superstar, war erst in letzter Zeit mit Ehrungen und Preisen überhäuft worden, recht eindrucksvolle Preise, wie die nachfolgende Aufzählung beweist: zwei *Tony Awards* für eine Broadway-Aufführung *(Pippin)*, einen OSCAR für den Film *Cabaret* (Cabaret, 1971) und einen *Emmy* für »Liza With a Z«, eine Fernsehshow mit Liza Minelli. Dustin hatte in ähnlicher Form eine ganze Reihe von Preisen eingeheimst, und die Rolle des Lenny Bruce zu übernehmen, bedeutete für ihn, Zuckerguß auf einen Kuchen zu gießen. Fosse war überzeugt davon, daß Hoffman die beste Wahl sei, Lenny Bruce zu porträtieren, denn nicht nur das Äußere des Schauspielers erinnerte an den Komiker, auch sein Spiel war dazu angetan, den Filmzuschauern den Eindruck zu vermitteln, Lenny Bruce sei zu neuem Leben erweckt worden.

Für die Auswahl der Schauspielerin, die neben Hoffman die Frau von Lenny, Honey also, darstellen sollte, ließ sich Fosse mehr Zeit. Wochenlang befaßte er sich mit über dreißig Frauen pro Tag, die gemeinsam mit Dustin Liebeszenen spielen sollten. Hoffman hatte dadurch Gelegenheit, »so an die neunzig der

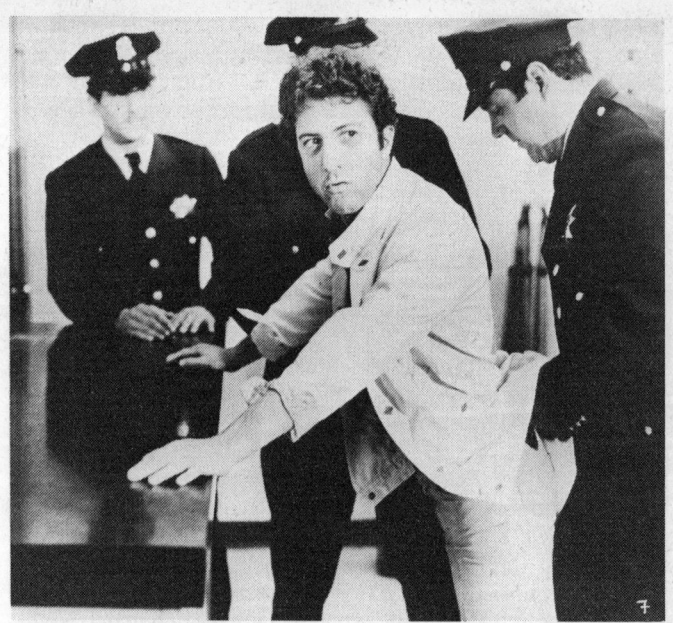

›Cabaret‹-Regisseur Bob Fosse inszenierte Dustin Hoffman in ›Lenny‹ (1974), der in dieser Szene wieder einmal von der Polizei festgesetzt wird.

hübschesten Mädchen Hollywoods zu küssen« (so seine Worte). In und um Hollywood wurde geflüstert, die Sängerin und Schauspielerin Joey Heatherton habe die Rolle ergattert. Joey Heatherton, eine sinnliche und üppige Frau, die dazu noch genug Sensibilität und Erfahrung mitbrachte, hielt man für die Person, die die männlichen Kinobesucher in Massen in die Lichtspielhäuser zu locken vermochte.

Zur großen Überraschung aller verpflichtete Bob Fosse aber dann ein noch relativ unbekanntes Starlet anstelle der erfahrenen Joey Heatherton. Die Schauspielerin Valerie Perrine, die bereits in *Slaughterhouse Five* aufgefallen war, durfte den Vertrag für die Verkörperung der Honey unterzeichnen.[25]

Dustin Hoffman war mit dieser Entscheidung einverstanden. Valerine Perrine paßte exakt in die Rolle der Honey. Sie hatte

131

schon in Las Vegas gearbeitet und ähnliche Berufsgefilde wie Honey Bruce betreten. Gemeinsam mit Valerie Perrine und dem Rest der Filmcrew machte sich Hoffman im Januar 1974 auf den Weg nach Miama, Florida, wo für sechzehn Wochen die Dreharbeiten angesetzt worden waren.

Lenny Bruce wurde zu Hoffmans schwierigster Filmfigur, schwieriger noch als Ratso Rizzo und Louis Dega zusammen. Er porträtierte einen weltberühmten Komiker und nicht eine fiktive Person, die zum Nutzen einer Romanhandlung erfunden worden war. Nicht immer befand sich Hoffman mit seinem Lenny Bruce in bestem Einvernehmen, zumal er den Komiker nicht persönlich gekannt hatte. Im Verlauf seiner Karriere war Hoffman dafür bekannt geworden, daß er es mit seinen Filmcharakteren hundertprozentig ernst nahm bis hin zur Besessenheit, die Zwangsvorstellungen hervorrufen konnte. Ihn ähnlicher Manier verhalten sich möglicherweise Archäologen an neuen Ausgrabungsstätten. *Lenny* bedeutete für Dustin ein Experiment von intellektuellen Ausmaßen, denn er mußte improvisieren und nicht wie der Komiker spielen. Bob Fosse erinnerte sich mehrfach in Interviews, daß es in geistiger Beziehung und in physischer Hinsicht für Hoffman von großer Bedeutung gewesen war, die Kritiker zu überzeugen, ganz speziell in den Nightclub-Szenen, in denen Dustin viele Monologe darbieten mußte, an die sich jeder, der Bruce gesehen hatte, erinnern konnte.

Um Lenny Bruce so darstellen zu können wie er tatsächlich gewesen war, verbrachte Hoffman drei Monate damit, Schallplatten anzuhören, Filme anzusehen und Bücher zu lesen, die über den Komiker geschrieben worden waren. Darüber hinaus sprach der Schauspieler mit über sechzig Personen, die Bruce sehr nahe gestanden und gekannt hatten, denn es war ihm äußerst wichtig, wenigstens einen kleinen Teil von charakterlichen Eigenschaften mit in den Film zu übernehmen. Unter anderem sprach Hoffman auch mit der Mutter von Lenny Bruce. Diese Begegnung war ihm die wichtigste gewesen, denn Mrs. Bruce allein hatte die Möglichkeit, dem Schauspieler das Wesen ihres verstorbenen Sohnes nahe zu bringen. Aber bereits zu diesem Zeitpunkt verspürte Dustin ein ständig wachsendes Unbehagen, denn er hatte sich verpflichtet, einen Menschen zu verkörpern, dem er persönlich niemals begegnet war.

Selbst wenn der Schauspieler das Gefühl hatte, mit seinem

Porträt im Einklang zu stehen, war insbesondere in den Night-
club-Monologen des Komikers genügend hinderlicher Stoff, der
ein starkes Nervenkostüm voraussetzte. Bob Fosse inszenierte
diese Szenen in den unterschiedlichsten Nightclubs von Miami.
Dazu hatte er Live-Publikum gebeten, den Vorträgen zu folgen.
Hoffman selbst bekannte, daß die Tatsache, er müsse vor Publikum agieren, ihn nahezu versteinern ließ. Erst als Fosse dem
Schauspieler erklärte, er habe das Live-Publikum als geringste

*Ein Paar, das am Leben scheitert: Lenny Bruce (Dustin Hoffman) und
seine Frau Honey (Valerie Perrine). Er provoziert mit Worten, sie mit
ihrem heißen Strip. Regisseur Bob Fosse drehte mit ›Lenny‹ (1974) eine
aufregende Studie über einen Entertainer, der für eine neue Moral kämpfte
und daran zugrunde ging.*

Nebensache zu betrachten und sich lediglich auf seine Zeilen zu konzentrieren, verspürte der Akteur so etwas Ähnliches wie Erleichterung. Einige von Bob Fosses Ratschläge trafen allerdings nicht Hoffmans Geschmack, so daß in kürzester Frist heftige Wortwechsel zwischen Regisseur und Schauspieler zustande kamen. In einem Interview schilderte der Regisseur die Gründe für den plötzlichen Gefühlsausbruch seines Schauspielers: »Dustin hatte niemals zuvor in ähnlicher Art spielen müssen. Das Publikum irritierte ihn. Also ließ ich die Kameras auf ihn richten. Es ist einfacher, vom Entertainer zum Schauspieler heranzureifen. Aus einem Schauspieler einen Entertainer zu machen, ist schwierig.« Hoffman hatte die Tatsache zur Kenntnis genommen, daß man ihn allenthalben für einen schwierigen Schauspieler hielt. An dieser Tatsache hat sich bis heute nichts geändert, und auch der Schauspieler hat sich in dieser Hinsicht nie anders verhalten. »Mein Benehmen hat sich nicht verändert,« sagte Dustin einmal. »Ich bin dafür bekannt, eine harte Nuß zu sein, weil ich ein Perfektionist bin.«

Während seiner Regieführung bei *Lenny* hatte Fosse Zeit und Gelegenheit, seine eigenen Ansichten über Hoffmans Verwandlung von einem Schauspieler zu einem Entertainer zu überprüfen. Daß Hoffman ein Perfektionist sein konnte, erfuhr der Regisseur in vollem Umfang. Ein Offizieller des Produktionsstudios stellte sich Reportagen entgegen, aus denen zu entnehmen war, der Regisseur würde die Stars von *Lenny* demütigen und schinden. Er gab lediglich zu, Bob Fosse verfüge über einen ungewöhnlichen Inszenierungsstil. Dieser ungewöhnliche Inszenierungsstil wurde von Fosse jedoch als taktische Maßnahme eingesetzt, damit eine Basis geschaffen war, von der aus man eine Vielfalt von emotionellen Reaktionen vonseiten der Schauspieler erhalten konnte. Und diese Vielfalt unterschiedlichster Emotionen erwartete Fosse von jedem seiner Darsteller, auch im Hinblick auf andere Filme. *Lenny* ist in diesem Zusammenhang lediglich ein Beispiel.

Zu verschiedenen Anlässen war Hoffman selbst Zeuge dieses Vorgehens von Bob Fosse, der auf Valerie Perrine seine Druck erzeugenden Taktiken anwendete. So mußte, beispielsweise, Valerie Perrine in einer Szene weinend und schreiend zusammenbrechen. Das klappte, aber Fosse war mit dem Tränenausbruch nicht zufrieden. Er erzählte der Schauspielerin, ihr Hund

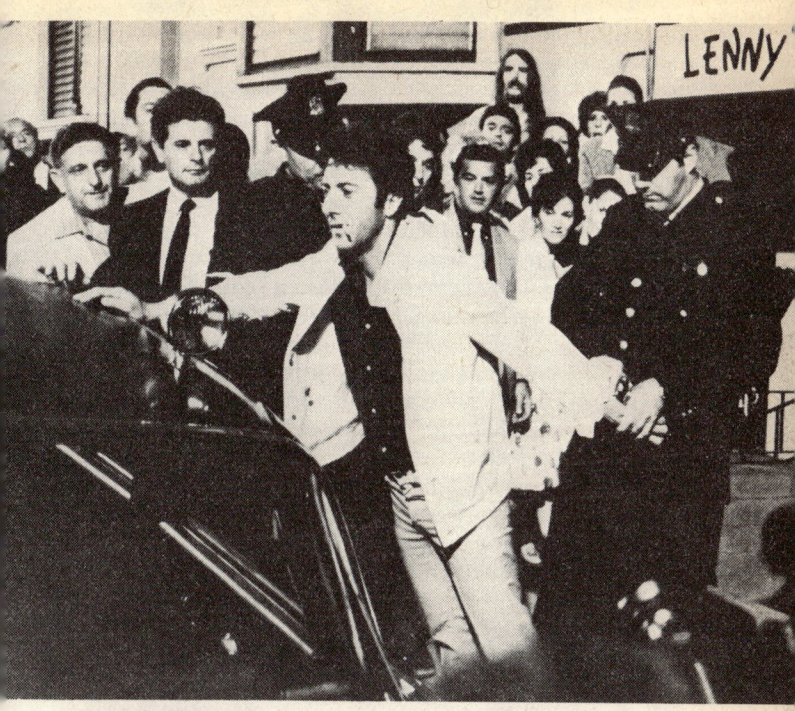

Dustin Hoffman in ›Lenny‹ (1974): Der aussichtslose Kampf gegen Amerikas Sittenwächter.

sei bei einem Unfall verletzt worden, was bei der Schauspielerin umgehend qualvolle Zustände hervorrief. In einem anderen Fall filmte Fosse die Reaktionen der Zuschauer im Nightclub, die Hoffmans Vortrag zu folgen hatten. Einer der Komparsen zeigte dem Regisseur nicht jene Gesichtsausdrücke, die er erwartet hatte und die für die Szene erforderlich schienen. Also schalt Fosse den Kleindarsteller vor den anderen Mitakteuren und bei laufenden Kameras aus. Die Szene mit dem Komparsen, der in Angst und Erschrecken versetzt wurde, ist bis heute Bestandteil des Films.

Die Dreharbeiten vollzogen sich in rasender Geschwindigkeit, trotzdem hatte Dustin Hoffman währenddessen Gelegenheit, seine eigene Meinung zum Mythos Lenny Bruce offen zu bekennen: »Ich glaube nicht daran, daß Lenny Bruce Drogen nahm, um sein Leben damit zu zerstören. Ich bin viel eher der Meinung, er tat dies, um dem enormen Druck entfliehen zu können, der durch zuviel Arbeit auf ihm lastete. Immerhin war er ständig damit beschäftigt, in Clubs aufzutreten, neue Texte zu schreiben, neue Schallplattenaufnahmen zu machen und Tourneen zu planen. Mitunter mußte er, weil er es so wollte, vier Tage an einem Stück auf den Beinen sein.« Dustin fand auch heraus, daß Arbeit für Lenny Bruce eine Lebensnotwendigkeit gewesen war. Er ging, nach Hoffmans Ansicht, nur deshalb zugrunde, weil man ihn nicht auftreten ließ *und* weil er Drogen nahm. Bruce mußte sehr oft vor Gerichten seine Ansichten darlegen und hatte immer größte Schwierigkeiten, die er durch seine Texte heraufbeschwor. Seine obszönen Worte konnte er nur unter der Gefahr vortragen, in polizeilichen Gewahrsam genommen zu werden. Während seine Erkenntnisse über Lenny Bruce Form und Gestalt annahmen, hatte Hoffman herausgefunden, daß Kraft und Aussage von Texten des Entertainers ihre Wirkung verloren hatten, nachdem der Kampf mit den Gerichten ausgefochten gewesen war. Für Bruce bedeutete das den Ruin, und Dustin Hoffman glaubt daran, daß der Vortragskünstler aus diesem Grunde unter Zuhilfenahme von Drogen Selbstmord beging. All diese Tatsachen waren nach Ansicht von Hoffman dafür ausschlaggebend, daß er in die Lage versetzt wurde, ein echtes Porträt des berühmten Nachtclub-Entertainers auf die Leinwand zu bringen.

Hoffmans erfreulichste Erinnerungen an *Lenny* hängen mit dem Verlauf der Dreharbeiten selbst zusammen. Für eine Szene, die an einem Nachmittag spielen sollte, mußten er und Valerie Perrine in einer Liebesszene agieren, und zwar in einem Hotelzimmer bei Rekordtemperaturen von über 105 Grad Fahrenheit. Dustin hielt diese Angelegenheit für eine unvergessliche Sache. Er sagte: »Das Zimmer mußte von der Filmcrew unter sicheren Verschluß gebracht werden und die vorhandene Klimaanlage konnte nicht benutzt werden, denn das hätte dem Ton des Films empfindlich geschadet. Da standen wir zwei also, schwitzten und kochten förmlich vor Hitze und mußten dazu noch diese Liebesszene spielen. Wir konnten keinen klaren Gedanken fassen. Ich wünschte mich zurück in ein Studio mit angenehmen Temperaturen und einer abgedämpften Klimaanlage. Man konnte bei dieser Szene an nichts anderes denken, als an die schrecklichen ›Wetterverhältnisse‹«

Mit ungewöhnlichen »Wetterverhältnissen« hatte der Film ansonsten überhaupt nicht zu kämpfen. An die kompliziertesten Situationen bei den Dreharbeiten weiß sich der Schauspieler schon eher zu erinnern. In einem Gerichtssaal im Dade County sollte eine für den Film wichtige Gerichtsverhandlung gefilmt werden, zu der Hoffman in seiner Eigenschaft als Lenny zu erscheinen hatte. Oberrichter Thomas Lee Jr. lehnte zunächst den Wunsch der Filmcrew ab, während der Wochentage mehrere Gerichtssäle für die Dreharbeiten benutzen zu können, denn an Werktagen hatte das Gericht größte Schwierigkeiten, einen leeren Saal zur Verfügung stellen zu können. Laut Dustin schlug Bob Fosse vor, die entsprechenden Szenen an Wochenenden zu drehen. Aber auch dagegen hatte Oberrichter

Dustin Hoffman und Valerie Perrine in ›Lenny‹ (1974).

Lee seine bürokratischen Entschuldigungen parat: An Samstagen und Sonntagen sind Gerichtsgebäude für gewöhnlich geschlossen. Lee wußte auch andere Einwände vorzubringen, denn die Stadtverwaltung war für alle erdenklichen Unfälle verantwortlich, die sich während der Dreharbeiten in den Gerichtssälen hätten ereignen können. Aber Fosse gab nicht auf. Er richtete eine letzte Bitte an das Richter-Gremium, das über die Benutzung der entsprechenden Räume zu verfügen hatte. Als dieses Gremium von den zu verfilmenden Dialogen Kenntnis erhielt, hatten sich die Dreharbeiten in jedwedem Gerichtssaal des Dade County voll und ganz erledigt: Das Gremium befand, die Dialoge seien »obszön und unschicklich«. Angesichts dieser juristischen Hindernisse mußten die entsprechenden Einstellungen an anderer Stelle gedreht werden, und Hoffman hatte die Möglichkeit, den Film innerhalb der angesetzten sechs Monate über die Bühne zu bringen. Das Flugzeug, das die Filmcrew nach Hause transportierte, hatte lauter erschöpfte Menschen an Bord.

Lenny wanderte nun in die Schneideräume des Produktionsstudios, und Dustin hatte in dieser Zeit Gelegenheit, die Rolle des Lenny Bruce in Interviews zur schwierigsten seiner Laufbahn zu erklären. Aber Vergleiche zur Darstellung des Ratso Rizzo und des Jack Crabb schienen durchaus angebracht, denn der Schauspieler hatte sich bei *Lenny* in ähnliche Situationen hineingefragt und hineingelebt, wie sie bei *Midnight Cowboy* und *Little Big Man* zu den Vorbereitungen seiner Leinwandfiguren gehört hatten. Hoffman ist aber keineswegs der Typ Schauspieler, der seine Rollen miteinander vergleicht. Darüber hatten seine Verehrer zu urteilen, und wenn sie durchaus Vergleiche wollten, mußten sie eigene Überlegungen anstellen. Vergleiche sind aber nun mal unvermeidlich, obwohl jede Rolle unter anderen Voraussetzungen entstanden war.

Dustins Vorstellung über seine Rolle in *Lenny* geht mit seiner Meinung Hand in Hand, in diesem Film im Hinblick auf die Darstellung des Komikers das Äußerste geleistet zu haben. Er glaubt auch daran, die Aussage des Films in einem anderen Licht zu sehen, als das bei anderen Betrachtern der Fall gewesen ist. »Die wichtigste Aussage des Films fußt zunächst einmal auf der Tatsache, daß Lenny Bruce ein Mann gewesen ist, der sein Land liebte. Er glaubte an die Verfassung unseres Landes, und

Für die Darstellung des Nachtklub-Entertainers Lenny Bruce in ›Lenny‹ wurde Dustin Hoffman zum dritten Mal für einen Oscar nominiert.

er glaubte an die Freiheit des Wortes. Er hat diese ganzen ob-szönen Worte nicht benutzt, um sein Publikum aufzugeilen.[26] Er pflegte zu sagen: ›Warum kann man die Sprache des Volkes nicht auch auf der Bühne benutzen? In ihrem Alltag reden die Menschen ja auch ordinär!‹« Niemand schien hierauf eine Antwort parat zu haben, nicht einmal Dustin Hoffmann. Hätte Lenny Bruce, wenn er heute noch am Leben wäre, darauf eine Antwort gewußt? *Lenny*, der Film, weiß hierauf ebenfalls keine passende Antwort.

Lenny Bruce bedeutete für Dustin Hoffman eine Filmfigur, bei der der Schauspieler sich entfalten konnte. Um sie spielen zu können, blieb ihm nichts anderes übrig, als andere Rollen in anderen Filmen abzulehnen. So hatte man ihm die Hauptrolle in

Five Easy Pieces angeboten, die dann an Jack Nicholson ging, und er hätte den Michael in *The Godfather* spielen können, der dann von Al Pacino verkörpert wurde. Beide Parts wären für Dustin Hoffmans Karriere zweifelsohne eine Bereicherung gewesen.[27]

Aber Hoffman war mit seiner Karriere durchaus zufrieden und hatte keine Eile, sich umgehend einer neuen Herausforderung auf filmischer Ebene zu stellen. Hierzu gehörte auch die Darstellung des Jesus Christus in Franco Zeffirellis 12-Millionen-Epos, das für das Fernsehen in Angriff genommen wurde. Vernünftigerweise lehnte der Schauspieler diese Aufgabe ab, die den Titel »The Life of Jesus« trägt. Zeffirelli dachte noch einmal über sein Angebot nach und ließ später verlauten: »Wie hätte man ein Publikum davon überzeugen können, daß Dustin Hoffman Jesus Christus gewesen wäre?« Auf jeden Fall wäre dies eine recht schwierige Angelegenheit geworden. Nachdem Hoffman gerade erst eine andere historische Figur zu neuem Leben erweckt hatte, wollte er nach *Lenny* nicht schon wieder so bald einen Menschen verkörpern, der einmal gelebt hatte.

Lenny kam nicht nur bei den Kritikern überaus gut an, sondern auch in den Kinos, wo er am 8. November 1974 Premiere hatte. Der Film schlug wie eine Bombe ein, und das Cinema in Manhattan brach die bestehenden Hausrekorde. Am Eröffnungstag brachte der Film 14,918 Dollar in die Kassen, und auch in den nächsten Wochen wollte sich kein Nachlassen des Besucherstromes einstellen. In New York wurde der Film zu einem Kassenschlager. Und zwar lange vor dem Zeitpunkt, der festgelegt worden war, um das Produkt landesweit einzusetzen.

Lenny beinhaltet ein ergreifendes, surrealistisches Porträt des toten Nightclub-Entertainers. In Form von Rückblenden wird auf die Figur von Bruce eingegangen, um die Komplexität seines Charakters zeigen zu können; diese Episoden werden durch Interviews voneinander getrennt, Interviews mit Personen, die Lenny gekannt haben. Honey (Valerie Perrine), die ehemalige Frau von Lenny Bruce, gehört zu diesen befragten Personen. Sie erinnert sich an die Darstellungen ihres verstorbenen Mannes in einem Nightclub, wo er Jimmy Durante verkörperte und den Sänger Morgan White. Zunächst scheint es, als würde die Darstellungsweise von Lenny Bruce dem Durchschnitt des in den Nightclubs erwarteten Standards nicht genü-

Dustin Hoffman
„Lenny"

Ein Bob Fosse Film

Eine Marvin Worth Produktion Ein Bob Fosse Film **Dustin Hoffman** als **Lenny**
mit **Valerie Perrine** Produktions leitung **David V. Picker** Drehbuch **Julian Barry** ☂ **United Artists**
Produktion **Marvin Worth** Regie **Bob Fosse** Musikalische Leitung Ralph Burns

gen. Dies entspricht der Wahrheit, denn Lenny Bruce fiel bei
seinen ersten Auftritten durch. Dann verwandelte sich der Komiker immer mehr in eine dämonische Figur. Er prangert die sozialen und politischen Probleme der Welt an und bedient sich

141

bei seinen Monologen der genannten und bekannten Worte mit
vier Buchstaben.

Die menschliche Seite von Lenny Bruce wird aber sehr bald
während eines Engagements enthüllt, dessen Vorstellungen fa-
de und geschmacklos bleiben und sich in einem Nightclub vollziehen, der an Las Vegas erinnern könnte. Dort agiert als Gastgeber und Konferenzier eine Figur namens Sherman Hart (gespielt von Gary Morton), die dem Schauspieler und Entertainer
Milton Berle nachempfunden ist. Dieser Hart, auch als »Mr.
Entertainment« bekannt, gibt Bruce den Ratschlag, in Zukunft
auf anstößige Worte zu verzichten, wenn er vorhabe, im Show-
business zu überleben. Lenny ist aber auf seine Art Entertainer
genug, um sich nicht ins Handwerk pfuschen zu lassen. Zunächst entschuldigt er sich bei seinen Zuschauern für seine ob-
szönen Redensarten vom Vorabend, fügt aber hinzu: »Am liebsten würde ich Sie alle anpinkeln.« Daraufhin wird er, eigentlich
überflüssig zu erwähnen, vom Programm des Nachtklubs gestrichen und vom Geschäftsführer des Etablissements eigenhändig
auf die Straße gesetzt, versehen mit der Warnung, seine
Redensarten zu unterlassen, spiele er mit der Möglichkeit, sich
im Showbusineß eine Zukunft aufzubauen.

Lennys Leben nimmt bald eine tragische Wende, es geht rapi-
de abwärts mit ihm. Er konsumiert Drogen und läßt sich mit anderen Frauen ein, er lehnt es ab, eine Veränderung an der Form
seiner Auftritte vorzunehmen, obwohl die Polizei ihn ständig
überwacht und die Gerichte seiner habhaft werden. Schließlich
stirbt der Komiker an der Überdosis einer Droge.

Durch Hoffman können die Filmbesucher lachen und weinen. Sie können ganz deutlich, in Lenny Bruce, einen Mann erkennen, der in einer rückständigen Gesellschaft gefangen ist –
rückständig deshalb, weil sein Witz und seine Komik der Zeit
voraus waren. Der kontroverse Humor von Lenny Bruce, die
Art wie er seine Zuschauer zu unterhalten pflegte, wurde sehr
klar und deutlich von Dustin Hoffman dargestellt. In *Lenny* er-
lebt man in Hoffman mehr den Entertainer als den Schauspieler. Mit sehr großem Erfolg versteht er es, seinem Publikum zu
suggerieren (und das kommt dem Film zugute), er *sei* Lenny
Bruce. In seiner Rolle ist Hoffman feinfühlig, ungehobelt, grob,
anstößig, beleidigend, schwierig und lebensecht.

Valerie Perrine ist als Lennys Frau Honey verführerisch und

unwiderstehlich. Die besten Eindrücke hinterläßt sie in den Lie-
besszenen und in den Szenen, die sich mit ihrer Las-Vegas-Zeit
befassen. Als Stripperin wurde sie ungewöhnlich geschmackvoll
inszeniert. In der Rolle des Sherman Hart ist Gary Morton eine
Augenweide, und Jan Miner charakterisiert äußerst lebendig
Lennys Schutz und Sicherheit gewährende Mutter. Und Bob
Fosse verstand es als Regisseur, das tragische Leben von Lenny
Bruce in Form einer Biografie glaubhaft, kraftvoll und zeitlos in
Szene zu setzen.

Lenny fand nicht nur beim Publikum Anklang, sondern auch
bei der Kritik. Man beschrieb diesen erzählenden Film als eine
Art Lektion, die ein Mensch seinem Lande erteilt; und Lenny
Bruce als einen Mann, der als eine Art Vorläufer Umwälzungen
herbeiführte, und der, wie viele Pioniere, für seine Voraussicht
verprügelt und gesteinigt wurde. Bob Fosses Regie wurde sehr
oft mit der von Orson Welles verglichen, wobei man sich auf
dessen Film *Citizen Kane* (1940) berief. Auch Fosse bediente
sich eines Reporters, der im Off bleibt, um die Handlung zusam-
menzufügen.

Über Dustins schauspielerische Leistung gerieten die Film-
kritiker ins Schwärmen. *Variety* verteilte großes Lob und nannte
Hoffmans Charakterisierung »eine weitere außergewöhnliche
schauspielerische Leistung.« Im *Hollywood Reporter* war Ähnliches vermeldet worden; zusätzlich verkündete man dort, der
Film verstehe es, glaubhaft zu machen, daß Dustin Hoffman
Lenny sei, »denn dessen darstellerische Leistung ist einzigartig
und unwiderstehlich.« Sogar Richard Schickel, der im *Time-
Magazine* ständig etwas zu bemängeln weiß, lobte Hoffman für
»eine komplexe und lebhafte Darstellung … Seine Schauspielkunst fußt auf einer Treffsicherheit im Hinblick auf seine Darstellung von Lenny Bruce. Ganz besonders auf der Bühne wird
diese Treffsicherheit ungewöhnlich deutlich.« In den Szenen
aus Lennys Privatleben, und da setzte Schickel seine Kritik an,
fand er Hoffman zu aufdringlich, denn für Schickels Geschmack
war Hoffmans Gefühlsskala nicht klar umrissen. Dustin Hoffman hatte Hollywood und der Welt eine meisterhafte schauspielerische Leistung vermittelt, die sein Spiel in den vorangegangenen Filmen bei Weitem übertraf.

Fünf Monate nach der Premiere von *Lenny*, im März des Jahres 1975, hatte der Film bereits in 316 Kinos 11.499.096 Dollar

eingespielt. United Artists, die Produktionsgesellschaft von *Lenny*, veröffentlichte Zahlen, die sich auf die Einspielergebnisse in einzelnen Städten bezogen. Demnach waren in New York 2.427.000 Dollar an den Kinokassen eingenommen worden, in Los Angeles 1.375.500 Dollar, in Philadelphia 738.264 Dollar, in Detroit 576.500 Dollar, in San Francisco 569.900 Dollar, und aus Kanada waren der United Artists 727.200 Dollar zugeflossen.

Angesichts der astronomischen Summen, die den Kinoerfolg von *Lenny* begründeten, muß ein Ereignis, das sich noch vor der Filmpremiere vollzog, als eine Art Tragödie angesehen werden, die den allgemeinen Jubel um *Lenny* in seine Grenzen verwies: Regisseur Bob Fosse mußte am 30. Oktober 1975 in ein New Yorker Krankenhaus eingewiesen werden, weil eine Erkrankung seiner Herzkranzgefäße festgestellt worden war. Wenige Tage später wurde er an einer verstopften Arterie operiert. Diese Operation fesselte den Regisseur vier Wochen lang an das Krankenbett. Dadurch hatte Fosse keine Gelegenheit, den Feierlichkeiten beizuwohnen, die von United Artists zum Drehschluß des Films angesetzt worden waren. Dustin ließ sich aber nicht davon abhalten, seinem kranken Regisseur Trost zu spenden. Ein gigantisches Blumenarrangement wurde in Fosses Krankenzimmer aufgestellt, und der Schauspieler hielt die Verbindung zu seinem Regisseur in Form von täglichen Telefonaten aufrecht, durch die aufmunternde Worte vermittelt werden konnten. Um diese Zeit herum äußerte sich Dustin Hoffman über Bob Fosse in einem Interview: »Fosse ist ein sehr gerechter Mensch. Er ist ein hart arbeitender Regisseur, und es gibt ein paar ganz bestimmte Dinge, die er nicht durchgehen läßt. Er arbeitet sich buchstäblich zu Tode. Wenn er merkt, daß ein Teammitglied eine allzu lässige Arbeitsauffassung an den Tag legt, sind die Grenzen seiner Toleranz erreicht. Bob Fosse ist nicht nur ein talentierter Regisseur, er ist auch ein Mann, dem harte Arbeit niemals ein Handicap ist.«

Dustin empfand Bob Fosse gegenüber Dank, daß dieser ihn für die Hauptrolle von *Lenny* ausgesucht hatte. Ein Jahr hatte der Schauspieler Zeit gehabt, sich auf seinen Part vorzubereiten. Auch dafür ging Hoffmans Dank an Fosse. Hoffman mochte Fosse als Regisseur, obwohl es während der Dreharbeiten zu *Lenny* zwischen Regisseur und Titelheld oft zu Meinungsverschiedenheiten gekommen war und Dustin im Hinblick auf seinen Regisseur Kompromisse hatte machen müssen. Kompromisse mußte der Schauspieler auch in Bezug auf das Drehbuch machen. Die Ansichten, die Julian Barry vertrat, stießen nicht immer auf Bob Fosses Zustimmung, und die Ansichten dieser beiden Männer fanden nicht immer Dustin Hoffmans Zustimmung. Der Schauspieler betrachtete *Lenny* »als einen Film mit Fehlern, der oft an der Person von Lenny Bruce vorbeigeht.« Diese seine Meinung mag wohl Fans und Kritiker gleichermaßen in Erstaunen versetzen.

Hoffman hielt *Lenny* keineswegs für eine unredliche Angelegenheit, aber auch nicht für eine schauspielerische Großtat. In späteren Jahren pflegte er, wenn er auf den Film angesprochen wurde, stets zu sagen, daß die Kinobesucher beim Betrachten des Films »zu wenig über Lenny Bruce« erfahren würden. Aber das, was der Kinogänger zu sehen bekommt, ist, laut Hoffman, stichhaltig und zutreffend. Dustins Gefühle und Ansichten verdeutlichen aber um so mehr, daß der Schauspieler niemals mit seiner Arbeit hundertprozentig zufrieden ist. Er analysiert seine Leistung ständig, er weiß, daß seine Stärken auch Schwachstellen haben, und er ist der Überzeugung, daß er, bei späterem Analysieren seiner Filme, mehr von sich für die jeweilige Rolle hätte geben können.

Dustins Vielseitigkeit als Schauspieler war durch *Lenny* noch nicht in voller Gänze unter Beweis gestellt worden. Einen Monat vor der Filmpremiere unterschrieb der Schauspieler zum ersten Mal einen Vertrag, der ihn, seit seiner Assistenz bei Ulu Grosbard aus dem Jahre 1964, zu einem Regisseur am Broadway werden ließ. Das Bühnenstück *All Over Town,* eine revueartige Komödie, war von Murray Schisgal geschrieben worden. Schisgal war zehn Jahre zuvor für seine zeitgenössische Komödie *Luv* bekannt geworden und ist, abgesehen von seiner Bühnen- und Autorentätigkeit, einer von Dustins engsten Freunden.[28]

Ungefähr um diese Zeit hatten Zeitungsreporter eine Spur aufgenommen und in Erfahrung gebracht, daß der Schauspieler sich mit seiner Frau Anne nicht mehr verstünde und eine Scheidung anstrebe. Es wurde in den einschlägigen Gazetten berichtet, Hoffman lebe in Oakland in einer Kommune, und unterhalte eine Beziehung zu einer Kunststudentin namens Patty. Anne wollte von dieser Geschichte nichts wissen und nichts glauben. Dustin Hoffman selbst bezichtigte die Zeitungsschreiber der Lüge, sprach von einer »geschmacklosen Erfindung« und beteuerte, die ganze Geschichte enthalte nicht ein Körnchen Wahrheit. Wenn Fragen zu dieser Angelegenheit gestellt wurden, pflegte der Schauspieler stets ungläubig den Kopf zu schütteln. Er sagte hierzu: »Eines abends, vor ein paar Tagen, erhielt ich sogar einen Telefonanruf von einem Mann, der behauptete, mein zukünftiger Schwiegervater zu sein. Ich begann mich ernsthaft zu fragen, was wohl meine Frau von diesem Anruf halten und was sie wohl über mich denken würde.«

Hoffman versuchte auf jeden Fall, diese Sensationsgeschichte der Zeitungen zu ignorieren, aus der heraus dem Schauspieler noch ein anderes Verhalten vorgeworfen worden war, das von Dustin Hoffman, dem Frauenheld, zu berichten wußte. Meryl Streep, die Schauspielerin, die später mit Dustin in dessen Film *Kramer Vs. Kramer* spielte, erinnerte sich an die ersten Proben zu *All Over Town,* die nicht ihren Vorstellungen gemäß ausfielen. Sie sagte: »Er (Hoffman) kam zu mir auf die Bühne und sagte ›Ich bin Dustin (Rülpser) Hoffman‹. Dann legte er eine Hand auf eine meiner Brüste. Was für ein abscheuliches Schwein, dachte ich.« Dustin bekannte allerdings nicht selten recht freimütig, daß er es liebe, mit Frauen zu flirten. Dies sei aber, mehr oder minder, eine unwillkürliche Angelegenheit und sei ein Reflex auf einen Reiz. Mehrfach wurde in den Zeitungen berichtet, der Schauspieler habe in Fahrstühlen Frauen angesprochen und sie zum Beischlaf aufgefordert. Während eines Interviews soll er sogar einer Reporterin die Bluse aufgeknöpft und der Frau an die Brüste gefaßt haben. Man sprach davon, Hoffman erwische sich ständig bei solcherlei Vorfällen, aber es sei sehr schwierig für ihn, den Versuchungen zu widerstehen.

Dustins Interessen im Hinblick auf andere Frauen traten hin und wieder während der Arbeiten an den unterschiedlichsten Filmprojekten zutage, allerdings mußte er zu dieser Zeit feststellen, daß es bei *All Over Town* genügend Probleme gab, über die der Schauspieler und frischgebackene Broadway-Produzent sich Gedanken machen mußte. Nachdem *All Over Town* geschrieben worden war, hatten nicht weniger als sieben Broadway-Produzenten leidenschaftlich ihr Interesse an dem Stück bekundet. Dann aber hatten sie, buchstäblich über Nacht, das

Dustin Hoffman und seine Frau Anne im Frankfurter »Künstlerkeller« am 10.10.1975. Der Star besuchte seine Frau, die derzeit als Tänzerin ein Engagement bei den Städtischen Bühnen Frankfurt hatte.

Interesse allesamt verloren, und Hoffman blieb auf sich allein gestellt – zwar nicht vollkommen entmutigt, aber schließlich ohne einen Finanzier.

Hoffmans Fähnlein wehte allerdings schon in Richtung Erfolg. Er suchte an anderer Stelle nach potentiellen Geldgebern und wandte sich an das Kennedy Center in Washington. Aber auch dort beschied man den Schauspieler und Regisseur abschlägig. Schließlich gelang es ihm dennoch, 100.000 Dollar dem Filmproduzenten Joseph E. Levine abzuringen. Die Geldsuche war für Hoffman eine Erfahrung ganz besonderer Art gewesen. Er kam sich vor, so nach seinen eigenen Worten, als hätte er am Würfeltisch um seine Einsätze gerungen. Je mehr Telefonate er machte, um so mehr hatte er den Mut sinken lassen, *All Over Town* für den Broadway finanzieren zu können.

In Adela Holzer fand er schließlich seinen letzten Geldgeber. Adela Holzer hatte zum Broadway-Musical *Hair* den finanziellen Hintergrund beigesteuert. Nur widerstrebend hatte sie sich bereit erklärt, *All Over Town* auf die Beine zu stellen. Hoffman war trotzdem erleichtert. Kurze Zeit später kam es zu einem Disput mit Joseph E. Levine, dem Manne, der den kleinsten Betrag zur Verfügung gestellt hatte. Der Streit bewirkte, daß Levine kalte Füße bekam und seinen Betrag aus der Produktion zurückzog. Dustin konnte nun zwar die Vorbereitungen zu *All Over Town* in Angriff nehmen, er blieb aber knapp bei Kasse: Er mußte noch eine halbe Million Dollar auftreiben. Die Situation verschlimmerte sich, blieb aber nicht ganz hoffnungslos, denn Dustin Hoffman und sein Freund Gene Hackman griffen tief in ihre eigenen Taschen und förderten gemeinsam einen Betrag von 300.000 Dollar zutage. *All Over Town* erhielt seine Chance.

Einen Teil der Show zu finanzieren, so sagte man, sei Dustins geringstes Problem gewesen. Mehr als sechzehn große Rollen mußten besetzt werden, und das erforderte weit mehr an Darstellern, als jedes andere zeitgenössische Bühnenstück erfordert hätte. Murray Schisgal und Dustin Hoffman verbrachten nun die darauffolgenden Wochenenden damit, über fünfzehnhundert Schauspieler zu testen, von denen nicht alle reine Professionals gewesen waren. Man befaßte sich auch mit Taxifahrern, Hausmeistern und Schuhputzern, von denen nur wenige die entsprechenden schauspielerischen Talente mitbrachten — verständlicherweise. Schließlich hatte man für die Hauptrollen namhafte Darsteller verpflichtet; Cleavon Little beispielsweise für die Rolle des zwielichtigen Opportunisten (Schisgal hatte diesen Part Little auf den Leib geschrieben), Barnard Hughe für die Rolle des vergeßlichen Psychiaters und Zane Lasky für die Darstellung eines Gigolos. Abgesehen von den drei Hauptdarstellern mußten noch achtzehn Rollen der unterschiedlichsten Art für *All Over Town* besetzt werden, ein Stück, das seine Handlung aus dem Leben in der Großstadt bezieht. Später verkündete Dustin, daß es ihm sicherlich nie mehr in den Sinn kommen würde, ein Broadway-Stück zu inszenieren, für das eine so gewaltige Anzahl von Darstellern erforderlich war.

Schließlich aber hatte der schauspielerische Teil von Dustin Hoffman bei *All Over Town* die Möglichkeit, sich mit dem des Regisseurs zu messen. Seine Art zu inszenieren bezog Dustin aus den Kenntnissen, die er bei seinen filmischen Abenteuern seinen Regisseuren abgeschaut hatte. Er hatte von Ulu Grosbard, seinem langjährigen Freund, gelernt, von Mike Nichols, mit dem er *The Graduate* gemacht hatte und von Bob Fosse, wobei seine Arbeit mit Fosse erst einige Monate zurücklag. Fosses Einfluß auf Hoffman, den Regisseur, war hierbei wohl am größten, denn der Schauspieler hatte lange Nächte damit verbracht, dem Regisseur über die Schulter zu blicken, als dieser sein extravagantes Broadway--Musical *Pippin* auf die Beine gestellt hatte. Fosses Einfluß auf Dustin Hoffman war nicht zu verleugnen.

Einige der Schauspieler, und das stellte Hoffman fest, gerieten in Panik, nachdem der frischgebackene Broadway-Regisseur und -produzent mit ihnen die ersten Proben durchgeführt hatte. Sie waren mit ihren eigenen Ansichten und Arbeitsmethoden zu den Proben gekommen. Mit Schauspielern zu arbeiten, wenn man selbst Schauspieler ist, bedeutet für Hoffman nicht allzugroße Probleme. Er glaubt daran, daß ein Regisseur zunächst einmal, und das sollte seine erste Pflichtübung sein, seine Schauspieler zu verstehen und zu tolerieren hat. Erst dann sollte er seine Vorschläge anbringen, in die einzelnen Szenen hineingehen und versuchen, die einzelnen Bühnenfiguren zu analysieren. In den unterschiedlichsten Interviews bekannte sich Hoffman zu der Ansicht, Schauspieler zu leiten, sei dem Umgang mit Kindern nicht ganz unähnlich. In diesem Zusammenhang sprach er davon, »Kinder zu führen.«

Nachdem Vorbereitungen und Proben ihrem Ende zugegangen waren, gelangte *All Over Town* am Dienstag, dem 19. August 1975 im Shubert Theatre von Chikago ans Licht der Öffentlichkeit. In der ersten Chikago-Woche wurde die Revue mit einigen frostigen Kritiken vonseiten der Theaterrezensenten bedacht. Jetzt hatte der Regisseur die Möglichkeit, wie er es selber sagte, einige »Sicherheitsreparaturen« vorzunehmen. Als diese Arbeit vorüber war und die Revue weiterlief, ging ein vorher einigermaßen unrundes Produkt glatt über die Bühne. Das

Time-Magazine, das die erste Regiearbeit von Dustin Hoffman kritisch beäugte, schrieb: »Achtzehn Schauspieler müssen erst einmal in Bewegung gebracht werden. Und wie man sehen kann, ist Hoffman mit seiner Inszenierung vom Komödiengenie Mike Nichols nicht weit entfernt.« Acht Jahre waren vergangen, nachdem Dustin mit Mike Nichols bei *The Graduate* zusammengearbeitet hatte. Die Kritiker jedenfalls verglichen Hoffmans Inszenierungsstil zweifelsfrei mit dem von Mike Nichols, Hoffmans Mentor vergangener Tage. Für Dustin war diese Kritik gleichbedeutend mit einem Kompliment. Aber es gab in Bezug auf *All Over Town* auch andere Meinungen. Im Gegensatz zum *Time-Magazine* konnte man im *Hollywood Reporter* lesen: »*All Over Town* ist mit allerlei komödiantischem Ballast überhäuft worden wie zum Beispiel Identitätsverwechslungen (darin liegt der Schlüssel für die Handlungsabläufe des Stücks), so daß das Stück sich nicht von der Talsohle in höhere Gefilde emporschwingen kann. *All Over Town* entstand unter der Regie von Dustin Hoffman (sein erster Versuch, bei einem Theaterstück Regie zu führen). Obwohl das Stück keinerlei Preise gewinnen wird, kann man dennoch genügend lachen, wenn man zu einem Publikum gehört, das keine großen Ansprüche stellt … Hoffmans Regie hätte eine straffere Hand besser zu Gesicht gestanden.«

Dustin selbst betrachtete das Regieführen als eine lebendige Sache, bei der man auch etwas lernen konnte. Er sagte einmal dazu: »Es gibt aber auch etwas, was mir bei dieser Angelegenheit nicht gefallen hat: das Arbeiten mit zu vielen Schauspielern. Beim nächsten Mal sollten mir zirka sechs Darsteller genügen, die ich ständig um mich herum habe. Und was den Broadway anbelangt, so kann ein Schauspieler, wenn er dort Arbeit gefunden hat, die Sache nicht nur als eine Art Job betrachten. Um über die Runden zu kommen, muß man vierundzwanzig Stunden am Tag auf Trab sein …« Hoffman selbst brachte alle Voraussetzungen mit, um sich seinen Worten gemäß verhalten zu können. Und was die Zukunft beim Theater anbelangte, so verspürte er keinerlei Lust, Telefonbücher auf der Suche nach Geldgebern zu durchblättern. Für ihn blieb dieses Vorgehen ein frustrierendes Unterfangen.

Angesichts der unterschiedlichen Kritiken bei *All Over Town* hatte Dustin im Anschluß an die Bühneninszenierung wieder al-

5.12.1975: Dustin Hoffman in Cannes aus Anlaß des Filmfestivals. Links der französische Regisseur Roger Vadim, einst Ehemann Nr. 1 von Brigitte Bardot.

len Grund zur Freude. An einem strahlenden Morgen im März des Jahres 1975 erhielt er von der Academy of Motion Picture Arts and Sciences die erfreuliche Nachricht, daß man ihn für seine Darstellung in *Lenny* für einen OSCAR nominiert hatte, also zum dritten Mal. Darüber hinaus war *Lenny* in weiteren Kategorien für einen OSCAR vorgeschlagen worden: Beste Regie, Beste Hauptdarstellerin, Bester Film des Jahres und Bestes Drehbuch. In diesem Falle mußte sich Hoffman wieder einmal mit anderen Größen der Leinwand vergleichen lassen, und zwar mit Art Carney und seiner außergewöhnlich guten Darstellung in *Harry and Tonto*, mit Albert Finney und dessen Leistung in *Murder On the Orient Express,* mit Jack Nicholson und seiner

151

Rolle in *Chinatown*, und nicht zuletzt mit Al Pacino, der in *The Godfather II* die Rolle des Michael Corleone gespielt hatte.[29]

Am Abend der OSCAR-Verleihung (8. April 1975, Dorothy Chandler Pavilon, Los Angeles) erlitt *Lenny* in all diesen fünf Kategorien eine empfindliche Niederlage. Der Film *The Godfather II* wurde einstimmig zum Film des Jahres gekürt, auch das Drehbuch hierzu wurde mit einem OSCAR bedacht. Art Carney, ein Mann, der ebenso vielseitig wie Dustin Hoffman ist, erhielt den OSCAR als Bester Darsteller in einer Hauptrolle. Valerie Perrine, die für die Darstellung der Honey nominiert worden war, mußte sich Ellen Burstyn geschlagen geben, die überzeugend in *Alice Doesn't Live Here Anymore* (Alice lebt hier nicht mehr, 1974) gespielt hatte. Julian Barry, der *Lenny* geschrieben hatte, unterlag Francis Ford Coppola und Mario Puzo, die gemeinsam das Drehbuch für *The Godfather II* geschrieben hatten.[30]

Dustin hatte bei den OSCAR-Feierlichkeiten wieder einmal eine empfindliche Schlappe erlitten, die ihm sehr nahe ging. Aber auch andere litten unter dieser Niederlage, so Regisseur Bob Fosse. Zweimal war Dustin für einen OSCAR vorgeschlagen worden, zweimal hatte er den begehrten Preis nicht bekommen, und nun ein drittes Mal nicht. Alles schien wie verhext zu sein. Möglicherweise waren auch diesmal wieder die Talente anderer Darsteller gegen Hoffman. Wo auch immer die Gründe für die Niederlage zu suchen waren, Dustin wollte nicht weiter darüber nachdenken, warum man ihm erneut einen OSCAR verwehrt hatte. Sein Wunsch, zur Filmgeschichte in Form von *Lenny* eine erinnerungswürdige, eine denkwürdige schauspielerische Leistung beigesteuert zu haben, war ihm Trost genug.

Eine neue Spitzenleistung
(All the President's Men)

In dem Maße, wie *Lenny* bei den OSCAR-Feierlichkeiten durchgefallen war, so war Dustins Glaube an die Filmindustrie gewachsen, die es mit ihren Möglichkeiten immer wieder fertig bringt, der Leinwand qualitativ hochwertige filmische Spitzenleistungen zuzuführen, nicht zuletzt durch Klarheit, Einheitlichkeit und Verständlichkeit von Drehbüchern und durch die Arbeit von genialen Drehbuchautoren, die es verstehen, Filmfiguren bis in alle Einzelheiten hinein zu entwerfen. Hoffman selbst war in ungeahnte Höhen aufgestiegen und zählte nun zu den fünf größten Zentralfiguren des zeitgenössischen amerikanischen Films, zu John Wayne, zu Burt Reynolds, zu Robert Redford und zu Paul Newman, die alle auf ihre Weise das Publikum in Scharen in die Kinos zu ziehen vermochten. Die Darstellung des Lenny Bruce war für Hoffman zu einem Dreh- und Angelpunkt geworden, die Figur für ihn selbst zu einer Schlüsselfigur, die Hoffmans Image als Charakterdarsteller von besonderer Größe gefestigt hatte, als Künstler besonderer Güte schlechthin.

Das Jahr, in welchem *Lenny* produziert wurde, wurde für die Amerikaner zu einem ganz besonderen Jahr. Man sprach ständig von der Watergate-Affäre, einem Skandal, der die Bürger des Landes fesselte und der ihnen eine gehörige Portion ihres Glaubens an die Nation geraubt hatte. Die Watergate-Vorfälle führten zu allerlei öffentlichen und strafrechtlichen Anklagen, in die sich nicht nur Präsident Nixon selbst, sondern auch seine engsten Vertrauten und Mitarbeiter im Weißen Haus verwickelt und hineingezogen sahen. Bob Woodward und Carl Bernstein, zwei Reporter der *Washington Post*, hatten die Watergate-Affäre um Richard Nixon und die Beamten seiner Administration in einer Serie von Zeitungsartikeln ans Licht der Öffentlichkeit getragen. Die Watergate-Affäre wurde nicht nur das Objekt eines Bestseller-Buches, *All the President's Men,* sondern wurde auch zu einem Filmdrehbuch umgearbeitet, zu einem revolutionären dokumentarischen Drama, für das Robert Redford und Dustin Hoffman die Rollen der berühmten Reporter übernahmen.

Mit großem Staraufgebot inszenierte Alan J. Pakula 1976 einen Film über die Hintergründe des Watergate-Skandals. Dustin Hoffman (als Reporter Carl Bernstein) und Robert Redford (als sein Kollege Bob Woodward), hier in einer Szene vor dem Gebäude der »Washington Post«. In weiteren Rollen Jack Warden, Jason Robards Jr., Martin Balsam, Hal Holbrook, Jane Alexander, Stephen Collins und Ned Beatty. Der Film: ›All the President's Men‹.

Nachdem Woodward und Bernstein ihr Buch veröffentlicht hatten, war Hoffmans Interesse an einer möglichen Verfilmung geweckt worden. Dieses Interesse war so groß, daß er den beiden Reportern von der *Washington Post* etwas weniger als 450.000 Dollar für die Filmrechte anbot, aber ein anderer Superstar des Films, Robert Redford, war Dustin Hoffman zuvorgekommen und hatte ihn, was den Preis anbelangte, ausgeboo-

tet. Um keinerlei schlechte Gefühle aufkommen zu lassen, rief
Redford Hoffman an, und fragte ihn, ob er die Rolle des Reporters Bernstein in der Filmversion für Warner Brothers übernehmen wolle. Hoffmans Antwort an Redford ist überliefert: »Ich
habe geglaubt, man würde mich nicht fragen.« Robert Redford
produzierte daraufhin den Film gemeinsam mit Walter Coblenz

Anne Byrne, Dustins erste Frau, gratuliert ihrem Mann zu dem Titel
»Entertainer des Jahres 1975«, den ihm die Zeitschrift »cue« verlieh.

unter dem Banner von Wildwood Enterprises, Redfords eigener Filmgesellschaft.

Nachdem Redford Hoffmans Zusage erhalten hatte, lag sein Hauptinteresse darin, einen geeigneten Regisseur zu finden, der aus *All the President's Men* einen annehmbaren Film zu machen in der Lage war. Redford hatte für diesen Posten den Regisseur Alan J. Pakula im Sinn, der gerade den Film *Klute* (Klute, 1970) inszeniert hatte. *Klute* hatte der Schauspielerin Jane Fonda den ersten OSCAR eingebracht. Auch Hoffman verspürte starkes Verlangen, mit Pakula zu arbeiten, und er hoffte, durch *All the President's Men* seiner Karriere ein neues Glanzlicht aufsetzen zu können. Während der Dreharbeiten lernte der Schauspieler in der Person von William Goldman einen bekannten Hollywood-Autoren kennen, der später zu einem Fixpunkt in Hoffmans Karriere werden sollte. Goldman wurde von Redford verpflichtet, das Drehbuch zu *All the President's Men* zu schreiben. Robert Redford assistierte dem Autor dabei.[31]

Obwohl Hoffman über das Zeitungswesen einiges wußte, war er doch überrascht, wie anstrengend der Beruf eines Reporters sein konnte und wie viele lange Stunden ein Schreiber aufwenden mußte, um in die Schlagzeilen zu gelangen. Mit dieser Erkenntnis behaftet schloß er sich Carl Bernstein an, und einige Monate verbrachte er damit, unter der Anleitung des Reporters in den Räumen der *Washington Post* dem Zeitungswesen auf die letzten Schliche zu kommen. Was an Einzelheiten und Kleinigkeiten alles beim Zeitungswesen beachtet werden mußte, ließ in seiner Fülle Hoffman die Haare zu Berge stehen. Der Schauspieler sagte darüber: »Die Tatsache, daß so eine Tageszeitung wirklich jeden Tag erscheinen kann, ist mir bis heute noch unbegreiflich. Abgesehen von ein paar kurzen Aufregungen geht es bei einem Zeitungsverlag so ruhig wie bei einer Versicherungsgesellschaft zu. Man sollte es nicht glauben, aber ich befand mich bei der *Washington Post* in der angenehmsten Umgebung.«

Schon sehr bald hatte Dustin die Unbilden des Zeitungswesens kennengelernt und natürlich auch die Auswirkungen, die eine gedruckte Reportage mit sich bringen konnte. Auch Robert Redford wollte beim Studium des Milieus nicht zurückstehen. Er hatte sich Bob Woodward angeschlossen. Die beiden Schauspieler hielten es für notwendig, durch das Beobachten

*Robert Redford und Dustin Hoffman in einer Drehpause zu ihrem Film
›All the President's Men‹ (1976).*

der beiden Reporter den Zuschauern ein möglichst naturgetreu-
es Porträt dieser beiden Männer zu liefern.

Da *All the President's Men* (Die Unbestechlichen, 1976) so
viele bekannte historische Aspekte im Hinblick auf die Watergate-Affäre behandeln und beachten mußte, blieb es erforderlich, an Ort und Stelle in Washington, D.C., zu filmen. Auch
mußten die Schauplätze, die unmittelbar mit Woodward und
Bernstein in Verbindung standen, nachgebaut werden. Sogar
dem unwichtig erscheinendsten kleinsten Detail wurde Aufmerksamkeit geschenkt. Aus diesem Grunde ließ das Produk-

157

tionsstudio die tatsächlichen Räume der *Washington Post* nach-
bauen. Dazu war erforderlich, daß alle möglichen Einrichtungs-
gegenstände, Zeitungen und Requisiten quer durch die USA
befördert wurden, und das gleich tonnenweise. Bob Wood-
wards Telefonnummer wurde mit in den Film übernommen.

Mit ähnlicher Sorgfalt wurden auch die weiteren Darsteller
für den Film ausgewählt. Jason Robards Jr. erhielt die Rolle des
Benjamin C. Bradlee, des bärbeißigen leitenden Herausgebers
der *Washington Post*, Jack Warden erhielt die Rolle des schwierigen Harry Rosenberg, eines weiteren Herausgebers der *Post*,
und Martin Balsam wurde als Howard Simons besetzt, womit er
die Rolle des Verlagsleiters der *Washington Post* erhielt. Auch
der ehemalige Präsident Richard Nixon erhielt seinen Platz im
Film, der ihm in Form von Wochenschaufilmmaterial zugedacht
war, das zur Zeit der Watergate-Affäre (1972) an Aktualität gewonnen hatte. Sogar die tatsächlichen Namen von Nixons Bera-
tern fanden Zugang zu *All the President's Men,* denn diese
»Männer des Präsidenten« waren Personen des öffentlichen Lebens.

Die höhlenartige Nachbildung des Hauptraumes der *Washington Post* wurde am 2. Juli 1975 mit Robert Redford und
Dustin Hoffman als Gastgeber in den Burbank Studios der Öffentlichkeit vorgestellt. Der Bau dieses Großraumbüros hatte
450.000 Dollar verschlungen und erstreckte sich über zwei Studios. Über einhundert Journalisten waren zugegen, um in ihren
Zeitungen und Zeitschriften über den Beginn der Dreharbeiten
zu *All the President's Men* berichten zu können. Auch einige
Verehrer von Robert Redford und Dustin Hoffman hatten sich
Einlaß verschafft, um den Objekten ihrer Verehrung einmal nahe sein zu können. Fotografen aller Schattierungen hatten sich
eingefunden, darunter der bekannte Stan Tretick, der Fotograf
der Kennedy-Familie. Sogar ein Mann, bewaffnet mit einer
Brownie-Kamera aus dem Jahre 1948, hatte sich Zutritt verschafft. Redford ertrank förmlich in einem Menschenmeer, und
Dustin Hoffman erging es nicht besser. In dem stilgerecht nach-
gebauten Büro der *Washington Post* hatte Hoffman Mühe, sich
vor übereifrigen Fans in Sicherheit zu bringen.

Trotz des wilden Durcheinanders hatte Dustin noch die Möglichkeit, Reportern seine Ansichten über den bevorstehenden
Film darzulegen: »Der Film soll eher ein Symbol sein. Mit der

eigentlichen Watergate-Affäre hat er natürlicherweise zu tun, aber diese Affäre steht nicht in allen Einzelheiten im Vordergrund. Auch der Versinnbildlichung widersetze ich mich. Hier geht es in erster Linie um das Zeitungswesen in funktioneller Hinsicht, um die Arbeit der Journalisten und um die täglichen Abläufe in einem Zeitungsverlag.« In Bezug auf Hoffman fügte Redford hinzu: »Er ist ein großartiger Schauspieler. Mit ihm zu arbeiten, heißt, mit einer Stromleitung in Berührung zu kommen. Er ist so konzentriert und beweglich, da wird man einfach angesteckt.«

Ein paar Tage später fand sich Dustin inmitten einer anderen chaotischen Situation wieder, die seinem Image in Hollywood

Nach Drehschluß zu dem Film ›All the President's Men‹ fand eine Abschlußparty statt. Das Foto zeigt Dustin eingerahmt von den Chefs der Washington Post Ben Bradlee (links) und Howard Simons.

mehr schaden konnte, als irgendeine andere Begebenheit in seiner Karriere als Filmschauspieler. Hoffman hatte die OSCAR-Zeremonien als »widerwärtig und grotesk« bezeichnet. Seine Kritik ging zum erstenmal während eines TV-Interviews mit Kritiker David Sheehan von der CBS-Fernsehabteilung über die Bildschirme. Die Politik, so sagte der Schauspieler, spiele bei den jährlichen OSCAR-Verleihungen eine nicht unerhebliche Rolle. Dies habe er nach dem Mord an Martin Luther King Jr. verspürt, dessen Tod in das Jahr 1968 fiel, zu einem Zeitpunkt, als er, Hoffman, zum erstenmal für einen OSCAR nominiert worden war.

Die Verbindung mit Martin Luther King war nicht von der Hand zu weisen, denn der schwarze Zivilrechtler war an dem Tag ermordet worden, an welchem die OSCAR-Feierlichkeiten des Jahres 1968 stattfinden sollten. 160 für einen OSCAR nominierte Personen hatten sich dafür ausgesprochen, die Feierlichkeiten auf einen anderen Tag zu verschieben. Hoffman regte sich lediglich über den Ablauf der abendlichen Verleihung auf, die dann schließlich einen Monat später stattgefunden hatte: »Ich war an diesem Abend dort, und Bob Hope fungierte als Zeremonienmeister. Er machte seine üblichen Witze und auch solche über die Verlegung der Feier, von Martin Luther King war überhaupt nicht mehr die Rede. Gerade das fand ich ›widerwärtig und grotesk‹. Danach sagte ich, daß mir die Lust vergangen sei, an einer OSCAR-Verleihung der nächsten Jahre teilzunehmen. Das war alles. Ganz einfach zu verstehen.«

Gleichzeitig bekundete Hoffman seinen Groll darüber, daß eine ganze Reihe von Politikern sich in das Geschehen um die OSCAR-Nominierungen einzumischen verstünden und das immer noch täten. Sie nähmen sogar Einfluß auf die Delegierten, die letztendlich für die Festlegung der OSCAR-Gewinner zuständig sind. Auf diese Art und Weise, so der Schauspieler, könne die Academy of Motion Picture Arts and Sciences nicht den Zwecken gerecht werden, auf deren Basis sich ihre Gründung vollzogen hatte. Dustin verwies auch darauf, daß die Academy all jene Personen der Filmindustrie auszeichnen würde, deren Arbeit etwas Besonderes gewesen sei, ganz gleichgültig, ob es sich hierbei um Beleuchter, Make-up-Künstler, Regisseure oder Schauspieler handeln würde. Mit anderen Worten, Hoffman fühlte sich verpflichtet zu sagen, daß die Academy of Mo-

Dustin Hoffman als Reporter Carl Bernstein in ›All the President's Men‹
(1976).

tion Picture Arts and Sciences in ihren jährlichen Verleihungszeremonien den Personen Dank zolle, die eine hervorragende
Arbeit geleistet hätten.

Dustin hatte sich auch an der Tatsache gestört, daß sich die

161

OSCAR-Verleihungen immer mehr zu einem Wettstreit auswachsen würden und mit einer Ehrung nichts mehr gemein hätten. Er wußte sich auch daran zu erinnern, daß es John Wayne gewesen war, der ihm und Jon Voight für ihre Leistungen in *Midnight Cowboy* den OSCAR gestohlen hatte. Dustin war es mittlerweile klar geworden, daß dadurch der Mensch John Wayne geehrt worden war und nicht dessen schauspielerische Leistung (in *True Grit*). Von diesem Zeitpunkt an, so sagte Hoffman, hätten die Offiziellen die Übersicht über Sinn und Zweck eines OSCARS verloren und auch ihre Glaubwürdigkeit im Hinblick auf die ursprünglichen Ziele, von denen bei der Gründung der Academy of Motion Picture Arts and Sciences im Jahre 1929 ausgegangen worden sei.

Die weiteren Erklärungen Hoffmans zu den Worten »widerwärtig und grotesk« waren allerdings nicht dazu angetan, dem Ansehen des Schauspielers zu helfen. Hoffman aber fühlte, daß seine ganz spezielle Meinung auch den Ansichten vieler Filmleute in Hollywood sehr nahe gekommen war, die in ihrer Majorität schon zu oft Opfer von politischen Strömungen geworden waren, die sich bei den OSCAR-Verleihungen Ausdruck verschafft hatten. Obwohl eine starke Gruppe von Personen den Schauspieler aufgrund seiner Ansichten attackierte, sah er keinen Grund, seine Meinung zu revidieren. Die Geschehnisse hatten für ihn auch keinen Einfluß auf die Dreharbeiten zu *All the President's Men*, die nach sechsundneunzig Tagen eingestellt worden waren. Hoffman hatte seine Meinung zum Thema OSCAR in aller Öffentlichkeit kundgetan, und er hatte seinen Film *All the President's Men* beendet. Er war zu erschöpft, um in aller Kürze noch einmal auf beide Themenkreise einzugehen. Er fand, es sei an der Zeit, Urlaub zu machen. Gemeinsam mit seiner Frau Anne verbrachte er die nächsten Tage nach Schluß der Dreharbeiten damit, in Florida eine kleine Verschnaufpause einzulegen.

Vor Dustin lagen einige ausschlaggebende Entscheidungen, die einer endgültigen Lösung zugeführt werden mußten. Sein Wunsch, zum Broadway zurückzukehren, hatte sich in der letzten Zeit erheblich verstärkt, aber der Schauspieler konnte sich nicht für ein bestimmtes Projekt entscheiden. Eine ganze Reihe andersgelagerter Angebote sorgte bei ihm für entsprechenden Appetit, aber all die Projekte, die in jenen Tagen an Hoffman herangetragen wurden, brachten ihm nicht den Nervenkitzel, der bei ihm für die Annahme einer Rolle entscheidend sein konnte.

Zwei Entscheidungen standen ins Haus, von denen der Schauspieler gewußt hatte, daß sie gemacht werden würden, von denen er geahnt hatte, daß sie an ihn herangetragen werden würden, die er auch gefürchtet hatte. Beide Projekte, die eine Entscheidung forderten, hatten mit der Darstellung von Menschen zu tun, die in den USA bekannt geworden waren, Figuren des öffentlichen Lebens. Das erste Drehbuch, das Hoffmans Agent vorgelegt wurde, kam vom ehemaligen Chef der United Artists, David V. Picker, der mittlerweile als Produzent tätig geworden war. Hoffman war dem Produzenten durch den Film *Midnight Cowboy* aufgefallen. Der Schauspieler sollte einen bekannten Ringer darstellen, der der Person von Gorgeous George nachempfunden war, einem sehr bekannten Sportler, der in den fünfziger Jahren berühmt geworden war. Der Titel eines möglichen Films stand allerdings noch nicht fest. Dustin distanzierte sich von dem Angebot. Das zweite größere Angebot kam aus der Ecke der Produzenten Bud Talbot und Ernest Greenburg von DNA-FDM-Productions und war die Filmbiografie des ehemaligen Bankräubers Willie Sutton, die unter dem Titel *Where the Money Was* verfilmt werden sollte und zu diesem Zweck von Sutton höchstpersönlich in Romanform gebracht worden war. Aber auch Talbot und Greenburg, die an Dustin sehr lebhaft interessiert waren, mußten sich mit einer Absage des Künstlers abfinden.

Es war Dustin zu diesem Zeitpunkt unmöglich, in Blickrichtung Karriere eine voreilige Entscheidung zu fällen. *All the President's Men* stand kurz vor seiner Premiere, und das sorgte für genügend Druck, dem Dustin standhalten mußte. Er wartete begierig auf die Kritiken, zumal die Zeit ins Land strich und Amerika zu vergessen suchte, was die Watergate-Affäre nicht nur im eigenen Land angerichtet hatte. Und da man so schnell wie möglich vergessen wollte, ließ sich auch die Frage nach den finanziellen Erwartungen, die bei *All the President's Men* vordergründig im Raum stand, nicht schlüssig beantworten.

Der Druck, dem Dustin sich ausgesetzt sah, verminderte sich schlagartig, nachdem *All the President's Men* am 8. April 1976 in die Kinos gelangt war. Die Premiere fand in New York statt, und zwar in Loews Astor Plaza. Warner Brothers hatten den Film landesweit in über fünfhundert Kinos eingesetzt, und diese Tatsache bewirkte, daß *All the President's Men* allein in einer Woche die Summe von 7 Millionen Dollar einspielte, also eine Million Dollar pro Tag. Damit scheffelte der Film ungeahnte Summen an Geld, das die unzähligen Kinobesucher beigesteuert hatten. Zu Dustins großer Freude wurde *All the President's Men* auch von den Kritikern mit wohlwollenden Worten aufgenommen. Einstimmig beteuerten die Rezensenten, Redford und Hoffman *seien* Woodward und Bernstein, und sie befürworteten den Film als einen, den man »gesehen haben muß«.

Die Handlung von *All the President's Men* nimmt mit den Einbrechern ihren Lauf, die in das Watergate-Hotel einsteigen und den Safe im Büro des nationalen demokratischen Kommittees aufbrechen. Dieses Büro befand sich in dem genannten Hotel. Die Bemühungen der Einbrecher, die demokratische Partei in den USA auf eine harte Probe zu stellen, gelangen ans Licht der Öffentlichkeit, nachdem fünf Männer von den Behörden festgesetzt werden und vor einem Anhörungsausschuß aussagen müssen. Die USA befindet sich zur Zeit des Einbruchs in einem Jahr, in welchem Präsidentschaftswahlen ins Haus stehen. Von nun an greifen zwei Reporter der *Washington Post* in das Geschehen ein. Bob Woodward, ein Anfänger bei der *Post* und Carl Bernstein, der bei dieser Zeitung für den politischen Teil arbeitet, stoßen bei diesem schwierigen Fall auf allerlei zweifelhafte Details, die bis hin zu namhaften Politikern führen, die in Nixons unmittelbarer Umgebung das Sagen haben und zu den Auslösern der Watergate-Affäre gehören.

Woodward und Bernstein haben nun ihre täglichen Schlagzeilen in der *Washington Post* durch einen Vorfall, der nicht nur die USA erschütterte. In fieberhafter Kleinarbeit graben sie Material aus, um den Fall lösen zu können. Die spaßigsten Szenen des Films ereignen sich, als die beiden Reporter auf Howard Hunt, Nixons Sicherheitsberater, stoßen. Sein Anteil am Skandal hängt auch mit den Büchern zusammen, die sich der Politiker aus der Bibliothek des Kongresses zum Lesen hatte bringen lassen. Obwohl alles, was mit der Kongreß-Bibliothek zusammenhängt, für gewöhnlich vertraulich behandelt wird, ist es den Reportern möglich, in mehreren Dutzenden von Ablegekästen zu stöbern, die auch Anfragen enthalten, die Hunt während des

Unter dem Titel ›All the President's Men‹ (Die Unbestechlichen, 1976) ins-
zenierte Alan J. Pakula die Geschichte der Watergate-Affäre, die sich vom
17. Juni 1972, dem Tag des Einbruchs in das Hauptquartier der demokra-
tischen Partei, bis zum 8. August 1974, als Richard Nixon seinen Rücktritt
vom Amte des 37. Präsidenten der Vereinigten Staaten mitteilte, hinzog.
Aus der Sicht der inzwischen mit dem Pulitzer-Preis ausgezeichneten
»Washington-Post«-Reporter Carl Bernstein (Dustin Hoffman) und Bob
Woodward (repräsentiert von Robert Redford, rechts) schildert Pakula
den Kampf der beiden Männer gegen die Berater um Richard Nixon, in
dessen Verlauf es oftmals so aussah, als würde er sie ihren Job, ihren guten
Ruf und sogar ihr Leben kosten.

Jahres 1971 an die Bibliothek gerichtet hatte. Um eine einzige
wichtige Information erhalten zu können, mußten die Reporter
tausende von Formularen zu Rate ziehen und durchblättern.

Unter der Oberaufsicht von Ben Braddock (Jason Robards Jr.), dem väterlichen Verlagsleiter der *Post,* bringen Woodward und Bernstein in zahlreichen täglich erscheinenden Artikeln das Eis zum Schmelzen, das sich um den verhängnisvollen Watergate-Fall gebildet hatte. Bernstein fliegt nach Miami, um Kenneth H. Dahlberg, einen politischen Mitstreiter Nixons entlarven zu können, der zugunsten der Watergate-Einbrecher einen Betrag von 25.000 Dollar locker gemacht hatte. In der Zwischenzeit ist Woodward einer unbekannten und ungenannten Quelle auf der Spur, die weiteres Licht in das sich langsam auflösende Dunkel des Watergate-Falles bringen wird. Der Mann, dem Woodward auf der Spur ist, fungiert unter dem Namen Deep Throat.[32] Bernstein bringt es dann fertig, das Schweigen einer Frau zu brechen, die als Buchhalterin für die CREEP-Organisation arbeitet, das Kommittee zur Wiederwahl des Präsidenten. Diese Organisation hatte Gelder zur Verfügung gestellt, damit die Watergate-Einbrecher angeheuert werden konnten. Die Buchhalterin gibt den Namen des Mannes preis, der in Nixons Kabinett derjenige ist, auf dessen Anordnung die Einbrecher tätig werden konnten. Zum Schluß machen Woodward und Bernstein den ehemaligen Generalstaatsanwalt John Mitchell als den Mann dingfest, der als Drahtzieher hinter der Watergate-Affäre gestanden hatte. Die Handlung zerrt alle fünf Männer ans Tageslicht und auf die Anklagebank, von denen anfangs die Rede war. Alle fünf zählten zu Nixons engsten Vertrauten, und ihre Aussagen führen zu Nixons Rücktritt.

In *All the President's Men* trägt Dustin Hoffman das Haar schulterlang. Geistreiches, Charme und Schlagfertigkeit fließen durch den Schauspieler in die Rolle des Carl Bernstein ein, und aus einer eher langweilig wirkenden Figur wird ein lebendiger Mensch. In seiner Rolle hat Hoffman die Möglichkeit, dem Durchschnittsbürger durch sein ständiges hartnäckiges Ausfragen von möglichen Informanten einen typischen Zeitungsreporter vor Augen zu halten. Seine Arbeit als Carl Bernstein beschleunigt ganz erheblich den Fortgang der Handlung, und sie verkürzt auch die Zeit, in der Licht in das Dunkel um die Watergate-Affäre gebracht werden konnte. Durch die Rolle dieses Mannes hatte Dustin Hoffman wieder einmal die Möglichkeit, nach *Straw Dogs* und *Madigan's Millions* eine weitere heroische Figur auf die Leinwand zu bringen.

Dustin und seine zweite Frau, Lisa, im Gespräch mit Bella Abzug, einer Frauenrechtlerin.

Dustins phantastische schauspielerische Leistung versetzt der von Robert Redford ständig neue Impulse und bringt sie zu größerer Geltung. In einem überraschenden Schritt überließ Redford Hoffman die Hauptrolle, so daß Hoffmans Name im Film und auf den Plakaten an erster Stelle genannt werden konnte. Das gab zu Verwunderung Anlaß, zumal Redfords Bob Woodward fast ständig auf der Leinwand ist, jedenfalls mehr als Hoffmans Carl Bernstein. Beruft man sich auf die Kritiker von *All the President's Men,* so rangiert Hoffmans schauspielerische Leistung vor der von Robert Redford. Jane Alexander ist als verschlossene Buchhalterin großartig, und Jack Warden versteht es, als Harry Rosenberg überzeugend zu agieren. Robert Walden, der den amerikanischen (und deutschen) Fernsehzuschauern als Rossi aus der TV-Serie *Lou Grant* bekannt ist, steuerte als junger, korrupter Anwalt Nixons in der Rolle des Donald Segretti eine gefühlvolle schauspielerische Leistung bei.

Dies trifft auch auf Stephen Collins als Hugh Sloan Jr. zu. Alan J. Pakula zeigte als Regisseur angemessene Zurückhaltung und achtete darauf, daß der Film in seinen dramatischen Szenen nicht banal wirkte. Durch das gelegentliche Einkopieren von Wochenschaumaterial hielt sich der Film mehr an die Tatsachen und wurde nicht zu reiner Fiktion.

Vincent Canby, der ständige Kritiker der *New York Times,* verkündete begeistert: »Mr. Redford und Mr. Hoffman spielen ihre Rollen mit wohldurchdachter und zurückhaltender Gewandtheit, denn die beiden sind für alle Betrachter jene aufrechten Männer, die einen Fall von großer Tragweite verfolgen.« Frank Post von der *New York Post* fügte hinzu: »Dieser Film ist ein seltenes und klassisches Beispiel für den guten Geschmack Hollywoods, für Scharfsinn und Intelligenz und für innere Überzeugung. Obwohl *All the President's Men* nicht absolut perfekt ist, so ist der Film doch grandioses Entertainment, bedenkt man, daß er erfolgreich die Last von historischen Vorfällen auf seinen Schultern trägt ...« Ebenso begeistert äußerte sich auch der Kritiker der *Daily Variety*, einem Hollywood-Fachblatt der Filmindustrie. Er schrieb: »Redford und Hoffman sind großartig in ihren Rollen als Zeitungsreporter.« Sogar Rex Reed, der Veteran unter den Kritikern, einer der unerbittlichsten Rezensenten der USA, verkündete: »...irgendwie gelingt den beiden Schauspielern (Redford und Hoffman) das nahezu Unmögliche: Sie stellen ihr Superstar-Image hintan und sind ganz eindeutig die beiden Zeitungsleute ... So unterschiedlich diese beiden Schauspieler auch sind, sie bleiben dennoch überzeugend. In einigen Szenen riefen sie eine Gänsehaut bei mir hervor.«

Eine Gänsehaut durch ganz andere Vorfälle mußten die Chefs von Warner Brothers bekommen, denn der Film sorgte für finanzielle Einnahmen, die niemand erwartet hatte: 30 Millionen Dollar in knapp sechs Monaten: Man bezeichnete *All the President's Men* als »*Jaws* der Intelligenz«.[33] Der unablässige Strom von Geld bedeutete für Robert Redfords Produktionsgesellschaft gute Nachricht, denn Redford hatte aus eigener Tasche 8 Millionen Dollar zur Produktion von *All the President's Men* beigesteuert. Gute Nachricht auch für Dustin Hoffman. Nach *Lenny* hatte er nun auch mit *All the President's Men* hintereinander zwei überzeugende Erfolgsfilme abgedreht. Für eine verfilmte Biografie hatte *Lenny* bemerkenswert viel Geld eingespielt, mit *All the President's Men* ließ er sich jedoch in dieser Hinsicht nicht vergleichen. Das lag keineswegs daran, daß *Lenny* weniger Substanz gehabt hatte, es lag lediglich daran, daß die Lebensgeschichte des Komikers weniger umstritten gewesen war und nicht so sehr im Blickpunkt der Öffentlichkeit gestanden hatte wie der Themenkreis, aus dem *All the Presidents's Men* seine Handlung bezog.

Die Kritiker hatten allerdings doch einige Einwände gegen den Film gemacht. Diese bezogen sich auf den halbdokumentarischen Stil von *All the President's Men.* Auch Dustin Hoffman hatte da so seine Bedenken gehabt: »Ich sagte Bob (Redford), er würde mit den Wochenschaudokumenten den Film möglicherweise schwächen. Ich sagte ihm auch, daß einige zusätzliche Szenen mit Woodward und Bernstein dem Film besser zu Gesicht gestanden hätten, als ausgerechnet Filmmaterial aus verschiedenen Nachrichtensendungen. Er wollte sich aber von seinem Vorhaben nicht abbringen lassen. Ich hätte vielleicht mehr kämpfen sollen, aber als ich dann die ersten Bilder des Films sah, war es für radikale Veränderungen einfach schon zu spät. Meiner Meinung nach ist der Film viel zu glatt, viel zu sanft. Ich hätte ihn an Redfords Stelle deftiger und direkter gestaltet. So aber bleibt er auf jeden Fall eine Sternstunde des Films, und er sagt auch als erster Film wenigstens einige Wahrheiten über das Pressewesen. Bob stehen die Lorbeeren zu. Ich möchte Alan J. Pakulas Erfolg an dem Film nicht schmälern, denn dieser führte schließlich Regie, aber *All the President's Men* ist zweifelsfrei ein Verdienst von Robert Redford. Ich bin überzeugt davon, daß Robert der am härtesten arbeitende Schauspieler überhaupt ist.«

Als am 10. Februar 1977 die OSCAR-Nominierungen verkündet wurden, war *All the President's Men* in acht Kategorien für jeweils einen OSCAR vorgeschlagen worden, darunter eine Nominierung als »Bester Film des Jahres«, in der Kategorie »Beste Regie« und in der Kategorie »Bester Darsteller in einer Nebenrolle«. In den Hauptkategorien gewannen lediglich Jason Robards Jr. und William Goldman für sein Drehbuch. Trotz ihrer großartigen schauspielerischen Leistungen waren weder Robert Redford noch Dustin Hoffman nominiert worden. Es taucht in diesem Zusammenhang die Frage auf, warum die Verantwortlichen der Academy of Motion Picture Arts and Sciences diesem Film ihre Zustimmung verweigerten. Hier dürfte wohl wieder einmal ein großartiger Film übergangen worden sein, weil aktuelle politische Bezüge die Handlung des Films ausmachen. Dustin war wieder einmal übersehen worden, aber der Grund dafür liegt zweifelsfrei auf der Hand, denn seine boshafte Kritik an den Verfahrensweisen der Academy war noch in aller Munde. Auch die amerikanische Filmkritikergilde *(The National Board of Review)* muß wohl dem Film wegen seiner politischen Aussage nicht sonderlich wohl gesonnen gewesen sein, denn *All the President's Men* wurde lediglich als »Bester Film des Jahres« von den Kritikern nominiert. Aber auch hier erhielt Jason Robards Jr. als »Bester Darsteller in einer Nebenrolle« den Preis der Kritiker. Trotzdem verweigerte die *National Society of Film Critics* dem Film ihre Zustimmung nicht. Hier wurde er in den beiden genannten Kategorien mit Preisen bedacht.[34]

Dustin, mit dem Verhalten der Academy durchaus vertraut, war um eine Antwort nicht verlegen: »So ein Erfolg wie *All the President's Men* läßt mich im Hinblick auf meine schauspielerische Arbeit nur noch um so begeisterter reagieren. Ich habe meine Augen für ein weiteres gutes Drehbuch geschärft und erhoffe mir für die Zukunft nur das beste.« Hoffman brauchte sein Auge gar nicht so weit schweifen zu lassen, denn der Erfolg von *All the President's Men* und seine darstellerische Leistung in diesem Film hatten den Appetit vieler Filmproduzenten angeregt.

Die First-Artists-Jahre
(Marathon-Man; Straight Time; Agatha)

Mit dem Erfolg von *All the President's Men* im Rücken steuerte Dustin nunmehr eine Mitwirkung in zwei Filmen pro Jahr an, was viele seiner Verehrer für zu wenig hielten. Der Schauspieler hatte ständig mehr Zutrauen in seine Karriere als Filmdarsteller gewonnen, und er glaubte an die Langlebigkeit dieser Karriere. Aus diesem Grunde traf er in Hinblick auf diese Karriere auch keine kommerziellen Entscheidungen, die dann vor künstlerischen Dingen gestanden hätten. Auch regelmäßige Auftritte im Fernsehen lehnte er ab, im Gegensatz zu Woody Allen beispielsweise. Hoffman wollte verhindern, daß durch zu viele Auftritte in Film und Fernsehen eine Übersättigung eintreten konnte.

Das Image eines Superstars ist ein Ding, mit dem sorgfältig umgegangen sein will. Wer sich zu oft seinem Publikum zeigt, läuft nicht selten Gefahr, daß die Verehrerschar sich gelangweilt abwendet. Es ist also von Bedeutung, die Auftritte in Film und Fernsehen nicht überhand nehmen zu lassen. Um ein Weltstar bleiben zu können, hat Dustin selbst sich diese Schranken auferlegt.

Der nächste Film, Dustins vierzehnter, wurde *Marathon Man* (Der Marathon-Mann, 1976). Hier hatte der Schauspieler erneut Gelegenheit, sein Superstar-Image zu festigen. *Marathon Man* geht auf William Goldmans Bestseller-Roman zurück und bezieht sich auch auf Goldmans gleichnamiges Drehbuch, das die Produzenten Robert Evans und Sidney Beckerman gemeinsam für Paramount Pictures in einen Film umsetzten. OSCAR-Gewinner John Schlesinger, der Dustin zuletzt für *Midnight Cowboy* inszeniert hatte, wurde als Regisseur verpflichtet, und Sir Laurence Olivier wurde als Co-Star vertraglich an *Marathon Man* gebunden. Als Drehorte wurden New York und Paris festgelegt, wobei der größere Teil der Aufnahmen in Manhattan gemacht wurde.

Marathon Man war nicht das einzige Filmprojekt gewesen, das Hoffman nach seiner Rolle als Carl Bernstein in *All the Pre-*

sident's Men ins Auge gefaßt hatte. Der Produzent Ralph Serpe traf eines Nachmittags auf den Schauspieler und bot ihm die Hauptrolle in der Filmkomödie *Great Brink's Robbery* an, für den auch die Stars James Caan und Robert Duvall vorgesehen waren. Hal Ashby hatte die Regie des Films übernommen und Dustin hätte die Hauptrolle als Bandenchef spielen sollen. Aber der Künstler hatte sich bereits anderweitig gebunden, denn zwei Projekte, die bei First Artists Gestalt angenommen hatten, stießen bei ihm auf größeres Interesse, darunter zunächst einmal *Marathon Man.*[35]

Dustins Rolle in John Schlesingers Film ist die eines Marathon-Läufers. Dustin war genau der Schauspieler gewesen, den die Paramount für dieses Projekt in Erwägung gezogen hatte, denn schon auf der Highschool hatte sich Hoffman mit Leichtathletik befaßt und dabei ganz speziell dem Marathon-Lauf gewidmet. Nach seiner kleinen italienischen Komödie *Alfredo, Alfredo* war Dustin nun zum erstenmal wieder unter das Banner von Paramount Pictures zurückgekehrt. *Marathon Man,* ein Film von größerer dramatischer Potenz, versetzte Dustin in die Lage, ähnlich intensive Filmfiguren zu schaffen, wie er sie in *Straw Dogs* und *Papillon* gespielt hatte. Und der Schauspieler hatte erneut Gelegenheit, wieder einmal mit John Schlesinger zu arbeiten, für den der Schauspieler, gleich nach Jack Lemmon, als bevorzugter Darsteller galt. Jetzt aber war aus Dustin ein Star geworden, anders als bei den Vorbereitungen zu *Midnight Cowboy.* Schlesinger hatte in das *Marathon*-Projekt großes Vertrauen, und die Kritiker reihen diesen Film unmittelbar hinter *Day of the Locust* ein, Schlesingers möglicherweise bester Film.[36]

Die Arbeit mit dem britischen Regisseur war für Dustin ein Vergnügen besonderer Güte, denn er war im Hinblick auf Schlesingers Ansichten mit dem Regisseur einer Meinung. Schlesinger wußte auch, wie man mit Schauspielern umgehen muß, um »das beste aus ihnen herausholen zu können.« Das waren Hoffmans Worte. Dustin fand auch sehr bald heraus, daß die Rolle eines New Yorker College-Studenten hinter dem Make-up seinen Ansichten über eine Filmfigur in weitem Maße entgegenkam. Seiner Meinung nach muß eine Filmfigur eine Mischung aus Erfindung und Wahrheit sein, um Dustins ganz spezielles Interesse heraufbeschwören zu können. Hoffman

Dustin Hoffman in ›Marathon Man‹ (1976).

kehrte bei *Marathon Man* wieder zu seinem bekannten Standard zurück, demzufolge er bei seinen Filmfiguren auch auf das kleinste Detail Obacht gab. Von Schlesinger selbst kamen nur gelegentliche Hinweise in Bezug auf Nuancierung der Figur. Trotzdem stritten die beiden Männer um künstlerische Dinge, die nicht immer mit den Aspekten einer Filmproduktion im Einklang stehen müssen.

Mit einem Budget von 3 Millionen Dollar war der Film in kürzester Zeit fertiggestellt worden. Die Welt-Filmpremiere fand am 8. Oktober 1976 in Hollywood statt, und zwar in Mann's Chinese Theater. Hoffmans große Verehrerschar eilte in die Kinos und erwartete einen Film, der Vergleiche mit *All the President's Men* zuließ. Dustins eigene Begeisterung über *Marathon Man* wurde jedoch sehr bald in Grenzen gehalten, nachdem die Kritiker den Film verrissen und ihn »die Enttäuschung des Jahres« genannt hatten. Auch die Summe der Einnahmen an den Kinokassen hielt sich in Grenzen und war entmutigend.

In *Marathon Man* geht es in erster Linie um eine Spionage-Affäre, die allerdings den in den Film gesetzten Erwartungen nicht gerecht wird. In der Rolle des Babe Levy, eines Studenten der Columbia-Universität und des Sohnes eines namhaften Historikers beschäftigt sich Dustin tagtäglich als Marathon-Läufer mit einer Sportart, die zu seinem Lebensinhalt wird.

Dieser Lebensinhalt wird durch verschiedene unterschiedliche Vorfälle ganz erheblich in Frage gestellt. Eines Abends taucht Babe Levys Bruder Doc (gespielt von Roy Scheider) in Babes Appartment auf und stirbt an einer Stichwunde am Arm. Auf Docs Tod geht der Film nicht ein, er erklärt nicht exakt genug, welche Vorfälle zum Tod von Babe Levys Bruder geführt haben. Man erfährt etwas über einen gewissen Christian Szell (Sir Laurence Olivier), einen ehemaligen Leiter eines deutschen Konzentrationslagers, der sich in den USA aufhält, um einige Diamanten, die ihm gehören, aus dem Land schmuggeln zu können. Nach dem Tod seines Bruders fällt Babe in die Hände von Szell. Dieser geht auf ungewöhnlich brutale Art auf den ahnungslosen Studenten los. Szell versucht auf diese Weise aus Babe Informationen herauszupressen, die dieser möglicherweise von seinem Bruder erhalten haben könnte. Die wohl absurdeste Szene des Films ist jene, in der sich ein gepeinigter Babe Levy unter Szells brutalem Vorgehen vor Schmerzen windet.

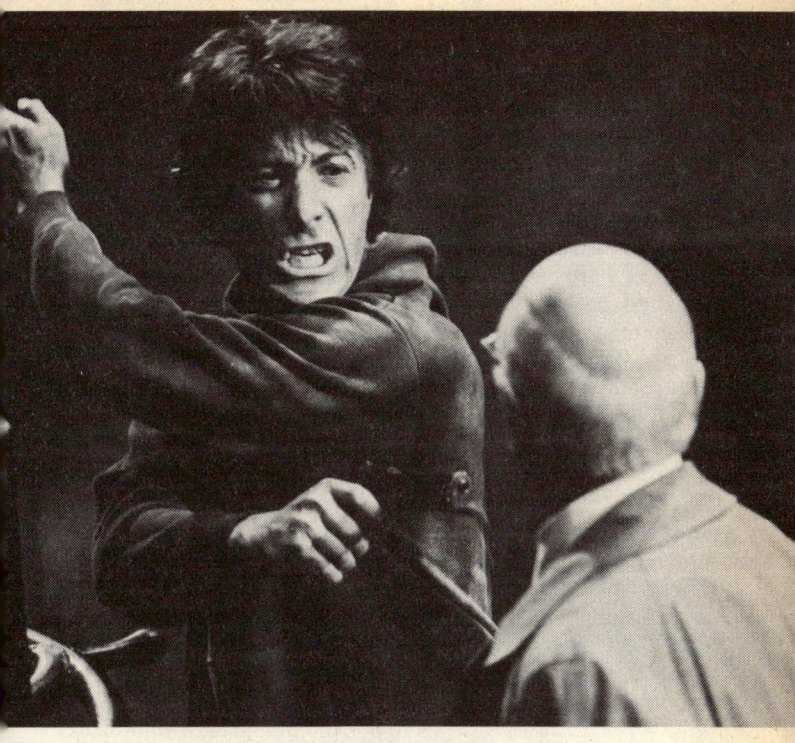

›Marathon Man‹ (Der Marathon-Mann, 1976) von John Schlesinger. –
Eine Szene mit Dustin Hoffman und Sir Laurence Olivier.

Levy wird gerettet. Janeaway (William Devane), der Freund
von Babes Bruder Doc, rettet Babe das Leben. Von Janeaway
weiß man aber nicht, ob er für Szell arbeitet oder für den CIA
oder für das FBI. Hierzu gibt es keinerlei Erklärung. Nachdem
Levy erneut in die brutalen Hände von Szell fällt, bleibt ihm lediglich die Möglichkeit, durch seine Fähigkeit als Marathon-
Läufer den Brutalitäten des ehemaligen Nazis Szell zu entkom-
men. Babe trifft daraufhin mit einer mysteriösen Frau zusammen, mit Else (Marthe Keller), deren Bekanntschaft er bereits
auf der Columbia-Universität gemacht hatte. Else wird bei

175

einem Schußwechsel getötet, und Babe versucht, dem Nazi Szell das Handwerk zu legen. Schließlich stellt sich heraus, daß Szell ohne Auftragggeber handelte und nur seine eigenen Interessen verfolgte. Levy kann sich geschickt aus der Affäre ziehen. Am Schluß des Films bietet ihm Szell die Möglichkeit, im Ausland als Spion zu arbeiten.

Hoffmans schauspielerische Leistung in der Darstellung des völlig unwissenden Babe Levy ist überaus überzeugend. Wieder einmal sieht man in dieser Figur einen tragischen Antihelden, der ums Überleben kämpft. Der Film selbst leidet unter einem großen Mangel: Das Drehbuch ist unausgegoren, die Geschichte mehr oder minder unausgeglichen und an den Haaren herbeigezogen. Dustin hatte sein Bestes gegeben, um durch seine Mitwirkung die Mängel des Films herabzumindern, allerdings ohne Erfolg. John Schlesingers Regieführung, die sich mit Romanvorlage und Drehbuch nur sekundär vergleichen läßt, bringt die meisten Widersinnigkeiten in den Film mit ein. Sir Laurence Olivier, der sich eigentlich schon vom Filmgeschäft zurückgezogen hatte, spielt seine Rolle als hinterhältiger und abnormer Nazispion mit Bravour. William Devane und Roy Scheider beleben den unausgegorenen Film ebenfalls mit sehr meisterlichen darstellerischen Leistungen.

Angesichts der zahlreichen und offensichtlichen Mängel von *Marathon Man* wußten die Filmtheaterbesitzer in den ersten Einsatztagen des Films im Hinblick auf die Einspielergebnisse nichts sonderlich Erfreuliches zu berichten, und die Mundreklame, die nach den ersten Wochen die Runde machte, schadete den Einspielergebnissen ebenfalls. Kritiker bezeichneten *Marathon Man* als »ein unerfreuliches Puzzlespiel, dem die einzelnen Puzzle-Stücke abhanden gekommen sind.«

Der Kritiker Arthur Knight, ein Veteran unter den Filmkolumnisten, war einer der wenigen Fachleute, die den Film mit ermunternden Worten aufzupäppeln versuchten. Er bezeichnete *Marathon Man* als einen »gekonnt inszenierten und erregenden Film«, bei dem der Zuschauer bis zum Ende »nicht weiß, worum es eigentlich geht«. Knights weitere Stellungnahme zu *Marathon Man:* »... konsequent im Stil, konsequent in der Wirkung. Der Film enthält keine darstellerische Leistung, die ungewöhnlich wäre (obwohl dieser Anspruch eigentlich nur Dustin Hoffman zustünde), er weicht auch im technischen Bereich nicht von der Norm ab, um Anerkennung und Lob auf sich zu wenden. *Marathon Man,* das ist über Strecken hervorragende Filmunterhaltung.« Ähnliches berichtete auch der Kritiker Jay Cocks im *Time*-Magazine. Er schrieb: »Es gibt überhaupt keinen Zweifel, *Marathon Man* ist der unterhaltendste Film des Jahres; der Film ist ein Thriller, vollgepackt mit Blutvergießen und Schießereien, mit Falschheit und Betrug. *Marathon Man* ist verschwenderisch ausgestattet und mit Geistesblitzen inszeniert

Elsa (Marthe Keller) hat Babe Levy (Dustin Hoffman) zum Landhaus seines Peinigers Szell geführt. Dort tauchen dessen Kumpane auf und verwickeln das Paar in einen Kampf auf Leben und Tod. Vier Leichen bleiben zurück … – Eine Szene aus John Schlesingers Film ›Marathon Man‹ (1976).

177

worden. Und darüber hinaus steuert Dustin Hoffman eine seiner besten darstellerischen Leistungen bei, zumal er gegen Laurence Olivier spielen muß, der in Topform einen Erzgauner darstellt.« Cocks fand auch für John Schlesinger lobende Anerkennung, zumal dieser, nach Meinung des Kritikers, mit *Marathon Man* ein spannendes Filmdrama geschaffen hatte, mit einem neurotischen Dustin Hoffman, der in seiner eigenen Badewanne von zwei überaus wirkungsvollen Agenten nahezu ertränkt wird. Knight und Cocks waren aber auch die einzigen Kritiker, auf die *Marathon Man* Eindruck gemacht hatte; alle anderen Rezensenten befanden nahezu einstimmig, der Film lasse für einen Thriller die wichtigsten Zutaten vermissen. *Marathon Man* spielte lediglich 8 Millionen Dollar ein und landete damit im Jahr 1976 auf Platz 20 im Hinblick auf die Einspielergebnisse von Filmen in den USA.

Dustin kehrte nach *Marathon Man* in seine Wohnung in Greenwich Village zurück und verbrachte seine Freizeit mit seiner Familie. Er versuchte, die Unannehmlichkeiten, die mit *Marathon Man* einhergingen, der Vergangenheit anheimfallen zu lassen. All seine Kraft verwendete er nun auf ein Filmdrehbuch, das er in eigener Regie in einen Film umsetzen und darüber hinaus auch noch die Hauptrolle spielen wollte. *Straight Time* (Stunde der Bewährung, 1978), so der Titel des Projekts, bezieht seine Handlung aus Edward Bunkers Roman *No Beast So Fierce*. Bunker selbst hatte einige Zeit als Strafgefangener mehrere Gefängnisse von innen kennengelernt. Am 9. Februar 1977 begannen zu *Straight Time* die Dreharbeiten. Die Filmrechte hatte sich der Schauspieler bereits im Jahre 1972 gesichert, kurz nachdem er seinen ersten Vertrag als Darsteller und Produzent bei First Artists Productions unterzeichnet hatte.

Der Film sollte Dustins Regiedebüt werden und zugleich sein erster für First Artists Productions. Bis zu diesem Zeitpunkt hatte Hoffman nur Hauptrollen gespielt und den jeweiligen Regisseuren für einzelne, ganz spezielle Szenen mit seinem Ratschlag zur Verfügung gestanden. Bislang hatte sich der Schauspieler allerdings nie *hinter* der Kamera aufgehalten, um die Oberaufsicht über einen Spielfilm übernehmen zu können. Hoffman wußte, daß er als Schauspieler auch über die Fähigkeit verfügte, als Regisseur einen Film zu inszenieren, aber vor der Tatsache, eine Hauptrolle zu übernehmen und diese auch noch

Dustin Hoffman als Babe Levy in John Schlesingers Film ›Marathon Man‹ (1976).

selbst zu inszenieren, hatten sich größere Bedenken aufge-
türmt. Diese mußte der Schauspieler und nun auch angehende
Spielfilmregisseur zunächst einmal aus der Welt schaffen.

Straight Time wurde im Folsom-Gefängnis in Kalifornien gedreht und in der Stadtmitte von Los Angeles. Dustin hatte die
Rolle eines ehemaligen Sträflings übernommen, der nach sechs-
jähriger Inhaftierung auf freiem Fuß ein anständiges Leben führen möchte, ohne wieder hinter Zuchthausmauern verschwin-
den zu müssen. In weiteren Hauptrollen sind Kathy Bates, Bonnie Bedelia, Gary Busey, Harry Dean Stanton, M. Emmet
Walsh und Clarence Williams III (aus der TV-Serie »Mod
Squad«) zu sehen. Stanley Beck und Tim Zinnemann fungierten
für Dustin Hoffman als Co-Produzenten. Dieser produzierte
unter dem Banner seiner eigenen Filmgesellschaft, der er den
Namen Sweet Wall Productions gegeben hatte.

Dustin hatte neue Kräfte in sich freigemacht, sein Selbstvertrauen hatte sich gestärkt, denn er war nicht nur der Regisseur
von *Straight Time,* er konnte nun auch schalten und walten, wie
ihm beliebte. Der Schauspieler glaubte auch daran, daß *Straight
Time* die Wunden schließen würde, die ihm *Marathon Man* zu-
gefügt hatte. Er wußte, daß das Kinopublikum auch einmal
einen Fehlschlag zu tolerieren verstand, aber er wünschte sich
auch mit *Straight Time* so sehnsüchtig einen Erfolg herbei, den
er von Anfang an mit Arbeitseifer und zahllosen Arbeitsstun-
den am Drehbuch von vornherein zu festigen trachtete. Nahezu
übergenau ging der Schauspieler allen Einzelheiten und Feinheiten innerhalb des Drehbuches auf den Grund, damit menschliches Irren ausgeschaltet werden konnte.

Noch vor Beginn der eigentlichen Dreharbeiten ließ sich Dustin das Los Angeles County-Gefängnis von innen zeigen. Er
war an der Atmosphäre interessiert, in der Strafgefangene leben
müssen. Er ließ auch die Behandlung über sich ergehen die sich
Strafgefangene gefallen lassen müssen, und, als befände er sich
selbst in Haft, ließ er sich selbst die Fingerabdrücke nehmen und
durchwanderte alle Stellen innerhalb des Gefängnisses, als sei
er selber straffällig geworden. Nachdem er nun wußte, wie ein
Sträfling behandelt wurde, schlug ein Beamter Hoffman vor,
seinen Namen in den Computer der Behörde eingeben zu lassen. Dies geschah allerdings mehr zum Vergnügen, aber das Ergebnis war weniger lustig, als vorher angenommen. Es kam her-

aus, daß Dustin zwei Verkehrsübertretungen, denen er sich schuldig gemacht hatte, nicht bezahlt hatte!

Hoffman beglich die beiden Ordnungswidrigkeiten. Nahezu acht Monate lang ließ er sich durch Gefängnisse und Zuchthäuser des Landes führen. In San Quentin wurde er sogar inkognito für einige Stunden arrestiert. Während dieser Untersuchungshaft konnte er, illegal sozusagen, einige Fotos machen und hatte auch die Gelegenheit, sich mit ehemaligen Sträflingen in deren Wohnwagenkolonie in der Nähe von Los Angeles zu unterhalten.

Während sich Dustin für *Straight Time* vorbereitete, lernte seine Frau Anne ihren Text für ihren ersten Leinwandauftritt seit *Papillon*. Lina Wertmüller, die italienische Regisseurin, hatte Anne in ihrer neuen Filmkomödie als Freundin von Candice Bergen besetzt. Anne hatte begonnen, Schauspielunterricht zu nehmen. In *It Never Rains But It Pours,* so hieß der Wertmüller-Film in den USA, stieß Anne auch auf den italienischen Schauspieler Giancarlo Giannini. *It Never Rains But It Pours* war Lina Wertmüllers erster Film, der in den USA gezeigt wurde, von der Verleihabteilung der Warner Bros. in die Kinos gebracht.[37]

Als Regisseur fand Dustin bei *Straight Time* Gegebenheiten vor, die mit seiner Arbeit als Schauspieler nicht das Entfernteste zu tun hatten. Als Regisseur und Hauptdarsteller bei einem Film zu arbeiten, bedeutete für Hoffman eine zu große Belastung. Dustin fragte seinen langjährigen Freund Ulu Grosbard, und dieser übernahm schließlich die Regieführung von *Straight Time*. Für Dustin war Grosbard kein Fremder, denn er hatte den Schauspieler bereits in *Who Is Harry Kellerman And Why Is He Saying Those Terrible Things About Me?* inszeniert. Glücklich und erleichtert überließ Dustin Grosbard nach dem 14. März in Los Angeles die Regieführung. Ein Sprecher von First Artists Productions bekundete vor der Presse, niemand habe Dustin diese Entscheidung nahegelegt. Die Tätigkeit als Schauspieler *und* Regisseur habe an Hoffman »zu hohe Anforderungen« gestellt.

Um diese Zeit herum wurden Gerüchte laut, die besagten, Hoffman habe sich so sehr in seinen Film verrannt, daß er seine Nächte allein in einem Hotel verbringen müsse und nicht zuhause bei seiner Familie. In kürzester Zeit gab es die verschiedenartigsten Versionen dieser Geschichte, darunter auch die Mitteilung, Hoffman habe sich von seiner Frau Anne getrennt. Nach Ablauf der Dreharbeiten verkündete der Schauspieler allerdings das Gegenteil: Er hatte mit seiner Frau dieses Arrangement der kurzfristigen Trennung vereinbart und war lediglich an Wochenenden nach Hause zurückgekehrt.

Straight Time wuchs sich für Dustin Hoffman zu einem persönlichen Konflikt von größerer Tragweite aus. Hinzu kamen die bösartigsten Gerüchte im Hinblick auf die Ehe des Schauspielers. Dustin hing sich so sehr in seinen Film und befand sich nicht selten in übelster Gemütsverfassung, was sich in Stimmungsschwankungen auch nach außen hin bemerkbar machte. Der Schauspieler wollte unbedingt einen neuen Reinfall vermeiden. Grosbard führte Regie, die Produktion ging ihrem Ende entgegen, und in den letzten Tagen des Septembers 1977 wurden die Dreharbeiten beendet.

Nach einer kurzen Verschnaufpause befand sich Dustin wieder mitten in den Vorbereitungen zu einem neuen Film für First Artists mit dem Titel *Agatha* (Agatha/Das Geheimnis der Agatha Christie, 1979), einer Filmbiografie über die englische Krimi-Autorin Agatha Christie. In *Agatha* wurde Dustin die Rolle eines amerikanischen Journalisten anvertraut, und Vanessa Redgrave erhielt die Titelrolle. Die Dreharbeiten für *Agatha* begannen in London. Agatha Christies Familie wandte sich gegen den Film. Man wollte die Produktion zum Abbruch zwingen, hatte damit aber keinen Erfolg. Dustin hätte ursprünglich in *Agatha* eine Rolle übernehmen sollen, die in ihrem Umfang in etwa seiner Mitwirkung in *The Tiger Makes Out* entsprochen hätte, eine Gastrolle demnach. Unverständlicherweise hatte sich die First Artists gegen dieses Vorgehen ausgesprochen, so daß Dustin die zweite männliche Hauptrolle übernehmen mußte. Später gab der Schauspieler in Interviews seine Gründe für die Übernahme der kleineren Rolle bekannt: »Ich hätte auch eine Rolle übernehmen können, die zehn Minuten des Films ausgemacht hätte. Ich durfte mir das aussuchen. Ich habe schon in *Midnight Cowboy* und *Papillon* die zweite Geige gespielt, warum nicht auch in *Agatha?* Mir ist das gleich.« Aber First Artists war das nicht egal. Man versuchte, den Schauspieler in die männliche Hauptrolle hineinzureden, andernfalls war das Interesse am Produzieren des Films nicht sonderlich groß.

Um die einmal vorhandene Situation bereinigen zu können, verdingten First Artists zwei neue Drehbuchautoren, damit das Drehbuch und damit Dustins Rolle entsprechend größer gestaltet werden konnte. Die Drehbuchautoren Arthur Hopcraft und Murray Schisgal taten sich mit Kathleen Tynan zusammen, die bereits eine Biografie über Agatha Christie geschrieben hatte. Das Skript wurde aufpoliert. Die Dreharbeiten konnten zum angesetzten Zeitpunkt beginnen. Kathleen Tynan erinnerte sich daran, daß Dustin durchaus mit dem ersten Umfang seiner Rolle einverstanden gewesen war. Sie sagte: »Nachdem er zum ersten Mal das Originaldrehbuch gelesen hatte, sagte er, es wäre das Beste gewesen, was er in den letzten Jahren zu Gesicht bekommen habe. Wir hatten den Eindruck, der Schauspieler sei mit seiner Gastrolle in dem Film durchaus zufrieden. Dann aber wurde alles umgeschrieben.« Murray Schisgal fügte diesem Statement hinzu: »Hoffman wirft niemals etwas hin. Er kann einen schon manchmal auf die Palme bringen, aber, gütiger Himmel, in ihm steckt eine Menge Courage.«

Das Umschreiben des Drehbuches mußte in einer solch großen Eile vollzogen werden, daß die Schauspieler die entsprechenden Dialoge mitunter erst wenige Minuten vor dem Drehen erhielten. Dieses Vorgehen stellte an Dustin Hoffman und Vanessa Redgrave Anforderungen, denen selten ein Schauspieler gewachsen ist. Auch die Darsteller in den Nebenrollen hatten unter diesen erschwerten Verhältnissen zu leiden. Vanessa Redgrave legte sich mit dem Regisseur an und lehnte es ab, Szenen zu proben, zu denen noch nicht einmal die aktuellen Dialoge geschrieben worden waren. Mittlerweile stand Dustin aus einem anderen Grunde unter Dampf. Er wünschte sich, das Thema *Agatha* hätte niemals seinen Weg gekreuzt: »Ich flehte die Produktionsleute an, den Film fallen zu lassen. *Agatha* wurde zum Alptraum eines jeden mitwirkenden Schauspielers. Jeden Tag wurde am Drehbuch herumgebastelt. Die Seiten sahen aus wie ein Regenbogen, mit grünen, gelben und pinkfarbenen Änderungen.«

Die Befehle aus den Büros der Offiziellen von First Artists, das Drehbuch umzuschreiben, mögen für Dustin Hoffman ein erstes Warnsignal gewesen sein. Der Schauspieler machte sich ernsthafte Sorgen um seine Zukunft bei First Artists. Das Schicksal, dem seine Filme unter dem Banner dieser Produktionsgesellschaft ausgesetzt waren, steigerte seine Bedenken. Hoffmans Meinung nach hatte seine Rolle in *Agatha* etwas mit Selbstzerstörung zu tun, denn der Schauspieler hatte zu keinem Zeitpunkt eine Kontrolle über seinen Part, obwohl ihm das Recht, seine Rolle eingehend zu studieren, vertraglich zugesichert gewesen war. Am 16. März 1978 hatte die First Artists den Film *Straight Time* so weit fertiggestellt, daß er in die Kinos gelangen konnte. Dustin hoffte, die Filmpremiere dieses seines ersten Filmes für First Artists auf einen späteren Zeitpunkt verlegen lassen zu können. Er hatte auch gehofft, auf seine eigenen Kosten noch einige Szenen neu drehen zu lassen, aber er erhielt dazu keine Gelegenheit.

First Artists erlangten volle Kontrolle über *Straight Time,* und Dustin fühlte sich herausgefordert, zwei Wochen vor der Filmpremiere gegen seine eigene Porduktionsgesellschaft eine Klage über mehrere Millionen Dollar bei den Gerichten einzureichen. Am 28. Februar 1978 fand vor dem Landgericht in Los Angeles die angesetzte Verhandlung statt; First Artists und deren Präsident Phil Feldman wurden angeklagt, sich widerrechtlich die Kontrolle über beide Filme, *Straight Time* und *Agatha*, angeeignet zu haben. Zusätzlich wurde Feldman vorgeworfen, man habe sich zu einem Komplott gegen Hoffman zusammengetan, um das alleinige Recht an den beiden Filmen in die Hand zu bekommen. Dustin forderte von First Artists die Garantie, sich vertragsgemäß zu verhalten, weil er vorhatte, *Straight Time* nach seinem Dafürhalten neu cutten zu lassen. Der Schauspieler brachte in diesem Zusammenhang auch vor, daß das Studio am 4. Februar die Dreharbeiten zu *Agatha* eingestellt hatte, obwohl noch eine Szene zur Verfilmung angestanden hätte. Dustin bat den Richter um eine einstweilige Verfügung, zumal er nicht wollte, daß *Straight Time* in der vorliegenden Form in die Kinos gelangte.

In einer zweiunddreißig Seiten langen Klageschrift hatte der Schauspieler seinem Unbehagen First Artists gegenüber Luft gemacht, denn sein 1972 mit der Produktionsgesellschaft geschlossener Vertrag garantierte ihm die Exklusivrechte, zwei Filme pro Jahr unter dem Banner von First Artists herauszubringen, wobei er allerdings das Recht hatte, die Filme kreativ und künstlerisch zu kontrollieren, wozu auch das Recht gehörte, die Entscheidungen über den letzten Schnitt der Filme zu

Dustin Hoffman als Max Dembo in ›Straight Time‹ (Stunde der Bewährung, 1978).

treffen. Die Produktionsgesellschaft durfte laut Vertrag nur dann in die Verfilmungen eingreifen, wenn die Kosten des jeweiligen Films eine Summe überschritten, die vorher vertraglich festgelegt worden war. Hoffman mußte zugeben, daß *Straight Time* über die angesetzte Drehzeit hinaus immer noch nicht fertiggeworden war und daß der Film auch das Original-Budget überschritten hatte. Der Schauspieler brachte allerdings auch vor, First Artists habe nicht frist- und vertragsgerecht in die Produktion eingegriffen, obwohl der Produktion dieses Recht zugestanden habe.

Nachdem von Hoffman die Fakten öffentlich dargelegt worden waren, gab er sich zuversichtlich und war der Ansicht, daß First Artists sich widerrechtlich die Kontrolle an *Straight Time* angeeignet hatte. Die Erfolgsaussichten im Hinblick auf *Agatha* waren allerdings nicht sonderlich rosig. In der Klage wurde behauptet, die Dreharbeiten zu *Agatha* hätten sich nur deswegen verzögert, weil ständig am Drehbuch herumgearbeitet worden war und weil Vanessa Redgrave sich gegen ein solches Vorgehen zur Wehr gesetzt hatte. Von Vanessa Redgrave wurde auch behauptet, sie hätte es abgelehnt, Szenen zu proben, für die noch nicht einmal die Dialoge festgestanden hätten (diese Anschuldigungen hielt die Drehbuchautorin Kathleen Tynan für unwahr). Weiterhin trug Hoffman vor, die Chefs von First Artists hätten sich ständig in die Dreharbeiten von *Agatha* eingemischt und ihn als Künstler mit dem Ablieferungstermin für *Straight Time* (15. Februar) unter »starken Druck« gesetzt. Außerdem hatten sich First Artists ohne Hoffmans Zustimmung gegen dessen Mitwirkung am Schnitt ausgesprochen gehabt. Hoffman forderte an Geld 2 Millionen Dollar Gehalt, 66 Millionen Dollar wegen Vertragsbruchs und 3 Millionen Dollar Buße von Phil Feldman, dem Chef von First Artists, und von Jarvis Astaire, einem der beiden Produzenten von *Agatha*.

Das Gericht verschanzte sich daraufhin hinter dem üblichen Bürokratismus, und es tauchte keine einstweilige Verfügung auf, die den Kinoeinsatz von *Straight Time* verhindert hätte. Der Film hatte am 16. März 1978 in Westwoods Bruin Theatre seine Premiere. Die First Artists schenkte dem Film keine besonders große Aufmerksamkeit. Am Morgen des Premierentages war lediglich eine Pressevorführung arrangiert worden. Dieses Vorgehen ist in der Filmbranche keineswegs ungewöhnlich. Es weist allerdings auf wenig Zutrauen vonseiten der Produktionsgesellschaft hin, denn durch ein solches Vorgehen hat ein Film wenigstens eine diskutable Chance, in den ersten Tagen eine größere Summe Geldes einzuspielen, bevor negative Kritiken alle weiteren Hoffnungen auf einen Kinoerfolg zunichte machen können.

Straight Time wuchs sich zu einer Katastrophe aus, der vierten in Hoffmans Karriere – mit oder ohne die Meinungen der Kritiker. *Straight Time* wendet sich gegen das Strafsystem in den USA, allerdings ohne jegliche Dimension und ohne jegliche annehmbare Form. Der Film blieb flach und oberflächlich. Dustin spielte allerdings sehr eindrucksvoll einen ehemaligen Strafgefangenen, jedoch krankt *Straight Time* an einer Kombination aus schwachgestalteter Handlung, an unzulänglichen schauspielerischen Leistungen in den Nebenrollen und an einer allzu saloppen Regieführung. Auch in Hoffmans Charakterisierung sind keine Höhepunkte zu finden. Nur als Star des Films erschien der Name des Schauspielers auf der Leinwand, nicht als Regisseur, nicht als Co-Regisseur oder gar Produzent. Als erst einmal die Kritiken in den Zeitungen zu lesen waren, wünschte sich Hoffman, man hätte seinen Namen vollständig aus dem Vorspann des Films getilgt.

In *Straight Time* spielte Dustin Hoffman den glücklosen, ehemaligen Strafgefangenen Max Dembo, der wegen eines bewaffneten Raubüberfalls sechs Jahre in San Quentin einsaß und danach wieder auf freien Fuß gesetzt wurde. Dembo gelangt nach Los Angeles, wo sein Bewährungshelfer (M. Emmet Walsh) auf ihn einwirkt, nicht mehr straffällig zu werden. Durch die Bemühungen des Beamten kann Dembo in einem Stellenvermittlungsbüro vorsprechen. Eine Angestellte des Büros (Theresa Russell) verschafft Dembo eine Arbeitsstelle in einer Konservenfabrik, um den Bewährungshelfer zu besänftigen. Die Büroangestellte verliebt sich in Max Dembo. Sollte er nicht mehr rückfällig werden, will sie bei ihm bleiben.

Es ist Max aber unmöglich, über einen längeren Zeitraum in der Konservenfabrik zu arbeiten. Er betrinkt sich immer öfter, wird aufsässig und wendet sich wieder der Sache zu, von der er am meisten versteht: dem Verbrechen. Er verständigt sich mit einem alten Kumpel (Gary Busey) und dessen hübscher, aber besorgter Frau (Kathy Bates), die Drogenprobleme hatte. Busey und ein anderer Komplize (Harry Dean Stanton) landen nach einem Überfall auf einen Juwelier in Beverley Hills in einem Krankenhaus, nachdem sie verunglückten. Dembo kann man keine Teilnahme an dem Überfall nachweisen, aber man ahnt, daß seine erneute Straffälligkeit ihn wieder hinter Gitter bringen wird. In der vielleicht lustigsten Szene des Films rächt sich Dembo an seinem ekelhaften Bewährungshelfer. Auf einer Highway-Abzweigung legt er ihm Handschellen an und fesselt ihn an ein Straßenschild. Danach zieht er ihm die Hose aus.

Durch *Straight Time* erhält man weder eine exakte Einsicht in das Strafsystem der USA noch in das Leben von Verbrechern. Alles vollzieht sich nach einem stereotypen Räuber- und Gendarm-Muster. Der Film hätte möglicherweise ein Erfolg werden können, wenn nicht die Figuren, mit Ausnahme des von Dustin Hoffman dargestellten Dembo, so eindimensional und flach dargestellt worden wären. Die wesentlichen Zutaten eines Dramas läßt der Film ebenfalls vermissen. Man erfährt sehr wenig über die Schwierigkeiten eines ehemaligen Sträflings, der beabsichtigt, sich wieder in die Gesellschaft einzugliedern. Hoffman spielt vordergründig lediglich einen Verbrecher im Gefängnis, und einen Verbrecher in Freiheit, und zwar nach dem Vorbild einmal ein Krimineller, immer ein Krimineller.

Es sieht so aus, als würde Dustin in seiner Rolle als Max Dembo nicht sonderlich glücklich sein. Es hat den Anschein, als käme er mit seiner Charakterisierung nicht zurecht; ähnliches läßt sich auch von Ulu Grosbards Regieführung behaupten. Als Hoffmans Freundin ist Theresa Russell äußerst sexy, aber auch ihre Darstellung leidet unter unzulänglichen Dialogen. Auch Harry Dean Stanton, M. Emmet Walsh und Gary Busey versuchen, in ihren Rollen Eindruck zu schinden, aber ihre Bemühungen blieben erfolglos.

Die Kritiker zerrissen das Drehbuch von *Straight Time* und bezeichneten Hoffmans darstellerische Leistung als weit von seinen Bestleistungen entfernt. In seiner Kritik in der *Los Angeles Times* bemerkte der Kritiker Charles Champlin: »Hoffmans Max Dembo bleibt eine eindimensionale Figur und damit weit hinter anderen Charakterisierungen des Schauspielers zurück. Man hätte sich gewünscht, daß sein Überlebenskampf länger angedauert hätte.« Frank Rich von *Time* ging in seiner Kritik ein wenig deutlicher zu Werke: »Um einen Mann darzustellen, dem übel mitgespielt wird, arbeitet Hoffman sehr ernsthaft und gut. Eine bewundernswerte schauspielerische Leistung, allerdings an einen Film verschwendet, der nicht nur den Zuschauern übel mitspielt, sondern auch den Figuren auf der Leinwand.« Auch Rich schob eine Teilschuld für die Wirkungslosigkeit des Films auf dessen »einfältiges, spartanisches Drehbuch«.

Eine Szene mit Dustin Hoffman (sitzend) aus Ulu Grosbards Film ›Straight Time‹ (1978).

Jeff Richardson vom *Hollywood Reporter* konnte sich in seiner Kritik ebenfalls ein witziges Wortspiel nicht verkneifen: »Dieser Film von Warner Bros. schuldet den Zuschauern eine Sache: eine entsprechende Bewährungsfrist.«

In den letzten Julitagen wurde für *Straight Time* Kassensturz gemacht: Der Film hatte lediglich 4 Millionen Dollar in den Kinos eingespielt, 500.000 Dollar mehr, als er gekostet hatte. Damit ein Film aber erfolgreich sein kann, muß er mindestens das dreifache seiner Gestehungskosten einspielen. Die Geldgeber von First Artists verschafften ihrer Empörung über *Straight Time* entsprechend Luft und zogen den Film vorzeitig aus den Kinos zurück, nachdem er in den USA knapp ein Jahr lang ge-

Vanessa Redgrave und Dustin Hoffman in ›Agatha‹ (1979). Die britische Schauspielerin verkörperte hier die weltweit bekannte Kriminalautorin Agatha Christie.

zeigt worden war. Mit Übereifer hatte man den Film in die Kinos gedrängt, und mit ebensolcher Hast zog man ihn nach acht Monaten wieder zurück. Auch Dustin mochte es nicht, wenn irgendjemand auf den Film *Straight Time* zu sprechen kam. Er ließ verlauten: »Der Film hat die Möglichkeiten, die in seinem Thema lagen, nicht annähernd ausgeschöpft.«

Ulu Grosbard, der in letzter Minute durch Hoffmans Fürsprache die Regie von *Straight Time* übernommen hatte, war nach Abschluß der Dreharbeiten nicht unbedingt einer Meinung mit dem Darsteller. Grosbard verkündete, daß Hoffman sich das

Thema des Films zu sehr zu Herzen genommen hätte. Er sagte: »Fünf Jahre lang hatte er das Projekt in den Händen gehalten. Und er hatte die volle Kontrolle über den Film. Als er mich hinzurief, hatten sich vier oder fünf Drehbuchautoren mit der Sache befaßt und sechs oder sieben Versionen abgeliefert. Und Dustin ließ die besten Leute der Branche für sich und für diesen Film arbeiten. Dustin ist ein Opfer seines Berufs. Wer sich ins Glashaus setzt und dann mit Steinen wirft, sollte nicht unbedingt die Schuld für sein Verhalten bei anderen suchen. Selbstgerechtigkeit ist da nicht angebracht. Ich weiß, daß Dustin auf Qualität sehr großen Wert legt, aber das ist kein Freibrief für sein Verhalten.«

Um nun noch einmal von Dustins Klage vor dem Landgericht von Los Angeles zu sprechen, so waren für Dustin ebenfalls keine guten Nachrichten in Erfahrung zu bringen. Der Richter David A. Thomas verwarf Dustins Klage, die Kontrolle über *Straight Time* und *Agatha* zurückzuerhalten. Dustins ehemaliger Geschäftsführer, Jarvis Astaire, antwortete mit einer Gegenklage und forderte von dem Schauspieler 3,5 Millionen Schadenersatz. Und Anne, mit der Dustin nahezu zehn Jahre lang verheiratet war, wollte sich scheiden lassen und reichte bei dem entsprechenden Gericht die Scheidungsklage ein. Der einundvierzigjährige Schauspieler war gerichtlich mit einer vollen Breitseite getroffen worden. Seine Schwierigkeiten hätten nicht größer sein können.

Das Scheitern, eine Scheidung und Schwierigkeiten mit First Artists

Dustin war sehr wenig geblieben, über das er sich hätte freuen können. Immer öfter eilte er zwischen Hollywood und New York hin und her. Anne begründete ihre Scheidungsabsichten durch ihre Bemerkung, die Basis für eine Fortsetzung der Ehe sei nicht mehr vorhanden. Und Dustins Karriere verlangte unbedingt nach einem Schub nach vorn, nach neuen Impulsen.

Als *Straight Time* entstand, 1977 also, machten sich die ersten Risse in Dustin Hoffmans Ehe bemerkbar. Annes eigene Karriere als Schauspielerin hatte feste Umrisse angenommen. Diese Tatsache mag wohl auch teilweise zur endgültigen Entzweiung geführt haben. Schenkt man Anne Glauben, so sollen Freunde der Familie gesagt haben, Dustins Gefühle für seine Frau hätten sich verflüchtigt. Auf der einen Seite konnte der Mensch Dustin Hoffman Charme und Zuneigung im Übermaß versprühen und geben, auf der anderen ließ er seine Gefühle einfrieren und konnte auf kühle Distanz gehen. Seine umherschweifenden Augen ruhten nicht selten wohlgefällig auf anderen Frauen. Und auch dieses Verhalten war Teil der Scheidungsabsichten von Anne.

Das Scheidungsbegehren war nun bei Gericht vorgetragen worden, aber Anne verblieb mit Karina und Jennifer in den Räumen des Stadthauses in Manhattan. Dustin hatte sich in Manhattan ein Appartment gekauft, von wo aus er über den Central Park blicken konnte. Zu diesem Apartment gehörte auch ein Extrazimmer, das die Töchter benutzen konnten, wann immer sie es wünschten.

Als getrennt lebender Elternteil kehrte Dustin zu seinen Junggesellengewohnheiten zurück. Mit Kate Jackson wurde er des öfteren in New Yorks Studio 54 tanzenderweise gesehen. Kate Jackson wurde nun auch Dustins ständige Begleiterin. Der Schauspieler ließ sich einen Bart wachsen.

Mit seinem jetzigen Leben ging nun wieder eine hektische Betriebsamkeit einher. Hoffman teilte seine Zeit auf. Einesteils konnte man ihn in seinem mit drei Schlafzimmern ausgestatteten Apartment in New York antreffen, andererseits bewohnte er in Westwood, Kalifornien, ein Haus, das er sich auf der Basis des Mietkaufes zugelegt hatte. Seinen Nachbarn in Westwood zeigte sich der Schauspieler bei täglichen Touren mit dem Rad, und dem Nichtstun frönte er in Westwoods Marquis Country Club. Gelegentlich kehrte Dustin nach New York zurück, um seine Töchter sehen zu können. Oft blieben sie in seiner New Yorker Wohnung über Nacht, und ihre Gegenwart erinnerte ihn immer wieder an seine bevorstehende Scheidung.

Wenn er mit seinen Kindern zusammen war, machten sich Schuldgefühle in ihm breit, denn er wußte, daß die Töchter unter seinen und Annes Fehlern zu leiden hatten. Zu diesem Thema sagte er einmal: »Man belügt sich selbst, wenn man behauptet, den Kindern würde eine Scheidung der Eltern nichts ausmachen. Eine Trennung der Eltern ruft in den Kindern immer traumatische Zustände hervor. Die Kinder wissen, daß sie einen Elternteil dem anderen vorziehen müssen, und das bringt sie in Konfliktsituationen.«Hoffman wußte auch, daß möglicherweise nur einem Elternteil das Sorgerecht an den Kindern zugesprochen werden würde, und seine Töchter wußten ebenfalls von diesem Umstand. Zu einem Reporter sagte der Schauspieler: »Ich hätte einen solchen Zustand als Kind auch nicht lang ausgehalten. Und auch als Erwachsener ist die Tennung von der Familie keine angenehme Sache. Ich glaube nicht, daß sich in dieser Hinsicht die Kinder sehr von Erwachsenen unterscheiden.«

Von Dustin ist bekannt, daß er es versteht, wie man mit Kindern umgehen muß. Nicht selten bezeichnete er sich als einen Menschen, der »verrückt nach Kindern« ist. Er liebt Kinder – und sie lieben ihn auch. Er wird ihrer Gegenwart nie überdrüssig. Er verhält sich keineswegs tendenziös, wenn er von der Liebe zu Kindern spricht: Neben den eigenen vermag er auch für fremde Kinder gleichgestellte Gefühle aufbringen, insbesondere für die seiner Freunde. Man darf in diesem Zusammenhang nicht vergessen, daß er während seiner Ehe auch mit Karina zusammenlebte, Annes Tochter, zu der er nicht der leibliche Vater war. »Ich möchte so viele Kinder wie nur irgend möglich haben. Mit Karina kam ich zusammen, als sie gerade drei Monate alt war. Gemeinsam mit Jennifer und Anne habe ich verschiedene Stadien mit kleinen Kindern durchlebt. Ich war bei Jennifers

Geburt anwesend und erlebte die aufregendsten Stunden meines Lebens. Mal ganz generell gesprochen: Ich bin der Meinung, daß man einem Kind soviel Liebe entgegenbringen sollte, wie man aufbringen kann. Ich habe unter meinen Töchtern kein Lieblingskind, ich stelle nicht das eigene vor die Tochter meiner Frau. Beide sind meine Töchter, aber ich weiß auch, daß bei einer Trennung der Eltern ein Kind von zweien stets zu kurz kommt,« sagte Dustin erst kürzlich.

Gelegentlich dachte der Schauspieler auch daran, daß er und seine Frau die Möglichkeit haben würden, sich auszusöhnen. Aber dazu kam es nicht. Irgendwie faszinierte ihn die neugewonnene Freiheit, denn viele Ehen werden auch durch hemmende Fesseln aneinander gehalten. Je länger der Schauspieler von seiner Familie entfernt war, um so mehr fand er im Leben eines Junggesellen erneuten Spaß. Dieses Junggesellendasein war für ihn irgendwie auch eine Art von Herausforderung.

Dustin ist nie in umfangreichem Maße auf die Dinge eingegangen, die Anne über eine Scheidung von ihm nachdenken ließen. Aber trotzdem konnte man durch ein Interview auch einmal ein wenig hinter die Kulissen blicken: »Die Gründe für die Scheidung sind persönlich und keineswegs unkompliziert. Das dürfte auf jede Trennung zutreffen, auf jede Ehescheidung. Die meisten Ehen kranken an ganz grundsätzlichen Dingen: Irgendetwas stimmt strukturell von Anfang an nicht. Die Pflichten und Rechte, die Erfordernisse und Notwendigkeiten eines jeden Partners sind nicht auf einen Nenner zu bringen, und diese Tatsache bringt Unruhe in eine Partnerschaft.« Dustin fuhr fort: »Wer aber darüber hinaus noch kreativ tätig ist und spontan zu reagieren vermag, der ist von vornherein in einer Ehe schlechter gestellt. Das sind so Sachen, die zwischen zwei Menschen zu außerplanmäßigem Verhalten führen können, etwas, das wir ›bemogeln‹ nennen oder betrügen. Kommen solche Dinge erst einmal in eine Partnerschaft, dann geht die Spontaneität zugrunde und die Partnerschaft auch.«

Dustin weiß auch, daß die Menschen in langjährigen Ehen ihre Objektivität verlieren, ihre Urteilsfähigkeit. Dies traf auch auf seine eigene Ehe mit Anne zu. Anne wandte sich im Laufe der Jahre der Schauspielerei zu, obwohl zur Zeit der Hochzeit davon keinerlei Rede sein konnte. Man braucht diesen Umstand nicht sonderlich hervorzuheben, weiß man doch, daß eine

Dustin und Justin, Filmvater und Filmsohn aus ›Kramer Vs. Kramer‹.

Schauspielerehe ganz eigene Gesetze hat, wenn sie erfolgreich geführt werden will. »Ich habe bei angeblich erfolgreichen Ehen unter Schauspielern immer so meine Bedenken«, gestand Dustin erst kürzlich. Die größten Schwierigkeiten in einer solchen Verbindung tauchen durch die ständigen Dreharbeiten auf, die unterschiedlich lang sind, nicht regelmäßig stattfinden und Hektik und Spannung hervorrufen. An ein gemütliches Zuhause, und an ein enges Zusammenleben ist dabei wohl kaum zu denken. »Wenn ich bei Dreharbeiten bin, beginnt mein Arbeitstag meistens morgens um halb sechs, und er endet eigentlich nie vor halb elf abends. Und sogar dann, wenn ich mich während des Filmens daheim aufhalte, muß ich noch meine Texte für den nächsten Drehtag durchgehen, bevor ich ins Bett krabbeln kann. Wenn man verheiratet ist und Kinder hat, und wenn Dreharbeiten nicht selten mehr als vier Monate andauern, dann bleibt einem nichts anderes übrig: Man opfert seine Familie und sein Familienleben dem Beruf.« »Soweit Dustin zu den Themenkreisen Ehe, Ehescheidung, Beruf und Kinder.

Auf die Tage, an denen Schauspieler in Hollywood nahezu jede Szene in den Studios oder auf den Studiogeländen drehen konnten, kann Dustin nur mit Neid zurückblicken. Eine solche Arbeitsweise würde für ihn ein glücklicher Zustand sein. Viele dieser Schauspieler aus den alten Tagen Hollywoods leben nicht einmal zwanzig Minuten von den Studios der Universal, der Columbia, der Paramount oder 20th Century-Fox entfernt. Heutzutage führen Schauspieler das Leben von Zigeunern, die über das Land ziehen müssen. Sie müssen stundenlang, tage- und wochenlang angestrengt arbeiten und verspüren ständig Heimweh. Glanz und Glamour gehören freilich zu diesem Beruf, aber um berühmt zu werden, muß man nicht selten »lausige« Zeiten überstehen, die sich auch noch in die Perioden des Ruhmes fortsetzen. Und »lausig« fühlte sich auch Dustin Hoffman, denn er hatte auch noch eine Familie, der er Rechenschaft ablegen mußte. Seine Schwierigkeiten mit dem Stand der Ehe hatten also in den Tagen begonnen, in denen er außer Haus war, um sich *Straight Time* widmen zu können.

Für Hoffman beschworen diese Tage gefühlsbeladene Augenblicke herauf und schwierige Zeiten, denn er hatte neben den ehelichen Schwierigkeiten auch noch mit jener unheilvollen 68-Millionen-Dollar-Klage zu tun, von der an anderer Stelle die

Dustin Hoffman in ›Agatha‹ (1979).

Rede war. Dustin wurde stets als ein Mann charakterisiert, der
seine privaten Probleme und sein Privatleben überhaupt nicht
an die Öffentlichkeit trägt. Solche Dinge versucht er immer aus
den Zeitungen herauszuhalten. Er lehnte es auch ab, zu Einzelheiten aus seinem Privat- und Eheleben Stellung zu beziehen.

Immer dann, wenn der Schauspieler sein Einverständnis zu einem Interview gegeben hat, sieht man ihn froher Dinge. Über seine Arbeit gibt er beständig Auskunft, denn er ist der Ansicht, dies würde seine große Anhängerschar am ehesten interessieren. Dustin hält sich aus Klatsch und Tratsch heraus, er spricht nie abfällig über die Interessen und die Arbeit seiner Mitstreiter, denn er ist der Meinung, abfällige Redensarten könnten sein Image des Saubermannes beschmutzen. Es ist ihm zuwider, in den Augen anderer Menschen als eine entwürdigte Person dazustehen. Er haßt es, wenn andere über ihn Unwahrheiten verbreiten, und er unterläßt es, Abfälliges über andere Menschen zu sagen.

Der von Emotionen verstärkte Kampf forderte von dem Schauspieler seinen Tribut. Später bekannte er, daß die Welle aus persönlichen Schwierigkeiten und Unbillen mit den Gerichten, die über ihm zusammenbrach, so stark gewesen sei, daß er drauf und dran gewesen wäre, die Filmarbeit vollkommen hinzuwerfen. »Da liegt auch eine Schwierigkeit. Erst habe ich gesagt, ich gebe alles dran, und dann habe ich mich wieder gegenteilig entschieden. Sollte ich noch einmal nein sagen, dann werde ich wirklich alles hinwerfen«, bekannte Dustin einmal.

Hoffman wußte, daß er nur die Oberfläche seiner Leinwandpotenz angekratzt hatte. Er hoffte für die Zukunft darauf, potentere Rollen zu finden, die mit seinen Leinwandporträts der Vergangenheit zu vergleichen gewesen wären. Aber es kam ihm kein passender Stoff in die Hände. Dustin bekannte, er habe die ersten zehn Jahre seiner Karriere als Leinwandstar vergeudet. Seine Fans waren über dieses Bekenntnis bestürzt, denn wie konnte ein Schauspieler, der jahrelang begehrenswerte Rollen verkörpert hatte, gerade so reagieren? Wie nahezu jeder Schauspieler es tun muß, so mußte sich auch Dustin Hoffman mit seinen schwächeren Filmen abfinden, die allerdings immer noch bemerkenswerte schauspielerische Leistungen enthielten.

Hoffman bekannte, seine Verdienste um den Film überhaupt hätten sein Leben keineswegs verändert oder in eine Richtung gesteuert, die seinen Zielen mehr entgegengekommen wäre. »Man bekommt nur schlechte Gefühle, wenn die Arbeit nur einen Bruchteil von der Anerkennung findet, die sie hätte finden können. Es kommt mir vor, als hätte ich innerhalb des Films überhaupt nichts bewirkt, überhaupt nichts getan. Es scheint

Der Film ›Kramer Vs. Kramer‹ brachte Dustin endlich den ersehnten Oscar. V.l.n.r.: Robert Benton, der Regisseur des Films, Meryl Streep, Dustins Partnerin aus ›Kramer Vs. Kramer‹, und Stanley R. Jaffe, der Produzent des Films.

mir, als könne ich als Maler mehr erreichen. Ich bin mit der jetzigen Situation vollkommen unzufrieden, denn ich betrachte meine Schauspielerei nicht als eine Art Job. Ich möchte zeigen, was ich über eine Sache denke, und wenn ich jetzt über alles nachdenke, so muß ich sagen, daß ich gar nichts getan habe. *Midnight Cowboy* liegt mehr als acht Jahre zurück. Und ich habe nicht annähernd eine ebensolche Rolle mehr angeboten bekommen«, bekundete Dustin.

Die Chancen, eine Rolle wie die des Ratso Rizzo erneut angeboten zu bekommen, schienen gleich Null zu sein. Aber es kreuzte auch eine Rolle seinen Weg, die großen Eindruck auf den Schauspieler machte: die Rolle des Ted Kramer in der Leinwandversion von Avery Cormans Bestseller-Roman *Kramer*

Vs. Kramer. Die Story wurde um eine ausgesprochene Vaterfigur herum gesponnen, dessen Frau sich von ihm scheiden lassen will. Diese Frau hat eigene Karrierepläne und überläßt den fünfjährigen Sohn dem Vater. Die Figur des Ted Kramer kam dem Menschen Dustin Hoffman gefährlich nahe, näher jedenfalls, als alle vorangegangenen Filmcharaktere. Dieser Ted Kramer bot Hoffman die Möglichkeit, durch die Darlegung tiefer Emotionen eine Figur erstehen zu lassen, die der Situation, in der sich Hoffman gerade befand, gerecht werden konnte. Ted Kramer hatte sehr viel mit Dustin Hoffman gemein.

Dem Schauspieler hatte man bereits 1977 eine erste Kopie des Drehbuches zugesandt. Er erkannte die Potenz, daraus einen zufriedenstellenden Film entstehen lassen, lehnte seine Mitwirkung daran allerdings später aus verschiedenen Gründen ab. »Die Geschichte schien mir zu sehr erfunden, zu sehr dem wirklichen Leben entrückt. Roman und auch Drehbuch hinterließen keine große Wirkung bei mir, obwohl das Skript von Robert Benton, dem Drehbuchautoren und Regisseur selbst verfaßt worden war. Danach wurde an dem Skript mehrfach herumgebastelt, und ich erhielt schließlich eine nahezu neue Version. Beim Lesen bekam ich Gänsehaut und sagte zu, die Rolle im Film zu übernehmen.«[38]

Produzent Stanley Jaffe hatte keinerlei Probleme beim Ankauf der Filmrechte für *Kramer Vs. Kramer* (Kramer gegen Kramer, 1979). Die Geldsumme, die er ausgeben mußte, ist nicht bekannt. Aber Benton und Jaffe mußten große Geduld an den Tag legen, bis Hoffman die Rolle des Ted Kramer akzeptiert hatte. *Dreimal* hatte Dustin es abgelehnt, diesen Ted Kramer zu verkörpern. Erst beim viertenmal wurden Benton und Jaffe erhört. Da hatte aber Benton dem Schauspieler »full compensation« zugesichert, was in diesem Falle einer »künstlerischen Kontrolle« gleichkam.

Von Dustin wird behauptet, er habe für dieses Recht, jede Phase des Films kontrollieren zu können, ernsthaft gefochten. »Ich sagte den Leuten um Jaffe und Benton, daß ich ein Mitarbeiter an dem Projekt sein möchte, andernfalls wäre ich zum Theater zurückgegangen. Ich hatte die Nase von diesem Busineß voll.« Die Gründe für sein Vorgehen lagen auf der Hand. First Artists hatten dem Schauspieler »künstlerische Kontrolle« über zwei Filme zugesagt, aber waren im letzten Augenblick wortbrüchig geworden. Wollte man Dustin in Zukunft als Hauptdarsteller für einen Film gewinnen, dann muße ihm das Recht zugestanden werden, in die Gestaltung des jeweiligen Films eingreifen zu können.

Jaffe sah keinerlei Probleme und unterstrich in Hoffmans Vertrag jene Passagen, auf die der Schauspieler im Hinblick auf eine »künstlerische Mitarbeit« am Film großen Wert legte. Man gestand Dustin sogar das Recht zu, den Schnitt des Films zu be-

7. März 1980: Dustin mit zwei unbekannten Schönen in New Yorks Xenon Disco.

aufsichtigen, er durfte freie Entscheidungen treffen, durfte improvisieren und zusätzliche Szenen einbauen lassen, wenn seine Vorstellungen von der Charakterisierung der Rolle mit den Vorstellungen des Regisseurs nicht auf einer Linie lagen. Darüber hinaus hatte er das zusätzliche Recht, die Arbeiten am Drehbuch zu beaufsichtigen. Das Skript entstand aus diesem Grunde auch in der Zusammenarbeit von Benton, Jaffe und Hoffman; dieser verbrachte acht Monate damit, das Skript Zeile für Zeile zu überarbeiten. Benton war der Ansicht, die Rolle des Ted Kramer sei Hoffman auf den Leib geschrieben worden. Der Regisseur sagte dazu: »Ich verlegte mich darauf, Dustins Dialoge so zu formulieren, wie er tatsächlich sprach. Wollte er also improvisieren, so konnte niemand den Unterschied feststellen«. Dustins Gage war ebenfalls ungewöhnlich: Man zahlte ihm 1 Million Dollar und einen Prozentsatz von dem, was der Film einspielen würde.

Nachdem die Arbeit am Drehbuch nahezu ihrem Ende zugegangen war, trug der Schauspieler vor Produktionsbeginn jene Gründe vor, die ihm das Eingreifen in das weitere Geschehen um den Film erlaubten. Zunächst einmal mußte, und das gestaltete sich äußerst schwierig, eine geeignete Schauspielerin gefunden werden, die Ted Kramers Ehefrau verkörpern sollte. Einige Kolumnisten in den verschiedenartigsten Filmzeitschriften wollten vernommen haben, daß Kate Jackson, Dustins »ständiger Begleiterin«, die Rolle von Hoffmans Filmfrau angeboten worden wäre. Wenn es so gewesen wäre, mußte Kate Jackson die Rolle allerdings ablehnen, denn die ABC-TV wollte die Schauspielerin nicht aus ihrem Vertrag entlassen, der sie als Star an die Fernsehserie »Charlie's Angels« band.[39] Dann aber griff die Produktion auf Hoffmans Vorschlag hin auf die Schauspielerin Meryl Streep zurück. Meryl Streep hatte bereits vorher ihr Glück als Schauspielerin in mehreren Filmen versucht, darunter als streitsüchtige Gegenspielerin von Alan Alda in *The Seduction of Joe Tynan* (Die Verführung des Joe Tynan, 1979).[40]

Die letzte große Herausforderung stellte sich in der Suche nach einem Kinderdarsteller, der die Fähigkeiten besaß, Dustins fünfjährigen Sohn zu verkörpern. Benton, Jaffe und Hoffman klapperten daraufhin die unterschiedlichsten Schulen des Landes auf der Suche nach einem geeigneten Kind ab. Über dreihundert kleine Kandidaten hätten Aussichten auf die Rolle gehabt. Hoffman kam dann allerdings ein siebenjähriger Junge vor die Augen, der nach Dustins Worten die »Ausgeglichenheit eines Wallace Beery« an den Tag legte.[41] Dustin bestand auf dem blonden und blauäugigen Justin, obwohl er ursprünglich mit der Idee geflirtet hatte, seiner Tochter Jennifer die Rolle zu übertragen. Dustin bekannte, er habe sich die Erfahrungen, die er im Umgang mit seiner Tochter Jennifer gemacht hatte, zunutze gemacht, nachdem die Proben zwischen ihm und dem kleinen Justin Henry angesetzt worden waren. Zwischen den beiden Akteuren war ein Funke übergesprungen, der Dustin und Seinesgleichen in Rührung versetzte.

Die Rolle des Ted Kramer zu durchforschen, hieß für Dustin, einige Blicke in sich selbst zu werfen. Auch er war Ehemann, Vater und ein Karrieremensch, dessen innere Konflikte mit denen seines Leinwandcharakters parallel verliefen. Um die Motive der Filmfigur ausdrücken zu können, bestand Dustin auf einer Probenzeit von vier Wochen, bevor dann die eigentlichen Dreharbeiten beginnen konnten. Den Reportern und Journalisten erzählte Hoffman an den Drehorten: »Qualität läßt sich nicht in Eile herstellen. Darin liegt die Wahrheit begründet, aber viele Leute, die heutzutage Filme machen, nehmen es mit der Qualität nicht sonderlich ernst. Sie sind nur hinter dem schnellen Geld her.« Dustin mußte mit seiner Filmfigur eins werden. Diesem Zwang lieferte sich der Schauspieler innerhalb seiner gesamten Karriere aus. Und dieses Sich-Bewußtwerden über den zu verkörpernden Menschen ist eine lobenswerte Eigenschaft, die die Produzenten ihrem Star Dustin Hoffman sehr hoch anrechnen. Stanley Jaffe sagte einmal hierzu: »Dustin verbringt sehr viel Zeit mit einer Person, die er spielen muß. Er nimmt dieser jeweiligen Figur den letzten Tropfen Blut, um darin Kraft für sich selber zu finden.« Meryl Streep, Dustins Mitstreiterin in *Kramer Vs. Kramer* steuerte ihre eigenen Ansichten über Hoffman bei: »Im Hinblick auf sein Gewerbe und die Struktur eines Filmes ist Dustin ein Perfektionist. Er unterwirft sein Ego der zu spielenden Figur. All diese Merkmale und Fähigkeiten – Perfektionismus, qualitativ hochwertige Filme herzustellen, mit den Filmfiguren eins werden – all dies findet man in Hoffmans kolossaler Filmkarriere wieder, und es ist ganz allein zuständig für Dustins Erfolg als Schauspieler.

Die Dreharbeiten zu *Kramer Vs. Kramer* begannen am 12.

Juni 1978 und vollzogen sich fast ausschließlich in New York. Kurz vor Weihnachten war der Film fertiggestellt worden. Der Film begründete nicht nur Robert Bentons Befähigung als Regisseur, sondern auch dessen erste große Drehbuchadaptation. Auch auf Camera Mart's Stage 54 wurde gedreht, ein Platz, der ursprünglich die alten Studios der Fox beherbergt hatte. Bevor Dustin in sein Haus nach Westwood zurückkehren konnte, hatte er sich noch um den Schnitt des Films gekümmert und um andere kleinere Arbeiten, die den offiziellen Drehtagen stets folgen.

In der Zurückgezogenheit war es Dustin möglich, über andere Filmprojekte nachzudenken und über Theaterstücke, die für ihn und den Broadway interessant werden könnten. Mittlerweile war das Jahr 1979 angebrochen. Unter den Filmprojekten befand sich auch eine Leinwandbiographie, die von Columbia Pictures mit Dustin in der Hauptrolle sich dem Leben und Wirken der Musical-Komponisten George und Ira Gershwin widmen sollte. Richard Dreyfuss war als der Darsteller des Ira Gershwin vorgesehen, und Dustin hätte George Gershwin darstellen sollen. Neben den zahlreichen Filmangeboten las Hoffman auch Skripts für mögliche Broadway-Inszenierungen und für Filme, bei denen ihm erneut die Regieführung anvertraut worden wäre. Die Trennung von Anne ging dem Schauspieler immer noch sehr nahe.

Dustin, der sich als Regisseur von *Straight Time* selbst gefeuert hatte, hegte immer noch den brennenden Wunsch, Regie zu führen. Er sagte einmal: »Ich hoffe, ich muß nicht spielen, wenn ich Regie führen darf. Ich habe sehr große Hochachtung vor den Schauspieler-Regisseuren, die das einmal erfolgreich gemacht haben.« Eine Trilogie von Funktionen – Schauspieler, Regisseur und Produzent – bedeutete für Hoffman eine zu große Last, denn sein Debüt als Filmregisseur bei *Straight Time,* das katastrophal geendet hatte, war noch nicht der Vergessenheit anheim gefallen. Um eine solche Last erneut auf sich nehmen zu können, mußte noch viel Wasser den Hudson hinunterfließen. Das wußte der Schauspieler. Dazu mußten mehrere Komponenten hundertprozentig stimmen, wenn Dustin wieder einmal Lust verspüren sollte, als Schauspieler, Regisseur und Produzent eines Filmes zu fungieren.

Die Rolle, die den ersehnten OSCAR brachte: Dustin Hoffman als Ted Kramer in ›Kramer Vs. Kramer‹ (Kramer gegen Kramer, 1979). Die Partner: Justin Henry und Meryl Streep.

Ein neuer Beginn, eine neue Ehe, »Kramer Vs. Kramer« und ein trügerischer OSCAR

Hoffmans Kampf mit First Artists, über seine zwei Filme *Straight Times* und *Agatha* künstlerische Kontrolle zu erhalten, hatte die Niedergeschlagenheit und Enttäuschung des Schauspielers verstärkt. Nur die Zeit konnte hier helfen. Denn das Leben des Schauspielers war bislang immer noch von gerichtlichen Auseinandersetzungen und privaten Tragödien bestimmt. Der Wunsch Hoffmans, wieder zu einem normalen Lebensablauf zurückkehren zu können, erfüllte sein Sehnen und Trachten.

In der Zwischenzeit verbanden sich mit Dustins siebzehntem Film, *Kramer Vs. Kramer,* die größten Hoffnungen. Für Hoffman bedeutete diese Produktion nur eines: Sie hatte genau zum richtigen Zeitpunkt seines Lebens seinen Weg gekreuzt. Die Rolle des Ted Kramer kam seinem eigenen Ich ungewöhnlich nahe. Immer wieder mußte der Schauspieler Fragen entkräften, die in Film und Rolle Autobiographisches sehen wollten. Dustin verwies immer wieder darauf, daß wohl Ähnlichkeiten zu seinem eigenen Leben im Stoff des Filmes enthalten seien, daß er sich im Falle von *Kramer Vs. Kramer* allerdings keinesfalls selbst spielte. »Ted Kramer berührt Teile meines eigenen Lebens, für die ich mich sehr interessiere,« bekannte Dustin im Verlauf eines Interviews, das er während der Produktion gab. »Einen Menschen gibt es nur einmal ... Ich glaube, es war Saul Steinberg (ein in Rußland geborener Cartoonist), der einmal sagte: ›Immer, nachdem ich morgens aufgewacht bin, stelle ich mich anders dar.‹« So oder so ähnlich muß es Dustin auch mit diesem Ted Kramer ergangen sein.

Allein die Tatsache, daß *Kramer Vs. Kramer* abgedreht worden war, vermittelte dem Schauspieler genügend Selbstvertrauen, hinter seinen Kampf mit First Artists einen Punkt zu setzen. *Agatha,* Dustins zweiter Film für First Artists, war noch nicht in die Kinos gelangt. Einige unverständliche Worte harrten auf den Tonspuren immer noch auf Dustins Synchronisation. Er aber verweigerte seine Zustimmung zu einer solch lapidaren Be-

Ted Kramer kämpft um seinen Sohn. Dustin Hoffman in ›Kramer Vs. Kramer‹ (1979).

tätigung. Die Gebete der First Artists wurden aber dann doch noch erhört, nachdem Dustin während einer Auslandsreise in London Halt machte, um dort in einem Synchronstudio die restlichen Dialoge nachzuliefern. Die Zeitungen verkündeten Hoffmans Bereitschaft zu einer erneuten Zusammenarbeit mit First Artists. Die letzten Dialogstellen, die nachsynchronisiert werden mußten, läuteten auch den Countdown zum Verleih des Filmes ein. Am darauffolgenden Nachmittag ließ das Studio in den Zeitungen verkünden, daß der Film *Agatha* für den Einsatz in den Kinos vorbereitet würde, und daß die Kritiker nunmehr die Möglichkeit hätten, den Film bei einer Sondervorführung in New York und Los Angeles zu sehen.

Die Chefs der First Artists hatten zur Kenntnis genommen, daß Hoffman keinerlei Interesse hegte, den Film fehlerhaft in die Kinos gelangen zu lassen. »Ich habe immer gehofft, daß Dustin die restlichen Dialoge beisteuern würde«, sagte Michael Apted, der Regisseur des Films. »Insgeheim ahnte ich, daß Dustin es nicht zulassen würde, den Film unfertig in die Kinos zu geben. Für ihn muß ein Film so gut wie nur irgend möglich sein.« Dennis Feldman, ein leitender Angestellter des Produktionsstudios, fügte hinzu: »Auch wir hatten kein Interesse daran, den Kinobesuchern eine Darstellung Hoffmans anzubieten, die mit Mängeln belastet gewesen wäre.«

Am 9. Februar 1979 hatte *Agatha* in New Yorks Cinema I Theater seine Weltpremiere. Der Film ist zunächst ein Drama, ein Dokument mit biographischen Zügen, das sich mit Agatha Christie befaßt, einer weltberühmten literarischen Figur. Kathleen Tynan wurde im Vorspann des Films als Drehbuchautorin genannt. Sie hatte auch den Roman gleichen Titels geschrieben. Arthur Hopcraft wurde als Co-Drehbuchautor erwähnt. Johnny Mandel, ein 1965 mit einem OSCAR ausgezeichneter Komponist, hatte die Musik beigesteuert.[42] *Agatha* war auch gleichzeitig die zweite und letzte Filmproduktion, die Hoffman unter dem Zeichen seiner Sweet Wall Productions für First Artists initiiert hatte. Im Gegensatz zu *Straight Time* war *Agatha* mehr Erfolg beschieden, an den Kinokassen ebenso wie bei den Kritikern. Die Kinobesucher eilten in Scharen in die Lichtspielhäuser, um *Agatha* sehen zu können.

Agatha spielt im Jahre 1926, also zu dem Zeitpunkt, als Agatha Christie (gespielt von Vanessa Redgrave) die bekannte Krimiautorin, unter mysteriösen Umständen von der Bildfläche verschwunden war. Schließlich taucht sie in einem Seebad an Yorkshires Küste wieder auf, wo sie sich in einem Hotel unter dem Namen der Geliebten ihres Mannes eingetragen hatte.

Dustin Hoffman, Meryl Streep und Justin Henry, die drei Hauptdarsteller aus ›Kramer Vs. Kramer‹ (1979).

Agathas Ehemann, ein ehemaliger Held des Ersten Weltkriegs, gespielt von Timothy Dalton, trägt sich mit Scheidungsabsichten. Die Tatsache, daß er sich von Agatha trennen möchte, um seine sinnliche Sekretärin heiraten zu können, hat bei der ins Abseits gestellten Krimiautorin für große Verwirrung gesorgt. Um auf sich und ihre Lage aufmerksam machen zu können, hatte sie eine fremde Identität angenommen, war untergetaucht und blieb zunächst verschwunden, was von der internationalen Presse zur Sensation aufgebauscht wurde.

Ganze Horden von britischen Reportern machten sich auf die Suche nach der als vermißt geltenden englischen Schriftstellerin. Nur Wally Stanton (Dustin Hoffman), ein junger amerikanischer Jounalist, macht Agatha ausfindig und verliebt sich auf der Stelle in sie (neben Vanessa Redgrave wirkt Dustin wie ein Zwerg, denn die Schauspielerin ist nahezu zehn Zentimeter größer als der Amerikaner). Ein romantisches Liebesabenteuer beherrscht nun den weiteren Verlauf der Filmhandlung, denn Dustin Hoffmans und Vanessa Redgraves Zuneigung zueinander liefert genügend Stoff, den Film über die Zeit zu bringen.

Hoffman agierte äußerst beherzt. Gemeinsam mit Vanessa Redgraves Leistung erinnern wir uns an ein komisches, aber rührendes Pärchen. Den gesamten Film über sieht man einen glattrasierten Hoffman, der dazu auch noch äußerst adrett gekleidet auftritt. Zunächst hat man den Eindruck, daß Dustin im Film nur eine Randfigur bleiben wird. Durch sein Aufeindertreffen mit Vanessa Redgrave verändert sich seine Rollc allerdings kolossal. Er hat seinen Filmcharakter fest in der Hand. Dies trifft auch auf jede weitere Szene des Films zu. Vanessa Redgrave erfreut die Kinobesucher währenddessen mit ihrer Schlaksigkeit und ihrer von Kummer geprägten Darstellung der Agatha Christie. Wenn Dustin und Vanessa sich küssen, hat man den Eindruck, als verschlinge ein Riese einen Zwerg. Regisseur Michael Apted verstand es, die Atmosphäre der zwanziger Jahre gekonnt heraufzubeschwören. Dabei kam ihm die fotografische Arbeit des Kameramannes Vittorio Storaro sehr zu Hilfe. Storaro wurde mittlerweile zweimal mit dem OSCAR ausgezeichnet und fotografierte auch die Filme *Apocalypse Now, Last Tango in Paris* und *1900.*[43]

In den Augen der meisten Kritiker war *Agatha* die Filmüberraschung des Jahres. *Agatha* ist gefällig produziert worden, weniger als Kriminalfilm, dafür um so mehr eine Liebesgeschichte. Auch die Anlehnung an die Gesetze einer Filmbiografie oder eines Dramas ist nur schwach zu erkennen. Obwohl das Drehbuch eher eine suspekte Angelegenheit war, gewinnt der Film doch erheblich durch die schauspielerische Leistungen der beiden Hauptdarsteller Hoffman und Vanessa Redgrave. Einige der zahlreichen Kritiker des Films verglichen *Agatha,* was Ausstattung und Bauten anbelangt, mit zwei anderen Filmen *(Murder On the Orient Express* und *Death On the Nile),* die beide nach Romanen von Agatha Christie entstanden und dem Zuschauer ebenso gekonnt wie *Agatha* einen Einblick in die damaligen Zeiten vermitteln.[44]

Vincent Canby, der Kritiker der *New York Times,* verlieh seiner Zufriedenheit über *Agatha* mit den folgenden Worten Ausdruck: »Mit einer gehörigen Portion Witz geht Mr. Hoffman, wohl auch durch seine Gespreiztheit, die Rolle in diesem Film an. Man kann sich überhaupt nicht vorstellen, daß er sich in eine so verzweifelte Frau (Vanessa Redgrave) verlieben könnte.« Canby stellte außerdem fest, der Film könne darüber hinaus auch mit einem Klischee brechen, »denn zum ersten Mal wird ein Liebhaber von einer Frau im Film überragt, ohne daß das Ansehen beider Schauspieler darunter zu leiden hätte.« An einer Tatsache gibt es jedoch nichts zu deuteln: *Agatha* ist in erster Linie Vanessa Redgraves Film.

Sogar Richard Schickel vom *Time-Magazine* blieb standhaft und unterstützte mit seiner Kritik den Film: »... ein sehr hübscher Film: ruhig, überaus witzig, sich seiner Tugendhaftigkeit durchaus bewußt. In ansprechenden Bildern erzählt er seine bittersüße Geschichte, unterstützt durch zwei bemerkenswerte schauspielerische Leistungen.« Auch David Ansen von *Newsweek* unterstrich auf seine Weise den Erfolg des Films: »*Agatha* ist etwas sehr Vergnügliches. Durch seine kurzen und rätselvollen Szenen wird der Betrachter ständig aus dem Gleichgewicht gebracht. Regisseur Michael Apted schuf eine herrliche Agatha-Christie-Welt, voller Nebel, voller Verdächtigungen und voller Eleganz.«

First Artists und Dustin Hoffman hofften, daß Ansen jene Art von Zauber gemeint hatte, auf dem sich ein großer Erfolg an den Kinokassen aufbauen läßt. Seine Beschreibung muß wohl mehr Kinobesucher zum Betrachten des Films animiert haben, als man bei First Artists gehofft hatte. Während der ersten sechs Monate Kinoeinsatz spielte *Agatha* 4 Millionen Dollar ein. *Straight Time* hatte, um diese Summe erreichen zu können, sich gerade doppelt so lang durch die Lichtspielhäuser geschleppt. Obwohl Hoffmans ursprüngliche Ansichten über die Darstellung des Wally Stanton zum Film keinen Zugang gefunden hatten, konnte *Agatha* das in ihn gesetzte Vertrauen rechtfertigen.

Hoffman hatte als männlicher Antagonist in *Agatha* gehofft, durch seine Darstellung als Gegenüber von Vanessa Redgrave ein ähnliches Image, wenn auch umgedreht, zu schaffen, wie man es durch Barbra Streisand und Robert Redford in *The Way We Were* (Cherie Bitter, 1973) zur Kenntnis genommen hatte. Dustins Philosophie fand allerdings durch einen Kritiker keinerlei Unterstützung, denn dieser bemerkte: »Der einzige wirkungsvolle Kontrast liegt in der unterschiedlichen Körpergröße der beiden Hauptdarsteller.«

Eine Umkehrung der Rollen von Barbara Streisand und Robert Redford hatte nun am Beispiel von *Agatha* nach Hoffmans Vorstellungen in seiner und in der Rolle von Vanessa Redgrave nicht stattgefunden, trotzdem blieb der Film aber ein ansehnlicher Erfolg und setzte einen Schlußpunkt unter Hoffmans Aktivitäten mit First Artists. Zwei Filme standen nun unter dem Strich der Zusammenarbeit zwischen Schauspieler und Produktionsgesellschaft, aber Hoffman hegte keinerlei Wunsch, sich weiterhin an First Artists zu binden.

Das Filmemachen wurde nun für einen kurzen Zeitraum unterbrochen. Dustin ließ sich gelegentlich in New York sehen, und er reiste auch nach Cannes in Südfrankreich. In Manhattan traf er auf einen alten Freund, und in Europa machte er die Bekanntschaft eines neuen Freundes. Eines Nachmittags hatte man Dustin im Russian Tea Room in New York entdeckt, wo er mit seinem ehemaligen Filmpartner Jon Voight zu Mittag aß. Die beiden Akteure erinnerten sich an alte Zeiten und an Vieles, was mit *Midnight Cowboy* in Verbindung gestanden hatte. Und Voights letzter großer Erfolg mit *Coming Home* (Coming Home – Sie kehren heim, 1977) mußte ja auch bequatscht werden. Zu diesem Zeitpunkt hatte Voight für die MGM gerade seinen Film *The Champ* (Der Champ, 1978) beendet, worin er die Rolle verkörpert hatte, die 1931 in der ersten Verfilmung des Stoffes Wallace Beery gespielt hatte. Hoffman berichtete Voight von seinem Wunsch, wieder einmal am Broadway zu spielen, und er forderte Voight auf, seinem Beispiel zu folgen.

Später, in den letzten Sommertagen des Jahres 1979, flog Dustin nach Cannes, wo man ihn mit einem Mädchen sehen konnte, das für kurze Zeit zu seiner ständigen Begleiterin wurde: Barra Gable, eine Schönheit aus der Umgebung von Cannes. Glaubt man allerdings einem Freund, so war Barra Gable nicht Dustins neue Auserwählte, sondern »lediglich Dustins derzeitiger Flirt.« So der Freund. Trotzdem hatte Barras Existenz Auswirkungen auf Dustins Gerichtsdisput mit seiner Frau Anne. Die Verbindung zu der hochaufgeschossenen, schlanken und sinnlichen Blondine wurde allerdings nicht sehr lang aufrecht erhalten. Er blieb zwar mit Barra Gable in Kontakt, als er dann aber wieder in die Vereinigten Staaten zurückgekehrt war, fand er »saftigere Weideplätze«. Dustin sprach ebenfalls nur von einem Flirt, der in diesen ersten Monaten der Trennung von Anne stattgefunden hatte. Er sprach hierzu mit einem New Yorker Reporter: »Frauen, die gerade schwanger sind, fand ich immer besonders sexy, und auch solche, die rauchen. Das jagt mir eiskalte Schauer über den Rücken.« Freunden bekannte er zu jener Zeit, daß es in seinem Interessenbereich läge, wieder eine Familie zu haben, mit einer neuen Familie noch einmal von vorn anzufangen. Und das so schnell wie möglich. Verheiratet oder unverheiratet, es war Hoffman unmöglich, allein durch das Leben zu gehen. Später bekannte er: »Es ist sehr angenehm, jemanden um sich zu haben, wenn man jemanden braucht. Und

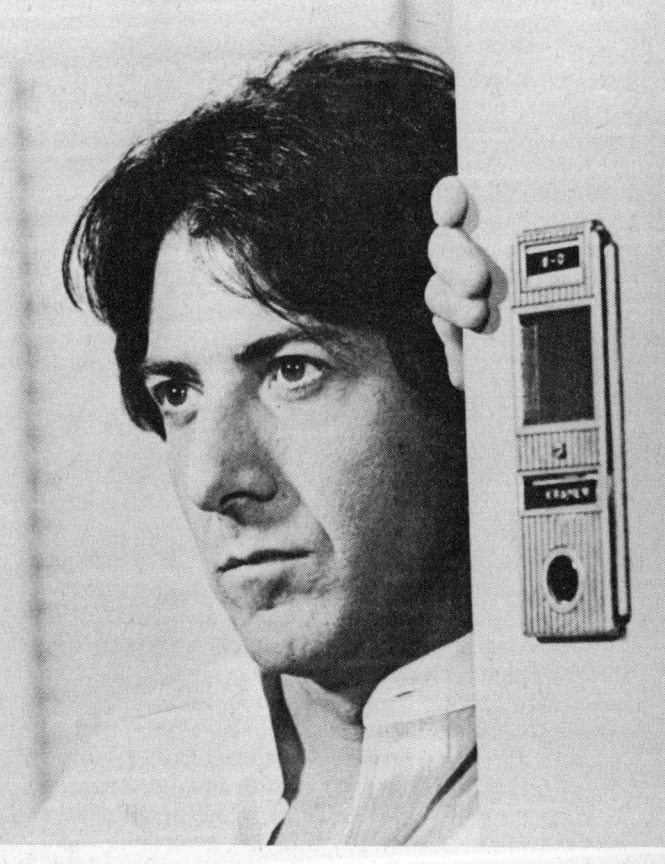

In ›Kramer Vs. Kramer‹ (1979).

ich brauche mehrmals am Tag einen Menschen um mich herum, dem ich vertrauen kann. So lang da irgendjemand im Haus ist, fühle ich mich gleich wohler.«

Hoffman strich auch heraus, was ihn an Frauen besonders interessiert. Er mag Frauen, die schön und sinnlich sind. Ihr Äußeres ist allerdings von sekundärer Bedeutung. Bei ihm zählen mehr die charakterlichen Eigenschaften. Dazu der Schauspieler selbst: »Frauen machen mich ganz besonders an, wenn sie hinter irgendwelchen Ladentischen stehen – Verkäuferinnen, Kellnerinnen, Garderobenfräulein usw. Die Frauen, die den ganzen lieben langen Tag die Stadt zum Einkaufen bevölkern, interessieren mich weniger.« Er bevorzugt auch eine Frau, die gleichwertig neben ihm stehen kann – eine Person, die ihn mit ihrem Intellekt herausfordert, die seine Kreativität unterstützt und in der Lage ist, ihn immer wieder emotionell aufzurichten.

Obwohl Dustin gern mit seinem Image als »großer Frauenverführer« hausieren geht, weiß doch jeder, daß hiermit kein großes Geheimnis preisgegeben wird. Er ist ein romantisch veranlagter Mensch, der auch zu flirten versteht, wenn ihm der Sinn danach steht. Trotz seines Berufes, der ihn ständig mit Frauen unterschiedlichster »Güteklassen« zusammenbringt, bekennt er sich freimütig dazu, ein Mann zu sein, der es durchaus bei *einer* Frau auszuhalten versteht.

Nach seiner Rückkehr in die USA (Oktober 1979) verlegte sich der Schauspieler darauf, für seinen Film *Kramer Vs. Kramer* persönlich die Werbetrommel zu rühren. Die Premiere war für den Thanksgiving Day vorgesehen.[45] In zahllosen Interviews verkündete der Schauspieler, welche Herausforderung der Film für ihn gewesen sei. Er sprach auch davon, die Arbeit mit Meryl Streep und dem jungen Justin Henry sei für ihn eine dankbare Aufgabe gewesen. Er sagte, er habe mit Meryl Streep »böse Kämpfe« ausgefochten. Er sagte aber auch, sie hätten sich stets über die gleichen Dinge gestritten, wie nämlich eine Szene aufgebaut und gespielt werden müsse. Hoffman bekannte auch, daß er sich genötigt fühlte, Meryl Streeps schauspielerische Fähigkeiten zu übertreffen, denn ihr Spiel wurde den höchsten Ansprüchen gerecht. In einer Restaurantszene schmetterte er ein Weinglas gegen eine Wand, um Meryl Streep zu vorwirren, denn er hatte Befürchtungen, daß sie ihn mit ihrem Spiel übertrumpfen könnte.

Mit dem jungen Justin, der im Film seinen Sohn spielte, arbeitete der ältere Dustin sehr eng zusammen. »Hoffman tat alles, um Justin nicht wie irgendein niedliches Kind aussehen zu lassen«, sagte Regisseur Robert Benton. »Wenn eine ganze bestimmte Szene zu spielen war, dann setzte sich Dustin ganz allein mit Justin irgendwo hin und erklärte ihm, wie man Aufsässigkeit, Übermütigkeit oder Traurigkeit zu spielen hatte.« Während der Dreharbeiten, so berichtete Benton, entwickelten die beiden ein ganz persönliches Vater-Sohn-Verhältnis. Benton gestand auch ein, Dustin sei so besessen von seinem Beruf, daß um ihn herum stets ein Spannungsfeld entstehe, wodurch Kollegen und Kolleginnen eine gewaltige Last aufgebürdet würde. Benton gestand weiter, daß er sicherlich zögern würde, würde man ihn bitten, mit Dustin in der Zukunft noch einmal zu arbeiten.

Dustin Hoffman ist oft als ein Mann beschrieben worden, der ernst und wichtigtuerisch sein kann, unflätig und liebenswürdig, unverschämt und beleidigend, ein Mann, der sich Gehör verschaffen kann, wenn er will. »Manchmal stolpert er über ein Wort. Dann stößt er mit theatralischer Gebärde einen Finger in die Höhe, um sich Gehör zu verschaffen.« Dazu erklärte Hoffmann höchstpersönlich, er sei keineswegs so schwierig zu nehmen, wie seine Mitmenschen von ihm behaupten würden. Hier seine Gründe: »Wenn das bedeuten sollte, daß ich mich den Meinungen anderer Menschen nicht anschließe, dann trifft das zu. Ich wurde mit zwanzig Jahren aus einer Schauspielklasse herausgeworfen, weil ich eine Lehrerin angebrüllt hatte, die mir unterm Spiel in eine Szene hineingequatscht hatte. In meiner ersten Klasse bei Lee Strasberg kam es zwischen mir und ihm zu einer schlimmen Auseinandersetzung. Ich wurde aus Theatern verwiesen, und ich stieg aus Bühnenstücken aus, weil mir etwas nicht paßte. Ich bin nie feige gewesen. Wenn ein Film Erfolg hat, dann sagen die Leute: ›Wenn man ihn deshalb für schwierig hält, dann will ich das gern und jederzeit in Kauf nehmen.‹«

Vielleicht hat Dustin Hoffman recht. Nachdem *Kramer Vs. Kramer* im November des Jahres 1979 landesweit in die Kinos gelangt war, bekannten Kritiker und Zuschauer immer wieder, daß sie durch den fünfundneunzig Minuten langen Film bestens unterhalten wurden, daß sie weinen und lachen mußten. Die Volkstümlichkeit von Hoffmans Ted Kramer mag sich wohl auch durch eine Geisteshaltung begründen, die für die achtziger Jahre in den USA symptomatisch ist. Kramer agiert wie ein gefestigter, starker Mann, mit dem sich der Kinobesucher identifizieren kann. Darin erinnert er sehr deutlich an Clint Eastwoods Dirty Harry aus den siebziger Jahren.[46]

Kramer Vs. Kramer ist zweifelsohne jener Film, der bei geschiedenen Ehepartnern all jene Gefühle wieder hervorbringt, mit denen sie sich unmittelbar vor ihrer eigenen Scheidung und noch lange danach konfrontiert sahen. Zu Beginn des Films betrachtet man einen ehrgeizigen Ted Kramer, der durch neue Ideen in einer Werbeagentur die Leiter des Berufserfolgs erklimmt. Er ist so besessen und gefangen von seiner Arbeit, daß er nicht sieht, was zuhause mit seiner Frau Joanna (Meryl Streep) und seinem Sohn Billy (Justin Henry) vor sich geht.

Kramer kehrt eines abends nach Hause zurück und informiert seine Frau über seinen beruflichen Erfolg: er hat einen überaus lukrativen Werbeauftrag in New York an Land gezogen. Joanna informiert ihren Mann über ihr Vorhaben, ihn zu verlassen. Sie sagt, sie würde niemals mehr zu ihm zurückkommen. Kramer hält das Ganze zunächst für einen guten Witz, und er bittet seine Frau, ihre Gründe für ihr Verhalten darzulegen, zu bekennen, was sie an der Ehe störend empfinde. Joannas Antwort ist kurz und bündig. Für Kramer bleibt sie unergründlich: Sie verläßt die Wohnung mit dem Koffer in der Hand und erklärt Ted ohne Umschweife, sie würde ihn nicht mehr lieben. Die Realität ergreift plötzlich von Kramer Besitz. In einem Gefühlausbruch beschuldigt er seine Nachbarin Margaret, gespielt von Jane Alexander, eine geschiedene Mutter, sie sei für Joannas plötzlichen Sinneswandel verantwortlich. Später entschuldigt sich Kramer bei Margaret, und die beiden werden die besten Freunde. Er schreit Joanna vor ihrem Fortgang an und beschuldigt sie, sie würde ihm einen der fünf besten Tage seines Lebens ruinieren. Kramer erkennt vorerst lediglich, daß Joannas Handlungsweise für ihn und seinen Beruf von Nachteil sein kann, nicht aber für ihn und sein Privatleben.

Durch die weitere Handlung nehmen wir als Betrachter Einblick in das Leben eines alleinlebenden Elternteils, und wir sehen dessen Kampf, allein ein Kind aufzuziehen. Das läuft nicht ganz ohne amüsante Vorfälle ab: Dustin befaßt sich mit dem Toaster und erklärt Billy ständig, jetzt würden goldene Zeiten

Dustin und Justin, Filmvater und Filmsohn in Robert Bentons Film ›Kramer Vs. Kramer‹ (1979).

anbrechen. Nachdem die Toastscheiben dann aber ungenießbar und verbrannt das Röstgerät verlassen, schiebt der Vater der Mutter die Schuld daran in die Schuhe, denn sie habe ihn ja schließlich verlassen. In einer anderen Szene sieht man Dustin und Justin in einem Supermarkt. Die beiden kaufen ein. All das, was Dustin in den Einkaufswagen legt, stellt Justin wieder zurück an seinen ursprünglichen Platz, denn Mutter habe, so sagt der Kleine, ganz andere Lebensmittel eingekauft. Und noch eine Szene aus *Kramer Vs. Kramer,* über die man lachen muß: Eines morgens wacht Ted Kramer auf, nachdem er in seiner Wohnung die Nacht mit der Anwältin seiner Werbeagentur verbracht hat. Die junge Frau will das Badezimmer benutzen und stößt auf dem Gang auf einen noch verschlafen aussehenden Billy. Sie versucht, ihren nahezu nackten Körper vor den Augen des Kleinen zu verbergen. Justin hält sie auf und fragt sie nach ihrem Lieblingsgericht.

Die Kinobesucher haben aber auch Gelegenheit, die mit Emotionen angereicherte und traumatische Seite einer Trennung zwischen Eheleuten mitzuerleben und wie sie nicht nur auf die einzelnen Elternteile wirkt, sondern auch auf das Kind. Hoffman durchstöbert seine Wohnung und räumt alles beiseite, was ihn an Joanna erinnern könnte (Bilder zum Beispiel und Sammelalben mit Fotos und allerlei Krimskrams). Er muß den Kopf freibekommen, um neu beginnen zu können. So bricht Billy einmal in Teds Armen in Tränen aus und kann nicht verstehen, daß seine Mutter nicht zurückkommen wird. Billy verletzt sich unbeaufsichtigt beim Spiel, und der Vater gerät in Panik, während der Sohn in einem Krankenhaus behandelt wird.

Was für Erregungszustände sorgen kann, wird im Film behandelt. Joanna kehrt nach Monaten und nach einer Therapie in Kalifornien nach New York zurück und versucht selbst, Arbeit in einer Werbeagentur zu finden. Sie will das Sorgerecht über Billy. Vor Gericht waschen die Anwälte beider Elternteile schmutzige Wäsche, weil jeder den Prozeß für sich gewinnen will. Das geht nicht ohne dramatische Vorfälle über die Bühne. Nach den heftigen Angriffen vor Gericht erhält Joanna das Sorgerecht über Billy zugesprochen. Ein niedergeschlagener und mutloser Ted Kramer erfährt diese Neuigkeit von seinem Anwalt. Billy aber möchte seinen Vater nicht verlassen. Eine großmütige Joanna muß einsehen, daß der Sohn bei seinem Vater besser als bei ihr aufgehoben ist.

Hoffman überrascht seine Zuschauer mit einer schauspielerischen Leistung, die wohl zu seinen besten gehören dürfte. Er

Dustin Hoffman heute.

kann die Kinobesucher mit der Tatsache überzeugen, daß eine Trennung unter Eheleuten für beide Teile mit großen persönlichen Risiken verbunden ist. Er ist stark und fordernd, ein liebender Vater zum Beispiel, gefühlvoll, ehrlich und offen. Viele Gefühle, die er in seinen anderen Filmen zeigen mußte, sind auch in *Kramer Vs. Kramer* wieder vorhanden, aber um einige Grade realistischer als in der Vergangenheit.

Meryl Streep bewegt sich hier als Hoffmans Leinwandehefrau Joanna auf gleicher Ebene. Sie entspricht dem Standard einer Frau, die sich in unserer heutigen Zeit scheiden lassen will und ist Hoffman ein perfektes Gegenüber. Sie bleibt glaubwürdig und ist ebenso überzeugend wie Hoffman. Sie verfügt gleichfalls über Kraft, Lebhaftigkeit und eine Persönlichkeit, die Hoffmans Darstellung ergänzt und verstärkt. Sie kann, ebenso wie Hoffman, eine Szene vollkommen an sich reißen. Und der kleine Justin Henry war zweifelsfrei die richtige Wahl für die Darstellung des Billy, des fünfjährigen Jungen, der in seiner kleinen Welt zwischen seiner Liebe zum Vater und seiner Zuneigung zur Mutter hin- und hergerissen wird. Robert Bentons Regiedebüt ist durchaus einem Geniestreich gleichzusetzen, denn er vermochte eine Geschichte mit Leben zu erfüllen, über die man hätte ansonsten geteilter Meinung sein können. Auch in den Nebenrollen, gespielt von Jane Alexander, Howard Duff und George Coe, versteht der Film zu überzeugen. Nestor Almendros' verflüffende Kameraarbeit unterstützt *Kramer Vs. Kramer* auf kunstvolle Art.

Kramer Vs. Kramer wurde als Film nicht nur bei den Kinogängern ein großer Favorit, sondern auch bei nahezu allen Kritikern rund um den Erdball. In *Daily Variety* stand zu lesen: »Hoffman zeigt uns eine seiner besten schauspielerischen Leistungen. Meryl Streep ist in einer Rolle unvergeßlich, die eigentlich einer Nebenrolle gleichkommt ... Kein anderer Film hat so direkt, so offen und ehrlich das Thema Mann verläßt Frau oder Frau verläßt Mann behandelt wie *Kramer Vs. Kramer.*« Im *New Yorker* schrieb Roger Angell: »*Kramer Vs. Kramer* ist so geschickt gemacht, daß man hoffen möchte, der Film sei ein Meisterwerk, und nicht einer, der auf die Tränendrüsen drückt ...« Und Vincent Canby verkündete in der *New York Times,* Hoffmans Charakterisierung des Ted Kramer zähle zu den zwei oder drei besten Rollen seiner (Hoffmans) Karriere.

Kramer Vs. Kramer ist ein Film ganz besonderer Güte, der die Kinogänger über Monate hin beschäftigte. Jeden Abend waren die Lichtspielhäuser bis auf den letzten Platz besetzt, sogar an den Abenden nach dem Weihnachtsfest. Dustin Hoffman war durch *Kramer Vs. Kramer* wieder in die erste Garde der Hollywood-Stars aufgestiegen. In den ersten sechs Monaten nach seiner Premiere hatte der Film bereits 75 Millionen Dollar eingespielt, und nachdem er auch in den anderen Kontinenten neben den USA eingesetzt worden war, überschritt er bald die 100-Millionen-Grenze.

Durch *Kramer Vs. Kramer* hatte sich Dustin Hoffman jene Achtung und Aufmerksamkeit erspielt, die ihm in der Vergangenheit so oft abhanden gekommen schien. In Dallas, Texas, ehrte man den Schauspieler mit einer Retrospektive seiner Filme, die der Schauspieler eigenhändig ausgewählt hatte: *Midnight Cowboy, Little Big Man* und *Lenny*. Universitäten und Colleges riefen nach ihm, und nach Sondervorführungen von *Kramer Vs. Kramer* diskutierte er einzelne Szenen mit den Besuchern und Studenten. In Williamsburg, Pennsylvania, befaßte sich das American Film Institute ausgiebig nach einer Sondervorführung mit *Kramer Vs. Kramer.*

Für den Golden Globe wurde Dustin als bester Schauspieler in einem Filmdrama nominiert, gemeinsam mit Jack Lemmon, Al Pacino, Jon Voight und James Woods. Im Verlaufe des Abens verkündete Dustin, daß ihm solche Vergleiche zuwider seien. Man solle vielmehr den Film als Ganzes werten, der darüber hinaus gute Schauspielerleistungen enthalte, sagte Hoffman sinngemäß. Den applaudierenden Gästen im Beverly Hilton-Hotel, darunter zahlreiche namhafte Filmstars, dem Ort der siebenunddreißigsten Golden Globe-Verleihung, sagte Hoffman: »Die Menschen werden sehr bald vergessen, wer dieses Jahr den Golden Globe gewann. Aber die Arbeit, die getan wurde, das Werk, das geschaffen wurde, wird in den Herzen aller Menschen weiterleben, die den Film gesehen haben. Das hat mit Sieg oder Niederlage nichts zu tun.«

Da Hoffman seinen Golden Globe nicht zurückgehen lassen wollte, händigte er den Preis nach der Verleihungszeremonie dem Produzenten von *Kramer Vs. Kramer,* Stanley Jaffe, aus. Im Hinblick auf seine mitnominierten Schauspielerkollegen verkündete Hoffman, daß »Preise mehr Eindruck hinterlassen, wenn sie für ein Lebenswerk vergeben werden, beispielsweise an einen Mann wie Henry Fonda oder an Jack Lemmon (der in *The China Syndrome* eine seiner besten Charakterisierungen zeigte).«[47] Hoffman fand auch Gelegenheit, etwas von seinem Witz in die Dankesrede einfließen zu lassen, denn er sagte eingangs seiner Rede: »Ich danke der Ehescheidung.« Dustins Art, die Filmindustrie mit einem Seitenhieb zu bedenken, indem er seinen Golden Globe an den Produzenten Jaffe weiterreichte, ist für ihn bezeichnend. Diese Industrie, deren Preise ins Uferlose auswuchern, erscheint ihm, zumindest in dieser Hinsicht, fragwürdig. Obwohl Dustin die Bedeutung all der Filmpreise, mit denen die Filmindustrie alljährlich um sich wirft, sicherlich nicht richtig einzuordnen versteht, ließen die Juroren und Kritiker anderer Filmpreisverbände nicht davon ab, den Schauspieler auch weiterhin zu nominieren. Die zweiundzwanzig Mitglieder starke Los Angeles Film Critics Association ernannte Regisseur Robert Benton für seine Arbeit an *Kramer Vs. Kramer* zum »Regisseur des Jahres«, *Kramer Vs. Kramer* wurde dort »Bester Film des Jahres« und Dustin Hoffman wurde zum »Besten Schauspieler des Jahres« gewählt. »Beste Darstellerin in einer Nebenrolle« wurde Meryl Streep für ihre Leistung als Joanna Kramer. Den Preisen der Kritiker aus Los Angeles folgte dann die Überreichung des OSCARS, die 1980 zum zweiundfünfzigsten Male jährlich vergeben werden. Der OSCAR ist sozusagen der »Großvater« unter den jährlichen Filmpreisen.

Dustin hatte den Verleihungszeremonien vergangener Jahre mehrfach beigewohnt, er hatte aber immer zugunsten anderer Darsteller verloren. Wollte man den Buchmachern in Las Vegas und anderenorts Glauben schenken, so war *Kramer Vs. Kramer* bei den OSCAR-Feierlichkeiten haushoher Favorit in der Kategorie »Bester Film des Jahres«. Dies traf auch auf Dustin Hoffman zu, den man in der Sparte »Bester Darsteller des Jahres« über seine Mitkonkurrenten um den OSCAR vornan stellte. Zu den Kandidaten gehörten: Peter Sellers für *Being There*, Al Pacino für...*And Justice for All*, Roy Scheider für *All That Jazz* und Jack Lemmon für *The China Syndrome*.[48] Robert Benton war als »Bester Regisseur« nominiert, Meryl Streep war die Favoritin in der Kategorie »Beste Darstellerin in einer Nebenrolle«. Ihre Widersacherinnen, oder sagen wir Mitstreiterinnen um den OSCAR in dieser Sparte waren: Jane Alexander, ebenfalls nominiert für *Kramer Vs. Kramer*, Candice Bergen für *Starting Over*, Mariel Hemingway für *Manhattan* und Barbara Barrie für *Breaking Away*.[49] Die Festlichkeiten gerieten zu einer Verleihungszeremonie besonderer Güte, denn Sir Alec Guinness wurde mit dem Life-Archievement-OSCAR der Academy ausgezeichnet. Dustin agierte auf der Bühne als Moderator und überreichte einige Preise.[50]

Dustin Hoffman und Meryl Streep, die Hauptdarsteller aus ›Kramer Vs.
Kramer‹ (1979), erhielten für ihre schauspielerischen Leistungen im April
1980 in Hollywood je einen OSCAR.

Am 14. April 1980 war die Spannung um die Preisverleihung
auf ihrem Höhepunkt angelangt. Dustin hatte sich auf seine Rede vorbereitet, die Sir Alec Guinness zum Inhalt hatte, während

hunderte von nominierten Filmschaffenden ihre Plätze im Dorothy Chandler Pavilon eingenommen hatten. Noch bevor die offiziellen Sieger nacheinander bekannt gegeben wurden, war Dustin auf der Bühne erschienen, um dem Publikum in einer Rede Sir Alec Guinness und seine Verdienste um den Film näher zu bringen. Dies geschah unter nachhaltigem Applaus durch das Publikum. Der überwältigende Applaus war auch für Dustin ein sicheres Zeichen, daß er im Verlaufe des Abends noch einmal auf die Bühne würde kommen müssen. Er hielt eine überzeugende Rede und nannte Guinness einen Mann, »von dem sich alle Schauspieler wünschen würden, sie wären so ähnlich wie er und könnten mit ihm wetteifern. In der Geschichte des Films kenne ich keinen anderen Schauspieler, der an dieses Mannes Arbeit heranreichen könnte, und es ist eine große Ehre für mich, Ihnen diesen Mann vorzustellen.« Guinness kam hinter den Türen hervor, und die Zuschauer empfingen ihn, nachdem allesamt aufgestanden waren, mit nimmerendenwollendem Applaus. Er blickte lächelnd in den Saal, und mit ein paar grauen Haarsträhnen auf seinem nahezu kahlen Kopf sah er irgendwie elegant und agil aus. Mit ebenso wohlgewählten Worten bedankte er sich bei Dustin Hoffman für dessen wohlgemeinte Einführung, übernahm seinen Ehren-OSCAR, und vermittelte, seiner Person würdig, eine angemessene Dankesrede.

Im späteren Verlauf des Abends wurde Dustin mit seinem OSCAR als »Bester Schauspieler des Jahres« ausgezeichnet. Man konnte ihm ansehen, daß er stolz auf diesen Preis war, trotz seiner eher negativen Einstellung solchen Filmpreisen gegenüber. Diese Ehre stand dem Schauspieler durchaus zu, denn er hatte in Ted Kramer eine Figur geschaffen, die seinem eigenen Ich sehr nahe gekommen war, aber er hatte auch zahlreiche überaus großartige Darstellungen in der Vergangenheit in die Annalen der Filmgeschichte eingehen lassen. Der begehrte OSCAR befand sich in Dustin Hoffmans Händen. Hoffmans Stolz übertrug sich aber auch auf den Film *Kramer Vs. Kramer,* ein Drama, das so viele Menschen gerührt hatte und mit weiteren OSCARS bedacht wurde. Meryl Streep nahm ihren ersten OSCAR entgegen, ebenso wie Hoffman. Robert Benton gewann in der Kategorie »Bester Regisseur des Jahres«. Zusätzlich wurde *Kramer Vs. Kramer* noch als »Bester Film des Jahres« mit einem OSCAR bedacht, und mit diesen vier Preisen von der Academy of Motion Picture Arts und Sciences hatte der Film 1980 den Vogel abgeschossen.[51]

Dustin erhielt auch die Nachricht, daß er erst kürzlich der Spitzenreiter in einer Publikumsumfrage gewesen war, die von der Zeitschrift *People* veranstaltet und veröffentlicht worden war. Die Frage, die *People* gestellt hatte, lautete: »Wer ist ihr Lieblingsschauspieler?« Am Ergebnis des Wettstreits gab es nichts zu deuteln: Hoffman hatte mit einem großen Abstand eine ganze Reihe bekannter und beliebter Stars hinter sich gelassen, darunter Paul Newman, Burt Reynolds, Robert Redford und Sylvester Stallone.

Die Kombination aus dem Gewinn des OSCARS und der erste Rang in namhaften Publikumsumfragen versetzten Hoffman in die Lage, den Studios mehr Macht entgegenzustellen. Diese Machtstellung trug bereits ihre ersten Früchte, denn Columbia Pictures war an den Schauspieler herangetreten und hatte ihm einen Vertrag unterbreitet, demzufolge für ihn drei Filme für die Columbia in nächster Zeit auf dem Programm standen und einige Filmprojekte, die noch in der Entwicklung steckten. Darunter befanden sich einmal *Laughing War,* nach dem gleichnamigen Bestseller-Roman, *Long Gone,* eine Filmkomödie mit dem Thema Baseball als Inhalt, worin Dustin den Manager eines Zweitliga-Baseball-Teams hätte verkörpern sollen. Handlungszeit: die vierziger Jahre. Dustin hatte auch die Möglichkeit, in der Filmversion von *Gorky Park* die Hauptrolle zu spielen, aber schließlich lehnte er dieses Leinwandprojekt ab.[52]

Abgesehen von seinem gestiegenen Marktwert hatte Dustin immer noch ein Problem zu lösen, denn seine Scheidung von Anne war bislang noch nicht vollzogen worden. Mit der Scheidung mußte auch eine finanzielle Vereinbarung getroffen werden, denn Anne und ihre zwei Töchter wollten sicher versorgt sein. Aber Dustin war nicht der Typ Mensch, der über einen längeren Zeitraum allein bleiben konnte. Er brauchte ständig verbalen und moralischen Zuspruch von seiner Frau. Mit den unterschiedlichsten Frauen traf sich der Schauspieler hin und wieder, aber erst eine ernsthafte und aufrechte Verbindung zu einem Mädchen namens Lisa Gottsegen ließ darauf hoffen, daß Dustin sich in absehbarer Zeit wieder verheiraten würde. Lisa ist eine attraktive, stille, intelligente, feinfühlige und verständnisvolle Person, Eigenschaften, die Dustin an einer Frau mag, und Eigenschaften die gleichermaßen für ihn von Bedeutung sind. Er konnte erkennen, daß diese Frau erneut Jugend in sein Leben brachte, und kurze Zeit später war er sicher, die richtige Frau in Lisa gefunden zu haben. Also fragte er sie, ob sie ihn heiraten wolle. Das Hochzeitsdatum sollte erst festgesetzt werden, wenn die Scheidung von Anne vollzogen worden war.

In der Zwischenzeit hatte sich Dustins Selbstvertrauen erneut gestärkt; er wußte, daß mit Lisa sein Leben eine neue Wende nach vorn nehmen würde, und daß ihn mit Lisa niemand mehr aufhalten konnte.

Der Weg in die achtziger Jahre
(**Tootsie** und das, was kommen soll)

Für die nächsten zwei Jahre sollte Dustin der Leinwand fern-
bleiben, obwohl viele Veränderungen mit seinem Leben verbunden waren. Im Sommer des Jahres 1980 wurde seine Scheidung von Anne amtlich. Sechs Tage später heiratete er die fünf-
undzwanzigjährige Lisa Gottsegen, eine ehemalige Jurastuden-
tin, die er schon als Kind kennengelernt hatte.

Dustin und Lisa hatten sich zum erstenmal getroffen, als der
Teenager Lisa seine Großeltern besucht hatte, die in Los Angeles in der Nähe von Hoffmans Eltern gewohnt hatten. Lisa, dem
jüdischen Glauben zugehörig ebenso wie Hoffman und ebenfalls in Los Angeles geboren, ergänzte den Schauspieler auf
großartige Weise, mit Ausnahme eines Problems: Dustin ist
siebzehn Jahre älter. Lisa schien dieser Umstand nicht sonderlich große Kopfschmerzen zu bereiten.

1965, als man sich zum erstenmal über den Weg gelaufen war,
hatte Lisa bereits Zuneigung zu Hoffman empfunden. Damals
war Dustin siebenundzwanzig Jahre alt gewesen, sie gerade
zehn. Bei einer Feier, die im Hause der Gottsegens abgehalten
wurde, war Dustin zugegen gewesen, und er hatte an jenem
Abend der krank im Bett liegenden Lisa einen Überraschungs-
besuch abgestattet. Gemeinsam mit ihrem achtzehnjährigen
Bruder hatte er das Mädchen mit erzählten Witzen unterhalten
und ihr am Klavier einige Stücke vorgespielt. In dieser Nacht
vertraute sich Lisa ihrer Großmutter Blanche an (Blanche enthüllte das Geheimnis später am Hochzeitsabend von Lisa und
Dustin): »Hoffentlich wartet er auf mich. Egal, ob er es weiß
oder nicht, ich werde ihn eines Tages heiraten.« So sollen Lisas
Worte als Zehnjährige gewesen sein. Ihr geheimer Wunsch wurde ihr erfüllt.

Wie schon bereits zur Zeit seiner Ehe mit Anne Byrne, ver-
einbarten auch Dustin und Lisa gleich von Anfang an, daß sie
zwar zusammenbleiben würden, jeder aber seinen persönlichen
Freiraum beanspruchen konnte. Lisa hatte zwar 1979 ihr Jura-
studium beendet, sie erklärte ihrem neuen Ehemann aber, daß
sie grundsätzlich keiner eigenen Arbeit nachzugehen gedachte.

Später bekannte sie: »Irgendwie wußte ich, daß mein Studium nicht zu einem Beruf führen würde. Ich wußte, daß ich irgendwann wieder auf Dusty treffen würde und daß mein Leben daraus bestehen würde, ihn zu begleiten.«

Die Vorstellung, mit Dustin eine Familie zu gründen, der Kinder entstammen würden, lag ebenfalls in Lisas Interessenbereich. Dustins Interessen glichen in dieser Hinsicht denen seiner neuen Ehefrau. Man ließ sich in Dustins Zweifamilienhaus in Manhattan häuslich nieder. Das Haus liegt in unmittelbarer Nähe des Central Parks, und wer sich öfter dort aufzuhalten pflegt, kann Dustin beim Jogging beobachten.

In der Zeit, nach der Anne die Scheidung beantragt hatte, war Dustin zu einer »öffentlichen Angelegenheit« geworden. Er war ständig unterwegs, und die Zeitungen berichteten immer wieder kleine Neuigkeiten über sein Privatleben. Das hatte sich nun verändert. Aus Dustins privatem Bereich verlautete nichts. Durch den nachhaltigen Erfolg von *Kramer Vs. Kramer* hatte sich Dustin eine finanzielle Position geschaffen, ein Polster sozusagen, das es ihm erlaubte, sich mehr als je zuvor um sein Privatleben und seine Familie zu kümmern. Die Zeiten, in denen er Tage und Wochen darauf verwendet hatte, sich nach Geld umzutun, gehörten nunmehr der Vergangenheit an. Hoffman ist als ein sparsamer Mensch bekannt; er legt sein Geld geschickt an. Neben anderen Geldanlagen besitzt er in Roxbury, Connecticut, ein Haus. Immerhin war für ihn nunmehr eine Zeit angebrochen, durch die er ruhiger in die Zukunft blicken konnte, ohne ständig arbeiten zu müssen. Er hatte plötzlich wesentlich mehr Freizeit, und es war keine Eile geboten, sich dem Arbeitsstreß in Hollywood auszuliefern, wo immer noch viele Schauspieler und Schauspielerinnen für ihr Geld hart kämpfen und arbeiten müssen.

Nach und nach geriet Dustins Leben in ruhigere Bahnen. Seine Heirat mit Lisa hatte ihm das ersehnte Gleichgewicht zurückgebracht, das nahezu zwei Jahre lang nicht Teil seines Lebens gewesen war. Gerade in diesen letzten zwei Jahren hatten sich Privatleben und Karriere in eine falsche Richtung bewegt, und es war für Dustin nicht abzusehen gewesen, zu welchem Zeitpunkt wieder einmal eine ruhigere Phase eintreten würde. Im Januar des Jahres 1981 war Dustin wieder einmal Gegenstand mehrseitiger Kolumnen in der Zeitschrift *People* gewesen. Eine

›Tootsie‹ (1982): Dustin Hoffman als Dorothy Michaels.

erneute Umfrage unter den Kinobesuchern hatte Dustin wieder einmal an die Spitze dieser Umfrage gesetzt. In Popularitätsangelegenheiten rangierte er diesmal vor den Schauspielern Robert Redford, Clint Eastwood und Burt Reynolds. Er ließ auch Robert De Niro hinter sich, dessen Karriere durch den Film *Ra-*

ging Bull (Wie ein wilder Stier, 1981) erneute Festigung erhalten hatte. John Travolta rangierte noch hinter De Niro. Einige Monate später, und zum zweitenmal hintereinander, half Hoffman wieder als einer der Gastgeber bei der alljährlichen OSCAR-Verleihung aus. Dann aber wurde es vollkommen still um ihn. Das Rampenlicht, das er jahrelang gesucht (und gefunden) hatte, bedeutete auch eine Gefahr für ihn. Zuviel des Guten konnte seiner Karricre schaden. Also zog er sich zurück und hielt sich dem Film- und Theatergeschehen fern.

Aber im März 1981 war Dustin wieder in den Schlagzeilen: Er war erneut Vater geworden. Lisa hatte ihm ihr erstes Kind geboren, einen lockenköpfigen Sohn, der auf den Namen Jacob getauft wurde. Zweifelsfrei war nun zu erkennen, daß Dustin endlich einen Stammhalter hatte und in ihm möglicherweise einen Sohn, der irgendwann einmal in die Fußstapfen seines Vaters würde treten können. Wer weiß, vielleicht wird Jacob später einmal dem Wunsche seines Vaters entsprechen können. Nun, da Jacob geboren worden war, stellte Dustin seine Karriere als Schauspieler vollkommen in den Hintergrund. Er besann sich auf seine Rolle als Vater, befaßte sich immer öfter mit dem Sohn, fütterte und umsorgte den Sprößling. Die Möglichkeit, einen Sohn aufzuziehen, bedeutete dem Schauspieler ein seltenes Glück und zugleich eine seltene Herausforderung, denn zwei Töchter hatte er ja bereits heranwachsen sehen. Meryl Streep sagte einmal über ihren Partner aus *Kramer Vs. Kramer:* »Er ist so eine Art von Mensch, die man gern zum Vater hätte. Er ist sehr unterhaltsam, und er weiß, wie man mit einem Kind umgehen muß. Er behandelt ein Kind nicht wie ein Kind, aber auch nicht wie einen Erwachsenen. Er spricht die Sprache der Kinder.«

Die erneute Eheschließung und die Gegenwart eines neugeborenen Kindes veränderten Dustins Tagesabläufe nicht sonderlich. Als ein energiegeladener, tatkräftiger Mensch steht er, obwohl nicht gedreht wird, jeden Morgen gegen fünf Uhr dreißig oder sechs Uhr auf. Anschließend bereitet er sich, fast wie ein Ritual, seinen allmorgendlichen Drink, um wach zu werden. Pero, so nennt Dustin dieses Gebräu, ist in erster Linie aus Gerste hergestellt und enthält kein Coffein. Dieses Ritual hat der Schauspieler bis heute beibehalten. Nach der Vitamineinnahme liest er die Zeitung, legt eine Schallplatte mit Rock-Musik auf

21. April 1983: Dustin Hoffman und die britische TV-Schauspielerin Pat Phoenix in Manchester.

und springt im Rhythmus der Musik Seil. Pro Tag versucht er, ein angebotenes Drehbuch oder Bühnenstück zu lesen. Mitunter trifft sich Dustin nachmittags mit ein paar New Yorker Freunden, zu denen Murray Schisgal, Joseph Heller und David Goodman gehören. Wenn er sich in Los Angeles aufhält, wo er ein Haus gemietet hat, trifft er sich ebenfalls mit Freunden, die im Westen des Landes wohnen: Drehbuchautor Robert Towne und Regisseur Hal Ashby. Hoffman gibt zu, daß er gern Freunde hat, er ist auch gern mit ihnen zusammen, aber er läßt aus diesen Treffen keine Gewohnheit werden. Wenn der Tag sich dem

Ende neigt, geht der Schauspieler ins Kino, oder er sieht sich sonstwo einen Film an. Er studiert das Spiel der Kollegen und Kolleginnen, und er registriert, wie der jeweilige Regisseur das Thema behandelt und wie er seine Figuren zu führen versucht. Um Mitternacht verschwindet Dustin im Bett.

Dustin wird auch als guter Koch angesehen. Die Tatsache, daß er ein gesunder Mensch ist, schreibt er einigen Fakten zu: Er raucht nicht, er trinkt nicht, und er spielt auch nicht. Eine Untugend besitzt er dennoch, und die gibt er auch unumwunden zu: »Ich benutze gern ordinäre Worte und liederliche Redensarten. Damit schocke ich die Leute.« Aber Hoffman ist auch der Intellektuelle, wenn er sich in Interviews seinem Publikum stellt. Er vermischt seine Aussagen gern mit bekannten Zitaten von ebenso bekannten Autoren, Dichtern, Schriftstellern und Künstlern unserer Zeit. Während eines Interviews schmückte Dustin einmal seine Aussagen mit Zitaten von Buster Keaton, E.E. Cummings und Norman Mailer. Was ihn dazu verleitete, gibt er gern zu: »Das ist reine Gewohnheitssache. Das begann zu der Zeit, als ich noch auf das Gymnasium ging. Ich imitierte die Lehrer, und bevor man so etwas tut, muß man sie genau beobachten. Ich bin ein ungewöhnlich voyeuristischer Mensch.« Freunde behaupten, Dustin würde niemals Bücher lesen, um sich daraus Zitate anzueignen, aber beim Lesen von Büchern bleibt jedoch immer etwas hängen, was von dem Schauspieler bei passender Gelegenheit verwendet wird.

Die Monate gingen zwar mit Nichtstun ins Land, aber Dustin hatte sein Interesse am Filmgeschehen nicht verloren. Bevor er sich jedoch entschließt, in ein Filmprojekt einzusteigen, muß zunächst erst einmal das Drehbuch stimmen: »Die Geschichte muß mir zusagen. Es ist kein Geheimnis, daß eine gute Story, auch wenn sie in mittelmäßiger Weise erzählt wird, ein Erfolg werden kann. Und eine sehr gute Drehbucharbeit muß nicht immer zum Erfolg führen, wenn die Story nicht hundertprozentig stimmt.« Eine Story hatte man Dustin vorgelegt, geschrieben von Freund Murray Schisgal. Dabei ging es ursprünglich um einen Tennisspieler, der ohne großen Erfolg spielte, bis er sich dafür entschied, in Zukunft als Frau aufzutreten, um sich dadurch Vorteile verschaffen zu können. Diese Geschichte von Schisgal diente später als Vorlage für *Tootsie* (Tootsie, 1982) Columbia Pictures hatten ja Hoffman unter Vertrag, und zwar gleich für mehrere Filme. Das Studio lehnte es aber ab, Schisgals Geschichte zu verfilmen, denn man hielt sie in der vorliegenden Form für nicht interessant genug. Schließlich zeigte das Studio aber dann doch noch wesentlich mehr Interesse, nachdem Drehbuchautor Don McGuire die Story überarbeitete und aus dem Tennisspieler den arbeits- und erfolglosen Schauspieler Michael Dorsey machte. Dorsey erhält, als Frau verkleidet, schauspielerische Betätigung bei einer populären Fernsehserie. Für die im Film zu spielenden Nebenrollen wurden Jessica Lange, Teri Garr, Bill Murray und Charles Durning verpflichtet.

Von nun an hatte auch Hoffman wesentlich mehr Interesse an der Verfilmung des *Tootsie*-Stoffes, denn er mußte nun erarbeiten, wie eine Frau zu agieren, und dazu noch in seinem Berufs-

Der Star und das, was Masken- und Kostümbildner aus ihm in ›Tootsie‹ (1982) machten.

233

zweig. Der Schauspieler sagte: »Als Schauspieler hat man die Möglichkeit, sich für jene Dinge zu entschädigen, die man sonst im Leben nicht tun kann.« Etwas davon traf im Falle von *Tootsie* auf Dustin zu. Er konnte sich nun in einer Frauenrolle zeigen und beweisen, daß er auch als Mann in der Lage war, eine Frau zu spielen. Um sich an Frauen orientieren zu können, brauchte Hoffman gar nicht so weit auszuholen. Als lebendes Beispiel, denn er mußte nun Dorothy Michaels spielen, in die sich Michael Dorsey verwandelt, hatte er seine eigene Mutter vor Augen, Lillian Hoffman. An ihren Bewegungen, an ihrer Mimik und an ihrem Äußeren orientierte sich der Schauspieler. Den Akzent der Südstaatler erlernte er von Polly Holliday (aus der TV-Serie *Flo*), die hierfür als Dustins Lehrerin zur Verfügung stand. Jetzt, nachdem die Grundidee für die Figur zunächst einmal stand, erging es Dustin wieder wie bei seinen Leinwandfiguren der Vergangenheit. Er mußte sich vorbereiten wie schon im Falle von Ratso Rizzo und Lenny Bruce. Das war eine erneute Herausforderung, die für qualvolle Stunden sorgte, unendlich erscheinende Zeit des Lernens erforderte, Kosten und Reisespesen in ungeahnter Höhe, Kummer und Stunden der Verzweiflung.

Die Schauspielerin Polly Holliday unterrichtete Hoffman im Hinblick auf das rein Sprachliche bei *Tootsie* in Dustins Haus. Im Januar 1982 hatte der Schauspieler die Kollegin angerufen. Also blieb ihm noch exakt ein Monat, bevor die Dreharbeiten begannen. Polly Holliday vermittelte Dustin jene Stimme, die wir durch seine Figur Dorothy Michaels von der Leinwand her hören. Das klingt ein wenig hinterwäldlerisch, aber doch sehr freundlich und erinnert an Polly Hollidays eigene Stimme aus ihrer TV-Serie. Polly Holliday stammt aus dem US-Staat Alabama. Dustin stand mit Polly auf vertrautem Fuße, denn die beiden waren alte Freunde. Hoffman hatte Polly bei Murray Schisgals Broadway-Bühnenstück *All Over Town* kennengelernt, worin sie eine Rolle gespielt und er Regie geführt hatte. Später hatte man sich wieder getroffen, denn Miss Holliday hatte in *All the President's Men* eine von Robert Redfords Sekretärinnen verkörpert. Die Schauspielerin über Dustin. »Ich sah Dustin immer wieder mit Unterbrechungen, und immer sagte er mir, er hoffe, eines Tages wieder mit mir arbeiten zu können. Ich dachte ›Na ja ...‹« Aber Hoffman vergaß die Kollegin nicht, und damit unterscheidet er sich von vielen seiner Kollegen in Hollywood. In zwei aufeinanderfolgenden Wochen unterrichtete Polly den Schauspieler in ganz speziellen Ausdrücken und ganz speziellen Worten, stets mit dem Akzent der Südstaatler. Polly konnte da auf eine lange Reihe von Worten zurückgreifen, denn sie hatte schon sehr oft Yankee-Rollen gespielt. Zu Dustins Unterrichtsprogramm gehörte auch das nervöse Sprechen hinter vorgehaltener Hand. Polly Holliday erinnerte sich: »Er hatte eine sehr tiefe Stimme, also mußten wir jeden Tag ein wenig an der Umformung arbeiten.« Der Unterricht fand aber nicht immer in strengem Ritual statt, sondern man unterhielt sich gemeinsam in Pollys Stimmlage beim Scrabble-Spielen. Schließlich begaben sich Polly Holliday und Dustin auf die Straßen New Yorks, wo die Unterrichtsstunden fortgesetzt wurden. Im Freien hatte Dustin Gelegenheit, das gesamte Verhalten von Polly Holliday einer eingehenden Betrachtung zu unterziehen, um die Kollegin voll und ganz imitieren zu können.

Ihre stimmlichen Nuancen und ihren Sprechrhythmus übernahm Hoffman von Polly Holliday während des Unterrichts nahezu vollkommen, dazu auch ihre nervösen Gesten mit den Händen und ihr »Ich weiß gar nicht, um was es geht.« Dustin imitierte Polly Holliday tatsächlich so gut, um Polly austricksen zu können. Eines Morgens, als sie zu Dustins Haus kam, wurde sie, so erzählt sie selber, »von einem Auge im Guckloch der Tür in Empfang genommen. Ich dachte, das Auge würde zum Dienstmädchen gehören. Ich mußte mich auf ein langes Frage- und Antwortspiel einlassen und sagte, Dustin würde mich erwarten. Das Mädchen kannte mich nicht und fragte mir Löcher in den Bauch. Ich wußte nicht, daß sich hinter dem Auge Dustin verbarg. Erst als er lachen mußte, erkannte ich, daß er mich auf den Arm genommen hatte.« Auch Murray Schisgal fiel so auf Dustin herein. Polly Holliday erinnerte sich auch an diesen Vorfall: »Wenn er zuhause den Telefonhörer abnahm, gab er vor, eine Frau zu sein. Er wollte wissen, wie lange er das durchhalten konnte. Murray Schisgal fiel darauf herein, bis sich Dustin zu erkennen gab.«

Der Höhepunkt von Polly Hollidays Lehrstunden war das gemeinsame Lesen von *A Streetcar Named Desire* mit Polly als Stella und Dustin als Blanche DuBois. Als Zuhörerin fungierte auf Dustins Wunsch Meryl Streep.

Schließlich gelang es Dustin, die Figur von Dorothy Michaels in den Griff zu bekommen. Kurz nach Jacobs erstem Geburtstag begannen die Dreharbeiten zu *Tootsie*. Die Verantwortlichen des Films hatten schon angenommen, der Film würde nie zustande kommen, denn sie kannten Dustins Hang zum Perfektionismus. Aber es gab auch andere ernsthafte Probleme, insbesondere mit dem Drehbuch. Ein Regisseur ließ sich auch nicht sonderlich leicht finden. Obwohl Columbia Pictures Don McGuires überarbeitetes Drehbuch angenommen hatten, war Hoffman der Meinung, es könne besser gestaltet werden. Er erinnerte sich an Schisgals Originalskript und schlug den Produzenten vor, es von dem mit Preisen ausgezeichneten Autor noch einmal bearbeiten zu lassen. Durch Schisgal geriet eine Färbung in das Buch, die es lebensnaher erscheinen ließ. Das Überarbeiten des Drehbuches wurde zu einer strapaziösen Angelegenheit, bei der es nicht ohne Streitereien abging. Einer der Autoren, der die Anonymität vorzog, sagte: »Der Star hat die Kontrolle über den Film, und jedermann muß sich mit dieser Tatsache vertraut machen. Ist der Star einmal nicht zufrieden, muß man ihn zufriedenstellen. So einfach ist das. Und wenn es sich bei diesem Star um Dustin Hoffman handelt, dann muß man um so härter arbeiten. Dies ist kein Gerücht – Dustin ist ein Besessener. Er kommt jeden Tag mit etwas Neuem daher. Es ist überhaupt nicht möglich, ihn zufriedenzustellen.«

Charles Evans, der ausführende Produzent von *Tootsie*, sagte hierzu: »Dustin hat in jedem Stadium des Films die Hände im Spiel. Ohne ihn geht gar nichts. Ja ja, er kann einem schon ganz gehörig auf den Wecker gehen, und sein Urteil ist nicht immer fehlerfrei. Aber er steuert ständig etwas zum Film bei.«

In der Zwischenzeit wurde der Platz des Regisseurs zu einer Art Schleudersitz. Dick Richards, der zunächst als Regisseur vorgesehen war, warf das Handtuch, nachdem er das zum zweitenmal überarbeitete Drehbuch gelesen hatte. Insider wollten wissen, Dustin habe ihn aus dem Vertrag gedrängt. Richards stritt ein solches Vorgehen durch den Schauspieler ab und sagte, man hätte sich im gegenseitigen Einvernehmen voneinander getrennt: »Wir waren an einem Punkt angelangt, wo man nicht mehr zusammenarbeiten kann.«

Nachdem Richards das Spiel um den Regisseurposten aufgegeben hatte, trat Veteran Hal Ashby auf den Plan, der Mann,

Die unvermeidliche und allmorgendliche Rasur, um vor einer als unbestechlich geltenden Kamera bestehen zu können: Dustin Hoffman in ›Tootsie‹ (1982).

der mit Erfolg die Filme *Coming Home* (Coming Home – Sie kehren heim, 1977) und *Being There* (Willkommen, Mr. Chance, 1979) inszeniert hatte.[53] Nachdem Ashby auf Wunsch der Columbia gemeinsam mit Autor Larry Gelbart (der vierte Mann, der am Drehbuch mitarbeitete) mehr Slapstick in das Drehbuch eingebracht hatte, warf auch er als vorgesehener Regisseur das Handtuch. Berichten zufolge war Dustin mit Ashbys Überarbeitung nicht länger als eine Stunde glücklich. Erst nachdem es seinen Vorstellungen gemäß bearbeitet und umgestaltet wurde, hatte die hektische Betriebsamkeit ein Ende gefunden.

Dann erst trat Regisseur Sydney Pollack auf den Plan. Dieser hatte unter anderem die Filme *The Way We Were* (Cherie Bitter, 1973) und *Absence of Malice* (Die Sensationsreporterin, 1981, mit Paul Newman) inszeniert. *Tootsie* sollte seine erste Filmkomödie werden.[54] Nach einigen Wochen harter Arbeit hatte Pollack das Drehbuch aus zehn verschiedenen Versionen zu einer zusammengefügt. Die Story war für ihn nun zu einer geworden, in der es »um einen Mann geht, der sich als Frau verkleidet und dadurch zu einem besseren Mann wird.« Damit nun Pollacks Ansicht klar und deutlich herausgearbeitet werden konnte, wurde die Drehbuchautorin Elaine May für drei Wochen verpflichtet. Sie hatte die Aufgabe, der Geschichte den Touch des Fraulichen beizusteuern und Pollacks Botschaft zu verdeutlichen. Für diese Arbeit zahlte man Elaine May 450.000 Dollar. Zwischenzeitlich ließ Dustin aber keine Ruhe und steuerte ständig seine eigenen Ideen zum Drehbuch bei. In der Rolle des sich abstrampelnden Schauspielers findet man sehr viel Autobiographisches, Begebenheiten, mit denen sich Dustin in der Vergangenheit konfrontiert sah. Dazu sagt er: »Ich wurde mehrfach aus den Theatern hinausgeworfen, allerdings nicht am Broadway, sondern vorher. Ich warf aber auch selber einige Sachen hin. Aber ich wußte immer, was ich tat. Wenn das bedeuten sollte, ich wäre ein schwieriger Mensch, dann war ich das von Anfang an.« Und so wurde auch Michael Dorsey zu einem schwierigen Menschen.

Wie schon im Falle von *Kramer Vs. Kramer* verhielt sich Dustin auch bei *Tootsie* – der Film sollte etwas ganz besonderes werden. Das Ergebnis: Sechs Drehbuchautoren wurden eingesetzt, zwei Maskenbildner wurden gefeuert, und die Produktion schnellte bei den Kosten über das vorher festgelegte Budget hinaus, so daß die Gestehungskosten sich bei *Tootsie* auf 21 Millionen Dollar beliefen. Man kann sich nur schwer vorstellen, wo die 21 Millionen Dollar, und dazu noch bei einer Filmkomödie, geblieben sein sollen. Ursprünglich sollte der Film weniger als die Hälfte kosten – behauptete ein Insider. Der Mann sagte: »Dies sollte eine nette, kleine Großstadt-Komödie werden, mit einem Schauspieler, der keine Beschäftigung findet. Höchstens 10 Millionen Dollar wollte man ursprünglich dafür ausgeben. Schließlich drehte man ja nicht einen neuen *Lawrence of Arabia*.«[55]

Aber bereits nach den ersten dreißig Tagen Drehzeit wußte man, daß man das Budget überziehen würde. Die unvorhergesehenen Schwierigkeiten, die auftraten, begründeten sich in den Versuchen, aus Dustin eine überzeugende Frau zu machen. Es stellte sich heraus, daß die Arbeit des Maskenbildners in Dimensionen geriet, von denen vorher kein Mensch eine Vorstellung gehabt hatte. »Wir konnten es uns anfangs nicht vorstellen, daß es so schwierig sein würde, aus Dustin in überzeugender Weise eine Frau werden zu lassen«, bekannte Regisseur Sydney Pollack einem Journalisten bei den Dreharbeiten. »Eine solche Umwandlung hat es in der ganzen Filmgeschichte noch nicht gegeben. Im Falle von Tony Curtis und Jack Lemmon war das bei *Some Like It Hot* mehr oder minder ein Schabernack, ein Ulk.

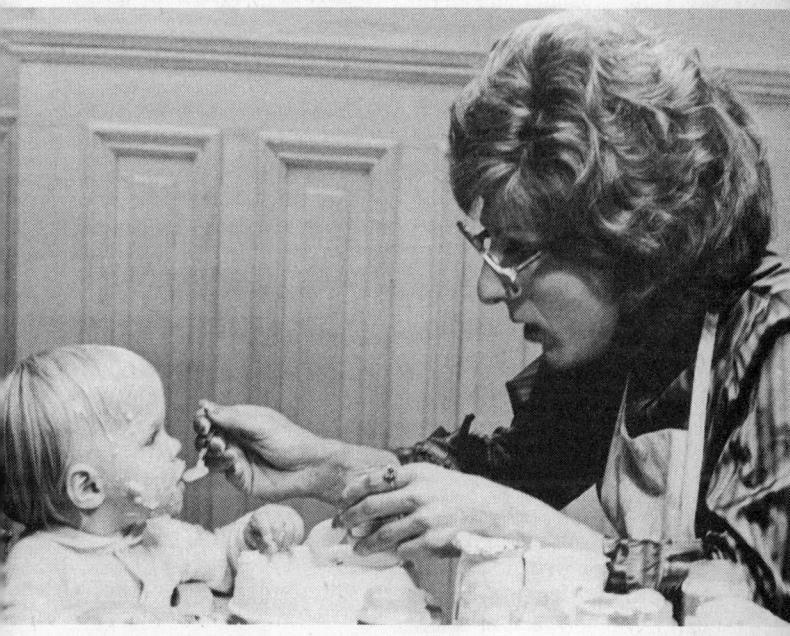

Dustin füttert als Dorothy Michaels das Filmkind von Jessica Lange in Sydney Pollacks Komödie ›Tootsie‹ (1982).

Wir betrachteten die Sache aber ernsthaft, aber immer wieder sah das ganze nach einem Spaß aus. Wir wollten erreichen, daß jedermann glauben sollte, Dustin sei wirklich eine Frau.«

Und Dustin erfuhr plötzlich am eigenen Leibe, was es bedeutete, dieses Statement Wirklichkeit werden zu lassen. Jeden Morgen saß er drei bis vier Stunden in der Maskenbildnerei und mußte sich den sorgfältigen und fleißigen Händen der Make-up-Leute überantworten. Immer wieder mußte zunächst das Gesicht geliftet werden, wozu Gummibänder in Verbindung mit Heftplastern verwendet wurden, damit das Gesicht weibliche Züge annehmen konnte, ein Busen aus Silikon wurde in Dustins Büstenhalter gesteckt, ein ausgestopfter Hüfthalter wurde um den Unterleib herum befestigt, die Hände mußten glatt rasiert werden, die Augenbrauen mußten gezupft werden, und das alles, um Authentizität zu erwirken. An manchen Tagen machten sich Gummibänder und Heftpflaster selbständig, so daß der zuständige Maskenbildner seine Arbeit noch einmal von vorn beginnen mußte. Die anderen Mitglieder der Crew standen in dieser Zeit nutzlos herum. Aber auch andere Dinge sorgten für Verspätungen: Eines Tages erschien Dustin krank zur Arbeit – ein Virus hatte ihn infiziert, und der Schauspieler konnte eine Woche lang nicht arbeiten. An solche Verzögerungen hatte Pollack nicht gedacht, als er die Regieführung von *Tootsie* übernommen hatte. Aber damit noch nicht genug der Probleme, die in erster Linie darauf zurückzuführen waren, aus Dustin glaubwürdig eine Frau werden zu lassen. Hierzu äußerte sich Pollack einmal: »Wir rissen uns den … auf, um Dustin echt aussehen zu lassen. Zunächst einmal haben Frauen in der oberen Zahnreihe längere Zähne als Männer. Also mußten wir eine Zahnprothese finden, die in Dustins Mund hinein paßte. Dann gab es aber noch ein anderes großes Problem: Dustins starker Bartwuchs. Dadurch hatte er im Gesicht einfach zu große Poren, und die ließen sich nicht so einfach schließen. Das Gesichts-Make-up bestand also aus einer zähen Latexmasse – diese verstopfte Dustins Gesichtsporen, und die Haut konnte nicht mehr atmen. Also mußten wir in den Studios für die Zufuhr von kalter Luft sorgen. Mitunter hatten wir das Gefühl, wir stünden im Kühlhaus einer Großmetzgerei.«

Und das war, was die Probleme anlangte, noch nicht alles. Als der Juli ins Land gezogen war, hatte sich die anfangs gute Zusammenarbeit zwischen Dustin und Sydney Pollack zu einer überspannten Angelegenheit ausgewachsen. Siebenundfünfzig Tage harter Dreharbeit waren vorüber, zwanzig Tage weiterer Arbeit standen noch bevor. Pollack zog sich immer mehr in sich zurück. Dem Kolumnisten Gene Siskel gestand der Regisseur: »Ich weiß überhaupt nicht, *warum* ich das Ganze mache. Anfangs stritten wir, und später vertraute er mir als Regisseur einer Komödie. Danach ging es dann wieder etwas besser.«

Dustin bemängelte und bekrittelte immer wieder das Drehbuch. Das hatten auch Pollacks Vorgänger zur Kenntnis nehmen müssen – allerdings nicht lang. Dustin wollte einen ernsthaften Film machen, Pollack aber wollte mehr die komischen Elemente in den Film einfließen lassen. Dazu sagte er: »Dustin kam immer wieder mit ein paar Gags und Witzchen daher, die mir nicht gefielen. Die tatsächlichen Querelen tauchten aber auf, weil er die Regieführung bemängelte. Er hätte lediglich mit seiner Verantwortung als Schauspieler zu kämpfen gehabt, das war ihm aber nicht genug. Mit seiner Filmfigur kam er anfangs nicht zurecht. Aber nachdem er diese einmal in den Griff bekommen hatte, konnte ihn nichts mehr aufhalten. Der Film hätte straffer gestaltet sein können, insbesondere in seiner Aussage; denn es sollte hierbei nicht nur darum gehen, daß ein Mann eine Frau verkörperte.«

Pollack ließ von nun an die Zügel schleifen; das Ergebnis des Films sollte ihm recht geben. Anfang August waren die Dreharbeiten zu *Tootsie* beendet worden, und innerhalb kürzester Frist landete das Filmmaterial im Raum des Cutters, denn Columbia Pictures war lebhaft daran interessiert, den fertigen Film zum Weihnachtsfest in die Kinos zu bringen. Dustin bestand aber dennoch darauf, daß noch eine zusätzliche Szene gedreht wurde. Es handelt sich hierbei um jenes Stück Film, worin Dustin seinem Agenten (gespielt vom Regisseur selbst) die Möglichkeiten vor Augen hält, die er als Dorothy haben kann, als Michael allerdings nicht. Hoffman hielt diese Szene für unbedingt notwendig, denn Michael Dorsey selbst mußte das Befremden in sich verspüren, Dorothy Michaels zu verkörpern. Die Zusatzszene hielt die Columbia allerdings nicht davon ab, den Film termingerecht zur Premiere zu bringen.

Hoffman mußte nun nicht mehr lange warten, um die endgültige Beurteilung des fertigen Films zu erfahren. *Tootsie* wurde bereits Anfang Dezember den Medienleuten vorgeführt, und zwar in New York. Landesweit wurde der Film am 18. Dezember 1982 in die Kinos gebracht. Zur Sondervorführung erschien Pollack gemeinsam mit Dustin und Lisa. Und innerhalb einer Woche wußten die beiden ehemaligen Kontrahenten, daß sie einen absoluten Kinorenner hervorgebracht hatten. Nachdem die ersten Kritiken durchweg positiv ausgefallen waren, gestand ein grinsender Sydney Pollack erleichtert der Presse: »Und das Studio hatte gemeint, ich sei nicht der richtige Mann, um eine Filmkomödie zu inszenieren.«

Zu Pollacks Freude, und auch zur Freude von Columbia Pictures, war das Gegenteil eingetreten. *Tootsie* wurde zweifelsfrei Dustin Hoffmans bester Film, einer, der gut geschrieben war, und einer, der gut inszeniert worden war. Pollack hatte demonstriert, daß er auch aus dem schwierigen Dustin Hoffman das Beste herausholen konnte. Zu Beginn der Handlung werden wir als Zuschauer mit Dustin Hoffman in der Rolle des Michael Dorsey bekannt gemacht. Dorsey ist ein stellungsloser Schauspieler, der, weil er in seinem Beruf keine Beschäftigung findet, in einem Restaurant als Kellner arbeiten muß. Mit seinem Freund (Bill Murray) teilt er sich eine Wohnung. An Dorseys siebenunddreißigstem Geburtstag gehen die beiden zurück in ihre gemeinsame Wohnung. Murray ist ein Bühnenautor, der ebenfalls im Restaurant arbeiten muß. Gegenwärtig schreibt er an einem Bühnenstück mit dem Titel *Return to Love Canal,* worin Dustin alias Michael Dorsey die Hauptrolle spielen soll. Zur Überraschung der Freunde ist die Wohnung voller Geburtstagsgäste. Nach Beendigung der Feier bringt Hoffman den letzten weiblichen Partygast (gespielt von Teri Garr) nach Hause. Die junge Schauspielerin ist nervös und macht sich Sorgen, weil sie am nächsten Morgen für die Hauptrolle in einer TV-Serie mit dem Titel *Southwest General* vorsprechen muß. Hoffman muntert sie auf und geht mit ihr gemeinsam ihren Text durch, aber Teri Garr bekommt die Rolle trotzdem nicht. Tags darauf wird Dustin mitgeteilt, daß er die Hauptrolle in einem Broadway-Stück nicht erhalten wird. Auch sein mit ihm befreundeter Agent (gespielt von Regisseur Sydney Pollack) kann dem Schauspieler nicht weiterhelfen. Nun entschließt sich der Stellungslose, sich als Frau zu verkleiden. Er nennt sich Dorothy Michaels, spricht für eine Rolle in der bewußten TV-Serie vor

Schlußszene aus Sydney Pollacks Film ›Tootsie‹ (1982): Dustin Hoffman und Jessica Lange.

und erhält prompt die Rolle der Verwaltungschefin in einem Krankenhaus. Es folgen eine ganze Reihe heiterer Zwischenfälle. Charles Durning, der den Vater von Jessica Lange spielt, Dustins Co-Star in der Serie, verliebt sich in den als Dorothy Michaels verkleideten Dustin und verspricht ihm die Ehe, nachdem Vater, Tochter und Dustin ein Wochenende auf dem Land verbracht haben. Vor Millionen von Fernsehzuschauern gibt Dustin in der Life-Sendung seine wahre Identität preis und verwandelt sich zurück in Michael Dorsey. Bill Murray, der die Sendung zu Hause am Bildschirm verfolgt, murmelt verblüfft: »Das ist ein verrücktes Krankenhaus!«

Als Michael Dorsey bzw. Dorothy Michaels könnte Dustin in

seiner Doppelrolle nicht besser sein. Gegen Ende des Films wird sein Vorgehen keineswegs als Großtat angesehen. Als mutig könnte man seine Handlungsweise schon ansehen, denn in seiner Verzweiflung, Arbeit zu finden, blieb ihm nahezu keine andere Möglichkeit, als sich als Frau zu verkleiden. Rückblickend wird auch die Botschaft des Films recht deutlich: Frauen, deren Arbeit nicht vorurteilsfrei angesehen wird, müssen mitunter kämpfen und zu drastischen Mitteln greifen, um Erfolg zu haben. Anfangs hatte Hoffman sich ständig darüber Sorgen gemacht, es würde zuviel Slapstick in den Film einfließen. Dies entspricht allerdings nicht der Wahrheit. Auch die Vorfälle zwischen Dustin und Jessica Lange und zwischen Dustin und Charles Durning beeinträchtigen das Komödiantische am Film nicht. Im Falle von *Tootsie* hat man eine Filmkomödie vor sich, die für jeden Zuschauer etwas bietet, für Männer und Frauen gleichermaßen. Den Männern wird gesagt, daß sie zuzuhören haben, wenn eine Frau spricht, eine Frau, die etwas zu sagen, mitzuteilen hat. Hoffmans schauspielerische Leistung wird von seinen Mitspielern noch unterstützt, insbesondere von Jessica Lange und Teri Garr. Teri Garr könnte in ihrer Rolle ohne weiteres der »Liga der unterdrückten Frauen« beitreten, und Bill Murray sorgt in seiner Rolle für eine ganze Reihe von Lachern. Er und Dustin Hoffman ergeben ein großartiges Team. Die von Murray Schisgal ausgebrütete Story, an deren Ausarbeitung sich neben Larry Gelbart noch eine ganze Reihe namhafter Autoren beteiligten, darunter Bob Kaufman, Barry Levinson, Valerie Curtin, Bob Garland und Regisseur Sydney Pollack (sie werden im Vorspann unter der Rubrik »Drehbuch« allerdings nicht genannt), wird in den nächsten Jahren wohl kaum ihresgleichen finden, ebenso wie Sydney Pollacks flotte Regieführung.

Wieder einmal waren sich die Kritiker, was sehr selten vorkommt, einer Meinung. Sie bedachten *Tootsie* mit ungewöhnlich viel Lob und ernannten ihn zum »Film des Jahres«. Sheila Benson schrieb in der *Los Angeles Times: »Tootsie* ist glänzende und intelligent gemachte Unterhaltung.« Die Kritiker unterstrichen überall Dustins darstellerische Leistung und bezeichneten sie als »glaubwürdig«. Man vergaß auch keineswegs, die ausgewogenen schauspielerischen Leistungen von Jessica Lange, Teri Garr und Bill Murray lobend zu erwähnen. Bill Murray war da ein wenig im Nachteil, denn die Produktionsgesellschaft hatte seinen Namen nicht mit in die Werbeanzeigen übernommen. Der Name erscheint auch nicht auf den Filmplakaten für *Tootsie*. Bill Murray war es während der Dreharbeiten erlaubt worden, die meisten Teile seiner Dialoge und Monologe zu improvisieren. Das Drehbuch bezeichneten die Kritiker als ein »handfestes Stück Arbeit«, was wiederum bewies, daß der zusätzliche Zeitaufwand und das wiederholte Abändern der ganzen Sache nur zuträglich gewesen war.

In Scharen strömten die Zuschauer nach der Premiere von *Tootsie* in die Kinos. Dieses erste Wochenende hatte dem Film in den USA 5,5 Millionen Dollar eingebracht, und zwei Monate später wurde eine Einspielsumme genannt, die geradezu astronomisch ist: 91 Millionen Dollar. Eine *Tootsie*-Manie schien ausgebrochen zu sein. Viele Kinobesucher, die den Film das erste Mal gesehen hatten, sahen ihn danach noch drei oder vier mal. Sogar der gewaltige Kinohit *E.T. – The Extraterrestrial* (E.T., 1982) mußte sich hier bei den täglichen Einspielergebnissen geschlagen geben: *E.T.* brachte es in seinen besten Zeiten auf 1,4 Millionen Dollar täglich, *Tootsie* auf runde 2 Millionen Dollar pro Tag. Die Komödie hatte den Science-Fiction-Film überrundet. Es gab sofort Gerüchte, die besagten, Hoffman würde zum fünftenmal für einen OSCAR vorgeschlagen werden, und daß Jessica Lange und Sydney Pollack mit ähnlichen Ehrungen bedacht werden würden. Daß *Tootsie* genau den Geschmack der Amerikaner getroffen hatte, wurde von vielen populären amerikanischen Zeitschriften wie *People, US* und *Life* unterstützt, die Bilder aus dem Film auf ihre Titelseiten brachten und ausführlich über *Tootsie* berichteten. Auch das Fernsehen befaßte sich eingehend mit dem Film, so zum Beispiel in *Bob Hope's Super Bowl Special*. In der Sendung gab es einen Sketch mit dem Titel »Footsie« zu sehen – Bob Hope und Don Rickles spielten zwei verwahrloste Arbeitslose. Und *SCTV Network 90,* von der NBC produziert, zeigte einen Wettstreit, der sein *Tootsie*-Vorbild nicht verleugnen konnte.

Im Januar 1983 trafen den Film weitere Ehrungen, und die Popularität stieg weiter an. Die National Society of Film Critics wählte mit überragender Mehrheit den Film zum Sieger in vier Kategorien: Bester Film, Bester Hauptdarsteller, Beste Darstellerin in einer Nebenrolle (Jessica Lange) und Bestes Drehbuch. Am 30. Januar 1983 wurden dann in Hollywood die all-jährlichen *Golden Globes* vergeben. *Tootsie* gewann in den Hauptkategorien Bester Film, Bester Hauptdarsteller und Beste Darstellerin in einer Nebenrolle. Dustin war persönlich anwesend, um den Preis entgegenzunehmen. Und er hatte an diesem Abend noch eine weitere Aufgabe zu erfüllen, denn er durfte Sir Laurence Olivier den *Life Achievement Award* überreichen. Olivier und Hoffman waren sich schon einmal begegnet, denn in *Marathon Man* hatten sie miteinander (in diesem Falle aber auch gegeneinander) gespielt. Die Ehrungen, die mit *Tootsie* zusammenhingen, gehören zweifelsohne in ein Buch der Rekorde. Bei der Überreichung des *Life Achievement Awards* an Olivier passierte allerdings eine kleine Panne. Im Gegensatz zum *Golden Globe Award* ist der *Life Achievement Award* die Goldfigur eines Mannes, die auf der bekannten Trophäe steht. Zu Sir Laurence Oliviers Überraschung war von irgendeinem zuständigen Menschen zu wenig Klebstoff verwendet worden. Dustin fungierte als Überreicher der Figur und hielt eine ausdrucksvolle Rede, der eine kurze Dankesansprache von Laurence Olivier folgte. Olivier sagte: »Dieser Augenblick ist zweifelsohne für mich ein historischer.« Exakt in diesem Augenblick fiel die Figur von der Trophäe. Hinter der Bühne schlug Dustin die Hände über dem Kopf zusamen und lachte, während Olivier hinzufügte: »Ja, sehr historisch.«

Angesichts des großen Erfolges von *Tootsie* stellte sich bei Dustin so etwas ähnliches wie eine Betäubung ein. Irgendwie vermißte er Dorothy Michaels, seine Filmfigur. All ihre Kleider, die der Schauspieler im Film getragen hatte, hob er auf, und zwar in vier riesigen Garderobeschränken in seinem Büro in Los Angeles. Irgendwie war offensichtlich geworden, daß diese Dorothy Michaels aus ihm einen besseren Mann gemacht hatte. Dazu sagte der Schauspieler: »Meine Frau ist dieser Meinung. Früher habe ich immer geflucht oder meine Wut an irgendwelchen Sachen ausgelassen, wenn ich auf die verkehrte Straßenabzweigung gefahren bin oder irgendetwas verschüttet habe. Heute, so sagt Lisa, zucke ich wie Dorothy nur noch mit den Schultern. Lisa sagt, diese Dorothy hätte aus mir einen wesentlich toleranteren Mann gemacht.« Aber es gab auch einen Menschen, der Dustin keine Hochachtung mehr zollen konnte; seine Mutter Lillian. Sie erlitt einen Herzanfall, gefolgt von einem Schlaganfall und starb, ohne den *Tootsie*-Film gesehen zu haben. Ihr Tod ging Dustin verständlicherweise sehr nahe. Mit Spannung hatte Dustins Mutter auf den fertigen Film gewartet, denn sie wußte, daß ihr Sohn in die Darstellung der Dorothy vieles mit eingebracht hatte, das er seiner Mutter abgeschaut hatte.

Mit *Tootsie* hatte Dustin einen sehr großen und nachhaltigen Erfolg gelandet. Es war keinerlei Eile geboten, gleich einen weiteren erfolgreichen Film folgen zu lassen, obwohl der Gedanke durchaus verlockend erschien. Es sah so aus, als würde *Tootsie* Hoffmans Erfolg mit *Kramer Vs. Kramer* noch überbieten. Auf jeden Fall war Dustins Karriere durch seinen bislang letzten Film sicher geworden, sicherer, als je zuvor. Dustin war in der Kinowelt in Höhen vorgedrungen, die vor ihm nicht viele Schauspieler erreichten. Trotzdem hält er nicht sehr viel von

Dustin Hoffman und Sydney Pollack bei den Dreharbeiten zu ›Tootsie‹ (1982).

247

den Bezeichnungen »Filmstar«, »Kinoidol« oder »Sexsymbol«. Er möchte viel lieber das bleiben, was er ist: ein Mensch und ein Schauspieler.

Sein Erfolg beruht auf der Tatsache, daß er in seinen Filmrollen Teile von sich hergibt und ein Mensch ist, der sich niemals als eine Art Held bezeichnet. In seinen Filmfiguren war er bislang der Durchschnittsmensch und nicht der Übermensch. Diese Art von Rollen unterscheidet ihn von den Eastwoods, den Reynolds, den Stallones und den DeNiros. Heute zieht er es vor, sein Leben mit Lisa zu leben; er beabsichtigt, noch weitere Kinder zu haben, und er hat auch weiterhin vor, sein Publikum mit Rollen zu unterhalten, durch die eine Botschaft vermittelt werden kann. Dustin wird wohl auch weiterhin als ein schwieriger Mensch angesehen werden, als einer, der seine Filmfiguren mit peinlicher Genauigkeit angeht. Der Schauspieler will nichts weiter, als gekonnt unterhalten, und seine Filme müssen meisterlich inszenierte und gestaltete Werke sein. In dieser Beziehung wird Dustin auch in Zukunft eine Besessener sein. Perfektion ist für Dustin eine lebenswichtige Angelegenheit, um auch in Zukunft Erfolg zu haben: »Ich will in meinen Filmen stets etwas Besonderes leisten, und wenn ich irgendwann einmal keinen Erfolg mehr haben sollte, dann brauche ich mir über meine Vergangenheit keine grauen Haare wachsen lassen.«

Hoffman wird auch in Zukunft Erfolg mit seinen Filmen haben, denn sein ihm angeborener Instinkt wird ihn immer wieder auf die richtige Fährte setzen. Ratso Rizzo, Louis Dega, Carl Bernstein, Benjamin Braddock, Ted Kramer und Dorothy Michaels haben Dustins Erfolg begründet und gesichert, und die Zukunft wird zeigen, daß durch Hoffman wieder solche oder ähnliche Figuren auf die Leinwand kommen. Es gibt aber eine Bezeichnung, die dem Schauspieler immer anhaften wird: »Dustin Hoffman, Hollywoods Antiheld.«

Filmographie

(Zusammengestellt von Bernd Eckhardt)

Alle Filme mit Dustin Hoffman (Ausnahme: *The Tiger Makes Out)* wurden bei uns in der BRD gezeigt, teils in den Kinos, teils im Fernsehen. *A Very Square Room* (Das Geheimnis des alten Hauses) entstand für das amerikanische Fernsehen und war als Pilotfilm für eine Fernsehserie *(Higher and Higher)* gedacht, die nicht verwirklicht wurde. Bis auf *Lenny* (Lenny) entstanden alle Filme in Farbe, *The Graduate* (Die Reifeprüfung), *John and Mary* (John und Mary) und *Little Big Man* (Little Big Man/Weit ist die Prärie) zusätzlich in Panavision. *Little Big Man* wurde in der BRD auch unter dem Titel »Weit ist die Prärie« gezeigt. Die Filme *Straw Dogs* (Wer Gewalt sät ...) und *Agatha* (Das Geheimnis der Agatha Christie/Agatha) sind rein britische Produktionen. Laut Gerichtsbeschluß durfte *Agatha* in der BRD kurz nach dem Kinostart nicht mehr unter dem Titel »Das Geheimnis der Agatha Christie« gezeigt werden. *Un dollaro per 7 vigliacchi* (Zwei Nummern zu groß) ist eine italienisch-spanische Gemeinschaftsproduktion und wurde in den USA unter dem Titel *Madigan's Millions* gezeigt; der Film *Alfredo, Alfredo* (Alfredo, Alfredo) entstand in Co-Produktion mit italienischen und französischen Produzenten und gelangte in den USA unter seinem Originaltitel in die Kinos. Dustin Hoffmans restliche Filme sind rein US-amerikanische Produktionen.

Die deutschen Verleihtitel erscheinen in Klammern hinter dem Originaltitel des jeweiligen Films. Die Laufzeiten (in Minuten) sind zweifach angegeben – einmal die Originallaufzeit, dann die Laufzeiten in der BRD. In der Regel entsprechen diese der üblichen Länge eines Kinofilms (90 bis 110 Minuten). Ausnahmen machen hier der Fernsehfilm *A Very Square Room,* der 45 Minuten lang ist, *Un dollaro per 7 vigliacchi* mit 76 Minuten und die Filme mit Überlänge: *Little Big Man* (147 Min.), *Papillon* (Papillon, 150 Min.), *All the President's Men* (Die Unbestechlichen, 136 Min.) und *Marathon Man* (Der Marathon-Mann) mit einer Laufzeit von 125 Minuten. *Un dollaro per 7 vigliacchi* wurde in der BRD in seiner Originallänge (87 Minuten) gezeigt, *Little Big Man* von 147 Minuten auf 130 Minuten gekürzt, *Who Is Harry Kellerman and Why Is He Saying Those Terrible Things About Me?* (Wer ist Harry Kellermann?) von 108 Minuten auf 90, *Papillon* läuft auch in einer wesentlich gekürzten Fassung, alle anderen Filme wurden unerheblich gekürzt oder in ihren Originallaufzeiten belassen. Unabhängig vom Darstellerischen hat

Charles Durning (rechts), der sich in Dorothy Michaels (Dustin Hoffman) verliebt hat und stolz der vermeintlichen Frau per Traktor seine Farm präsentiert. – Eine Szene aus ›Tootsie‹ (1982). Die Versöhnung der beiden Männer gehört zweifelsohne zu den besten Szenen des Films.

Dustin Hoffman bei *Straight Time* (Stunde der Bewährung) gemeinsam mit Ulu Grosbard Regie geführt, sein Name erscheint innerhalb dieser Kategorie allerdings nicht auf der Leinwand. In der Filmographie ist Dustin Hoffmans Name *kursiv* gedruckt. Die Charaktere sind, soweit bekannt, in () Klammern hinter den Darstellern aufgeführt.

The Tiger Makes Out

USA, 1967
Produktion: Elan Productions/Columbia Pictures
Produzent: George Justin

Regie: Arthur Hiller
Drehbuch: Murray Schisgal, nach seinem Bühnenstück »The Tiger«
Kamera: Arthur J. Ornitz (Farbe)
Schnitt: Robert C. Jones
Musik: Milton »Shorty« Rogers
Besetzung: Eli Wallach (Ben), Anne Jackson (Gloria), Bob Dishy (Jerry, Glorias Mann), John Hawkins (Leo), Ruth White (Mrs. Kelly), Roland Wood (Mr. Kelly), Rae Allen (Beverly), Judie Bond (Miss Lane), David Burns (Mr. Ratner), Jack Fletcher (Pfandleiher), Bibi Osterwald (Mrs. Ratner), Charles Nelson Reilly (Urkundsbeamter), Frances Sternhagen (Dame im Bus), Elizabeth Wilson (Empfangsdame), Kim August (Tony Songbird), Alice Beardsley (Nachbarin), Mariclare Costello (Rose, ein Beatnik-Girl), David Hoyle (Bediensteter), *Dustin Hoffman* (Hap, ein Beatnik-Lover), Michele Kesten (Kellnerin), James Luisi (Pete Copolla).
Original-Laufzeit: 94 Minuten
Uraufführung: Oktober 1967

Un dollaro per 7 vigliacchi (Zwei Nummern zu groß)
Titel in den USA: *Madigan's Millions*
Italien/Spanien, 1967/68
Produktion: Hercules/L.M.
Produzent: Sidney Pink
Regie: Stanley Prager/Dan Ash
Drehbuch: James Henaghan, J.L. Bayonas, Dan Ash
Kamera: Manuel (Manolo) Rojas (Farbe)
Musik: Garcia Cregory Segura
Besetzung: *Dustin Hoffman* (Jason Fister), Cesar Romero (Mike Madigan), Elsa Martinelli (Vicky Shaw), Gustavo Rojo (Kommissar Arco)
Original-Laufzeit: 87 Minuten; BRD (87 Minuten), USA (76 Minuten)
Deutsche Erstaufführung: 16. Juli 1971
Fernsehausstrahlung: 1. März 1976 (ARD)
Verleih in der BRD: CS

The Graduate (Die Reifeprüfung)
USA, 1967
Produktion: Embassy Pictures/United Artists
Produzenten: Lawrence Turman, Mike Nichols, Joseph E. Levine
Regie: Mike Nichols

Benjamin Braddock (Dustin Hoffman) und Elaine Robinson (Katharine Ross) lieben sich. Bedauerlicherweise steht zwischen ihnen die Tatsache, daß Ben ein Verhältnis mit Elaines Mutter hatte. Auch haben Elaines Eltern für ihre Tochter bereits einen Mann ausgesucht, den sie in Kürze heiraten soll. ›The Graduate‹ (1967) von Mike Nichols.

Drehbuch: Calder Willingham, Buck Henry, nach einem Roman von Charles Webb
Kamera: Robert Surtees (Farbe, Panavision)
Schnitt: Sam O'Steen
Musik: Dave Grusin
Songs: Paul Simon (gesungen von Simon & Garfunkel)
Besetzung: Anne Bancroft (Mrs. Robinson), *Dustin Hoffman* (Benjamin Braddock), Katharine Ross (Elaine Robinson), William Daniels (Mr. Braddock), Elizabeth Wilson (Mrs. Braddock), Brian Avery (Carl Smith), Walter Brooke (Mr. Maguire), Norman Fell (Mr. Mc.Cleery), Elizabeth Fraser (Lady Nr. 2), Alice Ghostley (Mrs. Singleman), Buck Henry (Sekretär), Marion Lorne (Miss DeWitt)
Laufzeiten· USA (105 Minuten), BRD (106 Minuten)
Deutsche Erstaufführung: 6. September 1968
Uraufführung: 1967
Verleih: United Artists

A Very Square Room (Das Geheimnis des alten Hauses)
USA, 1968
Regie: Paul Bogart
Besetzung: John McMartin (John Higher), Sally Kellerman (Elizabeth Higher), Robert Foster (Doug Payson), Marie Masters (Paula), Alan Alda (Frank St. John), Barry Morse (Colin St. John), *Dustin Hoffman* (Ankläger Arthur Greene)
Laufzeit: 45 Minuten
Deutsche Erstaufführung: 13. Februar 1975 (TV-ARD)

John and Mary (John und Mary)
USA, 1969
Produzent: Ben Kadish
Produktion: Debrod
Regie: Peter Yates
Drehbuch: John Mortimer (nach einem Roman von Mervyn Jones)
Kamera: Gayne Rescher (Farbe, Panavision)
Musik: Quincy Jones
Schnitt: Frank P. Keller
Besetzung: *Dustin Hoffman* (John), Mia Farrow (Mary), Michael Tolan (James), Sunny Griffith (Ruth), Stanley Beck (Ernest), Tyne Daly (Hilary), Alix Elias (Jane), Julie Garfield (Fran), Marvin Lichterman (Dean), Marian Mercer (Mags Eliot), Susan Taylor (Minnie), Olympia Duhahis (Johns Mutter), Carl Parker (Tennisspieler), Richard Clarke (Charlie), Cleavon Little (Film-Regisseur), Marilyn Chris (Frau des Regisseurs), Alexander Cort (Imaginärer Film-Regisseur), Kristoffer Tabon (Pfadfinder)
Laufzeiten USA und BRD: 92 Minuten
Deutsche Erstaufführung: 2. Januar 1970
Verleih: Centfox
Uraufführung: 1969

Midnight Cowboy (Asphalt-Cowboy)
USA, 1969
Produzenten: Jerome Hellman, John Schlesinger
Regie: John Schlesinger
Drehbuch: Waldo Salt, nach einem Roman von James Leo Herlihy
Kamera: Adam Holender (Farbe)
Schnitt: Hugh A. Robertson
Musikalische Leitung: John Barry

›John and Mary‹ (1969): John (Dustin Hoffman) lernt Mary (Mia Far-row) in einem Studentenlokal kennen. Sie beschließen, gemeinsam zu John zu gehen, ohne sich überhaupt gesagt zu haben, wie sie heißen. Auch am nächsten Tag sieht John dafür eigentlich keinen Grund. – Eine eher merkwürdige Konstellation innerhalb des Films von Peter Yates.

Besetzung: *Dustin Hoffman* (Ratso Rizzo), Jon Voight (Joe Buck), Sylvia Miles (Cass), John McGiver (Mr. O'Daniel), Brenda Vaccaro (Shirley), Bernard Hughes (Towny), Ruth White (Sally Buck), Jennifer Salt (Annie), Gil Rankin (Woodsy Niles), Gary Owens/T. Tom Marlow (Little Joe), George Eppersen (Ralph), Al Scott (Manager der Cafeteria), Linda Davis (Mutter im Bus), J.T. Masters (Alter Cowboy), Arlene Reeder (Alte Dame), Georgann Johnson (Reiche Lady), Jonathan Kramer (Jackie), Anthony Holland (TV-Pfarrer), Bob Balaban (Junger Stu-

dent), Jan Tice (Kuriose Dame), Peter Scalia und Vito Siracusa (Barkeeper), Peter Zamaglias (Hutgeschäft-Besitzer), Arthur Anderson (Hotelsekretär), Tina Scala und Alma Felix (Wäscherinnen), Richard Clarks (Mitglied einer Eskorte), Ann Thomas (Aufgebrachte Lady), Viva (Gretel McAlbertson), Gastone Rossilli (Hänsel McAlbertson), Joan Murphy (Kellnerin), Al Stetson (Busfahrer)
Laufzeit in der BRD: 113 Minuten, Laufzeit in den USA: 113 Minuten
Uraufführung: 1968
Deutsche Erstaufführung: 18. Juli 1969
Verleih: United Artists

Little Big Man (Little Big Man/Weit ist die Prärie)
USA, 1970
Produzenten: Stuart Millar, Arthur Penn
Produktion: Hiller/Stockbridge/National General Pictures
Regie: Arthur Penn
Drehbuch: Calder Willingham (nach einer Erzählung von Thomas Berger)
Kamera: Harry Stradling Jr. (Farbe, Panavision)
Schnitt: Dede Allen
Musik: John Hammond
Make-up von *Dustin Hoffman:* Dick Smith
Besetzung: *Dustin Hoffman* (Jack Crabb), Faye Dunaway (Mrs. Pendrake), Martin Balsam (Allardyce T. Merriweather), Richard Mulligan (General George A. Custer), Chief Dan George (Old Lodge Skins), Jeff Corey (Wild Bill Hickok), Amy Eccles (Sunshine), Kelly Jean Peters (Olga), Carol Androsky (Caroline), Robert Little Star (Little Horse), Cal Bellini (Younger Bear), Thayer Davis (Reverend Mr. Pendrake), Ray Dimas (Young Jack Crabb), Alan Howard (Jack Crabb als Erwachsener), Ruben Moreno (Shadow That Comes In Sight), Steve Shemayne (Burns Red In The Sun), William Hickey (Historiker), James Anderson (Sergeant), Jesse Vint (Leutnant), Alan Oppenheimer (Major), Philip Kenneally (Mr. Kane), Jack Bannon (Captain), Jack Mullaney (Kartenspieler), Steve Miranda (Younger Bear als Kind), Lou Cutell (Deacon), M. Emmet Walsh (Shotgun Guard), Emily Cho (Digging Bear), Cecella Kootenay (Little Elk), Linda Dyer (Corn Woman)
Original-Laufzeit: 147 Minuten; Laufzeit in der BRD: 130 Minuten
Deutsche Erstaufführung: 13. August 1971
Uraufführung: 1970
Verleih: Centfox

Hollywoods Antiheld Dustin Hoffman in Arthur Penns Film ›Little Big Man‹ (1970).

Dustin Hoffman in ›Marathon Man‹ (1976).

›Little Big Man‹ (1970): Einmal in seinem abenteuerlichen Leben versucht es Jack Crabb (Dustin Hoffman) ganz solide als ehrbarer Kaufmann, mit Nachthemd, Zipfelmütze und einer stämmigen Schwedin im Ehebett. Aber Bürgerlichkeit ist nicht seine Masche – infolge eines betrügerischen Kompagnons gibt es bald eine katastrophale Pleite.

Who Is Harry Kellerman And Why Is He Saying Those Terrible Things About Me? (Wer ist Harry Kellermann?)

USA, 1971
Produktion: National General Pictures/Cinema Center Films/Who Is Harry Kellerman Company Productions
Produzenten: Herb Gardner, Ulu Grosbard
Regie: Ulu Grosbard
Drehbuch: Herb Gardner

258

Kamera: Victor J. Kemper (Farbe)
Schnitt: Barry Malkin
Musik: Shel Silverstein
Besetzung: *Dustin Hoffman* ((Georgie Saloway), Barbara Harris (Allison Densmore), David Burns (Leon Saloway, Georgies Vater), Jack Warden (Dr. Solomon F. Moses), Gabriel Dell (Sidney Gill), Betty Walker (Margot Saloway), Rose Gregorio (Gloria Saloway), Dom DeLuise (Irwin Matsy, Buchhalter), Regina Babi (Ruthi Tresh, Georgies Freundin), David Galef (Leonhard Saloway), Ed Zimmerman (Peter Halloran, Produzent), Amy Levitt (Susan), Joe Sicari (Marty), Rudy Bond (Zeitungshändler), Walter Hyman (Blumenverkäufer), Josip Elic (Chomsky), Herbie Faye (Geschiedener Mann), James Hall (Lemuel), Sherry Rooney (Marilyn), Robyn Millan (Samantha), Shel Silverstein

Dustin Hoffman in ›Little Big Man‹ (1970).

(Bernie), Walter Hyman Jr. (Danny Charleton), Irwin Rose (Fotograf),
Candy Azzara (Sally)
Original-Laufzeit: 108 Minuten
Laufzeit in der BRD: 90 Minuten
Deutsche Erstaufführung: 28. April 1972
Uraufführung: 1971
Verleih: Centfox

Straw Dogs (Wer Gewalt sät ...)
Großbritannien, 1971
Produktion: Amerbroco/ABC Pictures
Produzent: David Melnick
Regie: Sam Peckinpah
Drehbuch: David Zelag Goodman, Sam Peckinpah (nach einem Roman
von Gordon M. Williams)
Kamera: John Coquillon, Herbert Smith (Farbe)
Schnitt: Paul Davies
Musik: Jerry Fielding
Besetzung: *Dustin Hoffman* (David), Susan George (Amy), Peter Vaug-
han (Tom Hedden), T.P. McKenna (Major Scott), Del Henney (Ven-
ner), Ken Hutchinson (Scutt), Colin Welland (Reverend Hood), Jim
Norton (Cawsey), Sally Thornsett (Janice), Donald Webster (Ridda-
way), Len Jones (Booby Hedden), Michael Mandel (Bertie Hedden),
Peter Arne (John Niles), Robert Keegan (Harry Ware), Jane Brown
(Mrs. Hedden), Chloe Franks (Emma Hedden), Cherina Man (Mrs.
Hood)
Original-Laufzeit: 118 Minuten
Laufzeit in der BRD: 117 Minuten
Deutsche Erstaufführung: 30. März 1972
Uraufführung: 1971
Verleih in der BRD: Centfox

Alfredo, Alfredo (Alfredo, Alfredo)
Italien/Frankreich, 1972
Produktion: R.P.A./Rizzoli/Francoriz/S.A.R.L.
Regie: Pietro Germi
Drehbuch: Leo Benvenuti, Pietro de Bernardi, Tullio Pinelli, Pietro
Germi (nach einer Erzählung von Leo Benvenuti)
Kamera: Aiace Parolin (Farbe)
Schnitt: Sergio Nontanari

Dustin Hoffman mit seiner bezaubernden Partnerin Stefania Sandrelli in Pietro Germis italienischer Filmkomödie ›Alfredo, Alfredo‹ (1972). – Alfredo, schüchterner junger Mann mit Komplexen, fühlt sich noch im siebenten Himmel, als die umwerfend schöne Mariarosa tatsächlich zum verabredeten Rendezvous aufkreuzt. Der Sturz aus dem Himmel der Glückseligkeit bleibt Alfredo jedoch nicht erspart.

Musik: Carlo Rustichelli
Besetzung: *Dustin Hoffman* (Alfredo), Stefania Sandrelli (Mariar Rosa), Carla Gravina (Carolina), Clara Colosino (Carolinas Mutter), Daniele Patella (Carolinas Vater), Danika LaLoggia (Maria Rosas Mutter), Saro Urzzi (Maria Rosas Vater), Luigi Baghetti (Alfredos Vater), Duilio Del Prete (Oreste)

Original-Laufzeit: 93 Minuten
Laufzeit in der BRD: 93 Minuten
Laufzeit in den USA: 97 Minuten
Deutsche Erstaufführung: 10. August 1973
Uraufführung: 1972
Verleih in der BRD: CIC

Papillon (Papillon)
USA, 1973
Produktion:. Butterfly/Corona/National General Pictures
Produzenten: Robert Dorfmann, Franklin J. Schaffner
Regie: Franklin J. Schaffner

Dustin Hoffman und Robert Deman in ›Papillon‹ (1973).

Ausführender Produzent: Ted Richmond
Drehbuch: Dalton Trumbo, Lorenzo Semple Jr. (nach dem gleichnamigen Roman von Henri Charrière)
Kamera: Fred C. Koenekamp (Farbe, Panavision)
Schnitt: Robert Swink
Musik: Jerry Goldsmith
Besetzung: Steve McQueen (Papillon), *Dustin Hoffman* (Louis Dega), Victor Jory (Indianerhäuptling), Don Gordon (Julot), Anthony Zerbe (Toussaint), Robert Deman (Maturette), Woodrow Parfrey (Clusiot), Bill Mumy (Lariot), George Coulouris (Dr. Chutal), Ratna Assan (Zoraima), William Smithers (Barrot, Wärter), Val Avery (Pascal), Gregory Sierra (Antonio), Victor Tayback (Sergeant), Mills Watson (Wache), Ron Soble (Santini), Barbara Morrison (Oberin), Don Hanmer (Schmetterlings-Händler), E.J. Andre (Alter Verbrecher), Richard Angarola (Kommandant), Jack Denbo (Einteilungs-Offizier), Len Lesser (Wachhabender), John Quade (Maskierter Bretone), Fred Sadoff (Zweiter Wärter), Allen Jaffe (Schließer), Liam Dunne (Alter Treuhänder)
Original-Laufzeit: 150 Minuten
Laufzeit in der BRD: 150 Minuten
Deutsche Erstaufführung: 20. Dezember 1973
Uraufführung: 1973
Verleih in der BRD: Warner-Columbia

Lenny (Lenny)
USA, 1974
Produktion: John Magnussons Associates
Produzent: Marvin Worth
Regie: Bob Fosse
Ausführender Produzent: David V. Picker
Drehbuch: Julian Barry (nach seinem gleichnamigen Bühnenstück)
Kamera: Bruce Surtees (Schwarz-weiß)
Musik: Ralph Burns
Schnitt: Alan Helm
Besetzung: *Dustin Hoffman* (Lenny Bruce), Valerie Perrine (Honey Bruce), Jan Miner (Sally Marr), Stanley Beck (Artie Silver), Gary Morton (Sherman Hart), Rashel Novikoff (Tante Mema), Lee Sandman, Martin Begley, Monroe Myers und Bruce McLaughlin (Richter), Mike Murphy, Richard Friedman und Bob Collins (Staatsanwälte), Mark Har-

ris, Ted Sorrell, Clarence Thomas (Verteidiger), Allison Goldstein, Bridghid Glass und Susan Malnick (Kitty Bruce als Kind), John DiSanti (Time-Reporter), Jack Nagle (Reverend Mooney), Guy Rennie (Jack Goldstein)
Original-Laufzeit: 111 Minuten
Laufzeit in der BRD: 111 Minuten
Deutsche Erstaufführung: 23. Mai 1975
Uraufführung: 1974
Verleih in der BRD: United Artists

All the President's Man (Die Unbestechlichen)
USA, 1976
Produktion: Wildwood Enterprises/Warner Bros.
Produzent: Walter Coblenz
Regie: Alan J. Pakula
Drehbuch: William Goldman (nach einem Buch von Carl Bernstein und Bob Woodward)
Ton: Arthur Piantadosi, Les Fresholtz, Dick Alexander, Jim Webb
Kamera: Gordon Willis (Farbe)
Ausstattung: George Jenkins
Bauten: George Gaines
Schnitt: Robert L. Wolfe
Musik: David Shire
Besetzung: *Dustin Hoffman* (Carl Bernstein), Robert Redford (Bob Woodward), Jack Warden (Harry Rosenfeld), Martin Balsam (Howard Simons), Hal Holbrook (Deep Throat), Jason Robards Jr. (Ben Bradlee), Jane Alexander (Buchhalterin), Meredith Baxter (Debbie Sloan), Ned Beatty (Dardis), Stephen Collins (Hugh Sloan Jr.), Penny Fuller (Sally Aiken), John McMartin (Auslands-Redakteur), Robert Walden (Donald Segretti), Frank Wills (spielt sich selbst), F. Murray Abraham (Offizier), David Arkin (Bachinski), Henry Calvert (Barker), Dominic Chianese (Martinez), Bryan E. Clark (Anwalt), Nicholas Coster (Markham), Lindsay Ann Crouse (Kay Eddy), Valerie Curtin (Miss Milland), Gene Dynarski (Gerichtsdiener), Nate Esformes (Gonzales), Ron Hale

Dustin Hoffman in der Titelrolle von Bob Fosses Spielfilm ›Lenny‹ (1974). Gestern wegen seiner provozierenden Nachtclub-Auftritte von den amerikanischen Sittenwächtern in einer heuchlerischen Gesellschaft gejagt, heute eine Legende: Lenny Bruce (1926–1966), mit bürgerlichem Namen Leonard Alfred Schneider.

Dustin Hoffman, Jack Warden und Robert Redford in ›All the President's Men‹ (1976).

(Sturgis), Richard Herd (McCord), Polly Holliday (Dardis' Sekretärin), James Karen (Hugh Sloans Anwalt), Paul Lambert (Redakteur)
Original-Laufzeit: 136 Minuten
Laufzeit in der BRD: 132 Minuten
Deutsche Erstaufführung: 30. September 1976
Uraufführung: 1976
Verleih in der BRD: Warner-Columbia

Marathon Man (Der Marathon-Mann)
USA, 1976
Produktion: Paramount Pictures
Produzenten: Robert Evans, Sidney Beckerman
Regie: John Schlesinger
Drehbuch: William Goldman (nach seinem gleichnamigen Roman)

Kamera: Conrad Hall (Farbe)
Schnitt: Jim Clark
Musik: Michael Small
Besetzung: *Dustin Hoffman* (Babe Levy), Sir Laurence Olivier (Szell), Roy Scheider (Doc Levy), William Devane (Janeway), Marthe Keller (Elsa), Fritz Weaver (Professor Biesenthal), Richard Bright (Karl), Marc Lawrence (Erhard), Allen Joseph (Mr. Levy), Tito Goya (Melendez), Ben Dova (Szells Bruder), Lou Gilbert (Rosenbaum), Jacques Marin (LeClerc), James Wing Woo (Chen), Nicole Deslauriers (Nicole), Lotta Andor-Palfi (Alte Dame auf der Straße)

Dustin Hoffman in ›Marathon Man‹ (1976).

Original-Laufzeit: 125 Minuten
Laufzeit in der BRD: 125 Minuten
Deutsche Erstaufführung: 31. März 1977
Uraufführung: 1976
Verleih in der BRD: CIC (Cinema International Corporation GmbH).

Straight Time (Stunde der Bewährung)
USA, 1977
Produktion: First Artists/Warner Communications Company
Produzenten: Stanley Beck, Tim Zinnemann
Regie: Ulu Grosbard, *Dustin Hoffman*
Drehbuch: Alvin Sargent, Edward Bunker, Jeffrey Boam (nach dem Roman »No Beast So Fierce« von Edward Bunker)
Kamera: Owen Roizman (Farbe)
Schnitt: Sam O'Steen, Randy Roberts
Musik: David Shire
Besetzung: *Dustin Hoffman* (Max Dembo), Theresa Russell (Jenny Mercer), Harry Dean Stanton (Jerry Shue), Gary Busey (Willy Darren), M. Emmet Walsh (Earl Frank), Sandy Baron (Manny), Kathy Bates (Selma Darren), Edward Bunker (Mickey), Stuart Barton (Erster Verkäufer), Barry Cahill (2. Verkäufer), Corey Rand (Carlos), James Ray (Manager), Rita Taggert (Carol Shue), Frank Ryan (Kaffeehaus-Besitzer), Jacob Busey (Henry Baron)
Original-Laufzeit: 114 Minuten
Laufzeit in der BRD: 113 Minuten
Deutsche Erstaufführung: 21. September 1978
Uraufführung: 1978
Verleih in der BRD: Warner-Columbia

Agatha (Das Geheimnis der Agatha Christie/Agatha)
Großbritannien, 1978
Produktion: Warner Bros. Production (London)
Produzenten: Jarvis Astaire, Gavrik Losey
Regie: Michael Apted
Drehbuch: Kathleen Tynan, Arthur Hopcraft (nach einem Roman von Kathleen Tynan)
Kamera: Vittorio Storaro (Farbe)
Schnitt: Jim Clark
Musik: Johnny Mandel

Einen kleinen Gesetzesbrecher, der zum brutalen Killer wird, spielte Dustin Hoffman in ›Straight Time‹ (1978). Der mehrfach gestrauchelte Max Dembo sucht nach seiner Haftentlassung Hilfe bei einem attraktiven Mädchen (Theresa Russell, links), das allerdings von Depressionen und Komplexen geplagt ist. Ulu Grosbard hatte die Regie von Hoffman übernommen, als dieser mit dem Film nicht weiter kam.

Dustin als Wally Stanton in ›Agatha‹ (1979).

Dustin Hoffman und Vanessa Redgrave in ›Agatha‹ (1979) von Michael Apted.

Besetzung: *Dustin Hoffman* (Wally Stanton, ein Journalist), Vanessa Redgrave (Agatha Christie), Timothy Dalton (Archie Christie), Helen Morse (Evelyn), Cilia Gregory (Nancy Neale), Tony Britton (William Collins), Timothy West (Kenward), Allan Badel (Lord Brackenbury), Paul Brooke (John Foster), Carolyn Pickles (Charlotte Fisher), Robert Longden (Pettelson), Donald Nithsdale (Onkel Jones), Yvonne Gillian (Mrs. Braithwaite), David Hargreaves (Sergeant Jarvis), Sandra Voe (Therapeutin), Barry Hart (Superintendent McDonald), Tim Seely (Captain Rankin), Jill Summers (Nancys Tante)
Original-Laufzeit: 104 Minuten
Laufzeit in den USA: 98 Minuten
Laufzeit in der BRD: 104 Minuten
Deutsche Erstaufführung: 22. März 1979
Uraufführung: USA 1979
Verleih in der BRD: Warner-Columbia

Kramer Vs. Kramer (Kramer gegen Kramer)
USA, 1979
Produktion: Columbia Pictures
Produzent: Stanley R. Jaffe
Regie: Robert Benton
Drehbuch: Robert Benton (nach einem Roman von Avery Corman)
Kamera: Nestor Almendros (Farbe)
Schnitt: Jerry Greenberg
Musik: Henry Purcell
Besetzung: *Dustin Hoffman* (Ted Kramer), Meryl Streep (Joanna Kramer), Jane Alexander (Margaret Phelps), Justin Henry (Billy Kramer), Howard Duff (John Shaunessy), George Coe (Jim O'Connor), JoBeth Williams (Phyllis Bernard), Bill Moor (Gressen), Howard Chamberlaine (Richter Atkins), Jack Ramage (Mr. Spencer), Jess Osuna (Jack Ackerman), Nicholas Hormann (Interviewer), Ellen Parker (Lehrer), Shelby Brammer (Teds Sekretärin), Carol Nadell (Mrs. Kline)
Original-Laufzeit: 105 Minuten
Laufzeit in der BRD: 104 Minuten
Deutsche Erstaufführung: 28. Februar 1980
Uraufführung: 1979
Verleih in der BRD: Warner-Columbia

Tootsie (Tootsie)
USA, 1982
Produktion: Mirage/Punch/Columbia
Produzenten: Sydney Pollack, Dick Richards
Regie: Sydney Pollack
Drehbuch: Larry Gelbart, Murray Schisgal und Don McGuire, nach einer Story von Don McGuire und Larry Gelbart
Kamera: Owen Roizman (Farbe)
Ausführender Produzent: Charles Evans
Schnitt: Fredric Steinkamp, William Steinkamp
Interpret der Songs: Stephen Bishop
Musik: Dave Grusin
Songs: Alan und Marilyn Bergman (Text), Dave Grusin (Musik)
Besetzung: *Dustin Hoffman* (Michael Dorsey/Dorothy Michaels), Jessica Lange (Julie), Teri Garr (Sandy), Dabney Coleman (Ron Carlysle), Charles Durning (Les), Bill Murray (Michaels Freund), George Gaynes (John Van Horn), Sydney Pollack (George Fields), Geena Davis, Doris Belack

Regisseur (Sydney Pollack, links) und seine Hauptdarstellerin Dorothy Michaels alias Dustin Hoffman.

Bei den Dreharbeiten zu ›Tootsie‹ (1982): Dustin Hoffman, Teri Garr und Regisseur Syndey Pollack, der im Film den Agenten des erfolglosen Schauspielers Michael Dorsey verkörpert.

Deutsche Erstaufführung: 25. März 1983
Verleih: Columbia Pictures

Eine Szene aus ›Tootsie‹ (1982).

Babysitter: Dustin Hoffman in ›Tootsie‹ (1982).

Dustin Hoffmans Filme und die ACADEMIE OF MOTION PICTURE ARTS AND SCIENCES

(zusammengestellt von Bernd Eckhardt)

Nachfolgend eine Aufstellung jener Filme, in denen Dustin Hoffman mitwirkte und für die OSCAR-Nominierungen ausgesprochen wurden und OSCARS verliehen wurden. Diese Aufstellung ist insofern von Bedeutung, weil sie die Wertigkeit der Filme von Dustin Hoffman zu dokumentieren versucht (ein Stern * steht für eine Nominierung, zwei Sterne ** stehen für eine Auszeichnung mit dem OSCAR):

* *The Graduate*, nominiert als »Bester Film des Jahres« (1967)

* Lawrence Turman, Produzent von *The Graduate*, 1967

* *Dustin Hoffman*, nominiert als »Bester Darsteller« für *The Graduate*, 1967

* Anne Bancroft, nominiert als »Beste Darstellerin« für ihre Rolle in *The Graduate*, 1967

* Katharine Ross, nominiert als »Beste Darstellerin in einer Nebenrolle« für *The Graduate*, 1967

** Mike Nichols, OSCAR-Preisträger für die »Beste Regie« bei *The Graduate*, 1967

* Calder Willingham, nominiert als »Bester Drehbuch-Autor« für *The Graduate*, 1967

* Buck Henry, nominiert als »Bester Drehbuch-Autor« für *The Graduate*, 1967

* Robert Surtees, nominiert für die »Beste Kameraarbeit« bei *The Graduate*, 1967

** *Midnight Cowboy*, OSCAR als »Bester Film des Jahres« (1969)

** Jerome Hellman, OSCAR-Preisträger als Produzent von *Midnight Cowboy*, 1969

* *Dustin Hoffman*, nominiert als »Bester Schauspieler« für seine Rolle in *Midnight Cowboy*, 1969

* Jon Voight, nominiert als »Bester Schauspieler« für seine Rolle in *Midnight Cowboy*, 1969

* Sylvia Miles, nominiert als »Beste Darstellerin in einer Nebenrolle« für *Midnight Cowboy*, 1969

** John Schlesinger, OSCAR-Preisträger für die »Beste Regie« bei

Midnight Cowboy, 1969

** Waldo Salt, OSCAR-Preisträger als »Bester Drehbuch-Autor« bei *Midnight Cowboy,* 1969

* Hugh A. Robertson, nominiert für den »Besten Filmausschnitt« bei *Midnight Cowboy,* 1969

* Chief Dan George, nominiert als »Bester Darsteller in einer Nebenrolle« für *Little Big Man,* 1970

* Barbara Harris, nominiert als »Beste Darstellerin in einer Nebenrolle« für *Who Is Harry Kellerman And Why Is He Saying Those Terrible Things About Me?,* 1971

* Jerry Goldsmith, nominiert für die »Beste Musikpartitur« bei *Papillon,* 1973

* *Lenny,* nominiert als »Bester Film des Jahres« (1974)

* Marvin Worth, nominiert als Produzent des Filmes *Lenny,* 1974

* *Dustin Hoffman,* nominiert als »Bester Darsteller« für seine Rolle in *Lenny,* 1974

* Valerie Perrine, nominiert als »Beste Schauspielerin« für ihre Rolle in *Lenny,* 1974

* Bob Fosse, nominiert als »Bester Regisseur« für seinen Film *Lenny,* 1974

* Julian Barry, nominiert für sein Drehbuch für *Lenny,* 1974

* Bruce Surtees, nominiert für seine Kamera-Arbeit bei *Lenny,* 1974

* *All The President's Men,* nominiert als »Bester Film des Jahres«, 1976

* Walter Coblenz, nominiert als Producer von *All The President's Men,* 1976

* Sir Laurence Olivier, nominiert als »Bester Darsteller in einer Nebenrolle« für *Marathon Man,* 1976

** Jason Robards Jr., OSCAR-Preisträger für seine Rolle in *All The President's Men,* 1976 (»Bester Darsteller in einer Nebenrolle«)

* Jane Alexander, nominiert für ihre Darstellung in *All The President's Men,* 1976 (»Beste Darstellerin in einer Nebenrolle«)

* Alan J. Pakula, nominiert als »Bester Regisseur« für seinen Film *All The President's Men,* 1976

** William Goldman, OSCAR-Preisträger für sein Drehbuch zu *All The President's Men,* 1976

** George Jenkins, OSCAR-Preisträger als Ausstatter bei *All The President's Men,* 1976

** George Gaines, OSCAR-Preisträger als Architekt (Bauten) bei *All The President's Men,* 1976

** Arthur Piantadosi, OSCAR-Preisträger als Toningenieur bei *All The President's Men*, 1976

** Les Fresholtz, OSCAR-Preisträger als Toningenieur bei *All The President's Men*, 1976

** Dick Alexander, OSCAR-Preisträger als Toningenieur bei *All The President's Men*, 1976

** Jim Webb, OSCAR-Preisträger als Toningenieur bei *All The President's Men*, 1976

* Robert L. Wolfe, nominiert für seinen Filmschnitt bei *All The President's Men*, 1976

** *Kramer Vs. Kramer*, »Bester Film des Jahres«, 1979

** Stanley R. Jaffe, OSCAR-Preisträger als Produzent des Filmes *Kramer Vs. Kramer*, 1979

** *Dustin Hoffman*, OSCAR-Preisträger, als »Bester Darsteller« für seine Rolle in *Kramer Vs. Kramer*, 1979

* Justin Henry, nominiert als »Bester Darsteller in einer Nebenrolle« für *Kramer Vs. Kramer*, 1979

* Jane Alexander, nominiert als »Beste Darstellerin in einer Nebenrolle« für *Kramer Vs. Kramer*, 1979

** Robert Benton, OSCAR-Preisträger als »Bester Regisseur« für seinen Film *Kramer Vs. Kramer*, 1979

** Meryl Streep, OSCAR-Preisträgerin als »Beste Schauspielerin in einer Nebenrolle« für *Kramer Vs. Kramer*, 1979

* Jerry Greenberg, nominiert für seinen Filmschnitt bei *Kramer Vs. Kramer*, 1979

* Nestor Almendros, nominiert für seine Kamera-Arbeit bei *Kramer Vs. Kramer*, 1979

** Jessica Lange, OSCAR-Preisträgerin als »Beste Darstellerin in einer Nebenrolle« für *Tootsie*, 1982

* Fredric Steinkamp, William Steinkamp, nominiert für den Schnitt von *Tootsie*, 1982

* Sydney Pollack und Dick Richards, nominiert als Produzenten von *Tootsie* (1982) – Nominierung als »Bester Film des Jahres«

* Sydney Pollack, nominiert als »Bester Regisseur« für *Tootsie* (1982)

* Dave Grusin, Alan und Marilyn Bergman, nominiert für ihren Song aus *Tootsie* (1982) – »It might be you«

* Owen Roizman, nominiert für die Kameraarbeit bei *Tootsie* (1982)

* Larry Gelbart, Murray Schisgal und Don McGuire, nominiert als Drehbuchautoren von *Tootsie* (1982)

* Teri Garr, nominiert für ihre Nebenrolle in *Tootsie* (1982)

Hieraus ist zu entnehmen, daß *Dustin Hoffman* fünfmal für einen OSCAR nominiert war *(The Graduate, Mignight Cowboy, Lenny, Kramer Vs. Kramer und Tootsie)* und bislang einen OSCAR gewann (für *Kramer Vs. Kramer*). 1967 unterlag Hoffman bei *The Graduate* dem Schauspieler Rod Steiger, der für seine Darstellung in *In The Heat of the Night* (In der Hitze der Nacht) Sieger blieb; 1969, als Hoffman für *Midnight Cowboy* nominiert war, gewann in seiner Kategorie (»Bester Darsteller des Jahres«) John Wayne seinen OSCAR für *True Grit* (Der Marshal). 1974, als er für *Lenny* ausgezeichnet werden sollte, gewann Art Carney für seine Darstellung in *Harry and Tonto*. 1980, als die Stimmen für die OSCAR-Wahl des Jahres 1979 ausgezählt wurden und Hoffman seinen OSCAR gewann, unterlagen ihm so namhafte Darsteller wie Jack Lemmon *(The China Syndrome)*, Al Pacino *(... And Justice for All)*, Roy Scheider *(All That Jazz)* und Peter Sellers *(Being There)*. Im April 1983, bei der Vergabe der OSCARS für das Jahr 1982 (55. OSCAR-Verleihung) waren in der Kategorie »Bester Schauspieler des Jahres« nominiert: Dustin Hoffman für *Tootsie*, Ben Kingsley für *Ghandi*, Paul Newman für *The Verdict*, Jack Lemmon für *Missing* und Peter O'Toole in *My Favorite Year*. Ben Kingsley gewann – gegen die großartige und dramatische Leistung von Kingsley konnte sich Hoffman mit seinem komödiantischen Talent in *Tootsie* nicht durchsetzen.

Dustin Hoffman im Fernsehen (Auswahl)

1965   eine kleine Rolle in der US-Serie »The Defenders«

1968   *A Very Square Room* (siehe Filmographie, Film Nr. 4)

1971   *The Point*
            Zeichentrickfilm der ABC. Produktion: Murkami/Wolf
            Buch und Musik: Harry Nilsson
            Dustin Hoffman als Erzähler und Sprecher einer Rolle.

Dustin Hoffman und die Bühne (Auswahl)

1949   *A Christmas Carol* (Charles Dickens)
       Schüleraufführung der John Burroughs High School
       Rolle: Tiny Tim

1957   *A View from the Bridge* (Arthur Miller)
       Inszenierung: Barney Brown
       Pasadena Playhouse
       Rolle: Anwalt

1959   *Two for the Seesaw* (William Gibson)
       Death of A Salesman (Arthur Miller)
       The Time of Your Life (William Saroyan)
       Yes Is for A Very Young Man (Gertrude Stein)
       Sarah Lawrence College, New York
       A Cook for Mr. General
       Broadway, New York
       Rolle: Soldat

1964   *Waiting for Godot* (Samuel Beckett)
       Inszenierung: Ulu Grosbard
       Boston Theatre Company, Circle in the Square, New York
       Rolle: Pozzo

1965   *Harry, Noon, and Night* (Ronald Ribman)
       Inszenierung: George Morrison
       Produktion: Roland Ribman
       Broadway, New York

1965/66 *A View from the Bridge* (Arthur Miller)
       Inszenierung: Ulu Grosbard
       Regie-Assistenz: Dustin Hoffman
       Produktion: Joseph E. Levine
       Sheridan Square Playhouse, New York mit Robert Duvall
       und Jon Voight

1966   *The Journey of the Fifth Horse* (Ivan S. Turgenev/Ronald
       Ribman)
       Inszenierung: Larry Arrick
       Produktion: Ronald Ribman
       American Place Theatre, Broadway, New York
       Rolle: Zoditch

Eh? (Henry Living)
Inszenierung: Alan Arkin
Circle in the Square, New York
Rolle: Valentine Brose

1969   *Jimmy Shine* (Murray Schisgal)
Inszenierung: Donald Driver
Produktion: Zev Buffman
Brooks Atkinson Theatre. Broadway, New York
Rolle: Jimmy Shine

1975   *All Over Town* (Murray Schisgal)
Inszenierung: Dustin Hoffman
Produktion: Dustin Hoffman, Adela Holzer, Gene Hackman
Shubert Theatre, Chikago und Broadway, New York mit Meryl Streep, Cleavon Little, Barnard Hughe, Zane Lasky, Polly Holliday

Ehrungen und Auszeichnungen

1966	OBIE-Award für *The Journey of the Fifth Horse*
1967	DRAMA DESK für *Eh?*
1967	VERNON RICE Award für *Eh?*
1968	GOLDEN GLOBE für *The Graduate*
1968	OSCAR-Nominierung für *The Graduate*
1969	OSCAR-Nominierung für *Midnight Cowboy*
1970	WILLIAM J. GERMAN HUMAN RELATIONS Award
1975	OSCAR-Nominierung für *Lenny*
1980	Beliebtester Schauspieler (Zeitschrift PEOPLE)
1980	GOLDEN GLOBE für *Kramer Vs. Kramer*
1980	Kritikerpreis der Los Angeles Film Critics Association für *Kramer Vs. Kramer*
1980	OSCAR für *Kramer Vs. Kramer*
1981	Beliebtester Schauspieler (Zeitschrift PEOPLE)
1983	Preis der National Society of Film Critics für *Tootsie*
1983	GOLDEN GLOBE für *Tootsie*
1983	OSCAR-Nominierung für *Tootsie*

OSCAR-Verleihung, Hollywood, April 1980: Sally Fields und Dustin Hoffman.

Royal Film Performance für die britische Königin Elizabeth II. in Londons Leicester Square Theatre am 17. März 1980. Gezeigt wurde dem englischen Königshaus Robert Bentons Film ›Kramer Vs. Kramer‹ (1979). V.l.n.r.: Dustin Hoffman, Meryl Streep, Justin Henry, Liv Ullmann, Peter Sellers († 1980), die Queen und (im Hintergrund rechts) Prinz Philipp.

Bibliographie

Almendros, Nestor: »The Invisible Cinematography of *Kramer Vs. Kramer*«, Millimeter, März 1980, Seiten 37–44

Ball, Aimee Lee: »Dustin Hoffman vs. Dustin Hoffman«, Redbook, Vol. 154, Nr. 4 (Februar 1980), Seiten 33 und 158–161

Chapman, D.: »Graduate Turns Bum«, Look, 16. September 1968, Seiten 66–72

Clarke, Gerald: »A Father Finds His Son«, Time, Vol. 114, Nr. 23, 3. Dezember 1979, Seiten 78 und 79

deDubovay, Diane: »Dustin Hoffman – Man In Conflict«, Ladies' Home Journal, Februar 1980, Seiten 82 und 168–172

Galluzo, Tony: »Dustin Hoffman Hums a Few Bars of Dead Pan Humor«, Motion Picture Herald, 17. Januar 1968, Seite 8

Groller, Ingrid: »Dustin Hoffman Talks About His Daughters, His Separation, His Career«, Parents, Dezember 1979, Seiten 38–42

Gussow, Mel: »Dustin Hoffman – An Interview«, McCalls, September 1968, Seiten 143 und 144

McKinney, Doug: *Sam Peckinpah*, Boston, Massachusetts, Twayne Publishers, 1975

Mellen, Joan: *Big Bad Wolves – Masculinity in the American Film*, New York, Pantheon Books, 1977

Morella, Joe und Epstein, Edward Z.: *Rebels – The Rebel Hero Films*, Secausus, New Jersey, Citadel Press, 1971

Probst, Leonard: *Off Camera*, Briarcliff Manor, New York, Stein & Day, 1975

Shipman, David: *The Great Movie Stars*, New York, A & W Visual Library, 1972

Spada, James: *The Films of Robert Redford*, Secausus, New Jersey, Citadel Press, 1977

Tretick, Stanley: »Off the Screen«, People, 3. Mai 1976, Seiten 52, 55, 56 und 57

Willis, John: *Theatre World*, New York, Crown Publishers, Ausgaben 1966, 1968 und 1975

Winfrey, Carey: »Cinema – The Moonchild and the Fifth Beatle«, Time, Vol. 93, Nr. 6, 7. Februar 1969, Seiten 52–54

Zeitlin, D.: »Movies«, Life, 24. November 1967, Seiten 111 und 112

Anmerkungen

1 Da hat sie wohl recht, Dustin Hoffmans Mutter Lillian. Der Schauspieler Dustin Farnum war *nur* ein Star der Stummfilmzeit und trat in
der Zeit von 1913 bis 1926 in ca. 35 Filmen auf, allerdings nicht nur im
Genre des Western. Farnums bekanntester Film war zugleich auch
sein erster: Cecil B. DeMilles *The Squaw Man* (1913). Dustin Farnum starb im Alter von 55 Jahren am 3. Juli 1929 an einem Nierenlei-
den in New York. – Dustin Farnums Bruder William, zwei Jahre jün-
ger, war ebenfalls ein anerkannter und bekannter Westerndarsteller,
der bis zu seinem Tode (1953) in über hundert Filmen arbeitete und
mit seinem älteren Bruder 1913 ebenfalls zum Film gekommen war.
(A. d. Ü.)

2 »The Defenders« war eine 60-minütige TV-Krimi-Serie der CBS, die
mit 132 Episoden in der Zeit vom 16. September 1961 bis zum 9. September 1965 gesendet wurde. Hauptrollen: E. G. Marshall, Robert
Reed, Joan Hackett, Polly Rowles und Rosemary Forsyth. A. d. Ü.

3 Jack Albertson spielte seine Rolle auch im gleichnamigen Film, wo-
für er 1968 mit dem OSCAR ausgezeichnet wurde. A. d. Ü.

4 Sein erster war zwei Jahre zuvor *Who's Afraid of Virginia Woolf?*
(Wer hat Angst vor Virginia Woolf?) gewesen, den er mit Elizabeth
Taylor, Richard Burton, George Segal und Sandy Dennis in den
Hauptrollen inszeniert hatte. A. d. Ü.

5 *red wop job* oder *red wop job car.* Gemeint ist ein rotlackiertes »Itaker«-Auto. A. d. Ü.

6 *The Graduate* war in insgesamt 7 Kategorien von der AMPAS für
OSCARS nominiert worden. Der große »Abräumer« des Abends
blieb *In the Heat of the Night,* ein Film der Mirisch Corp., der unter
der Regie von Norman Jewison entstanden war. *Bonnie and Clyde*
und *Guess Who's Coming to Dinner?* waren in jeweils zehn Kategorien nominiert und bekamen nur jeweils zwei OSCARS zugesprochen. *Doctor Dolittle* war neunmal nominiert worden und erhielt
ebenfalls zwei der Preise. *In the Heat of the Night* brachte es allerdings bei sechs Nominierungen auf 5 OSCARS. – Mike Nichols war
bereits ein Jahr zuvor als »Bester Regisseur« für *Who's Afraid of Virginia Woolf?* nominiert worden, mußte sich aber gegen die Konkurrenz von Michelangelo Antonioni *(Blow-up),* Richard Brooks *(The
Professionals* – Die gefürchteten Vier), Claude Lelouch *(Un homme
et une femme* – Ein Mann und eine Frau) zugunsten von Fred Zinnemann geschlagen geben, der für seine Regiearbeit bei *A Man for all
Seasons* (Ein Mann zu jeder Jahreszeit) den Sieger-OSCAR davon-
trug. A. d. Ü.

7 Diese Fernsehserien sind auch bei uns bekannt geworden, wobei »Gunsmoke« zweifelsohne die bekannteste der beiden ist. Hierzulande läuft sie nun wieder unter dem Titel »Rauchende Colts« und brachte es in den Jahren von 1955 bis 1975 auf die stolze Zahl von 633 teils dreißigminütige, teils sechzigminütige Episoden. »Rauchende Colts« ist dadurch die langlebigste US-amerikanische Fernsehserie. Hauptrolle: James Arness als Marshal Matt Dillon. – »Cimarron Strip« ist bei uns unter dem Titel »Der Marshall von Cimarron« bekannt und umfaßt 26 Episoden, die in ihrem Ursprung als 90-Minuten-Filme in den Jahren 1967 und 1968 entstanden. Hauptrolle: Stuart Whitman als Marshal Jim Crown. A. d. Ü.

8 John Schlesinger blieb als Regisseur bei der Stange. Den Film mit Jack Lemmon, der ihn in die besagte Zwickmühle gerieten ließ *(The April Fools),* inszenierte Stuart Rosenberg. In weiteren Hauptrollen Peter Lawford und Cathérine Deneuve. A. d. Ü.

9 Sylvia Miles war für ihre Darstellung in *Midnight Cowboy* für den OSCAR nominiert. A. d. Ü.

10 Ein dritter OSCAR für *Midnight Cowboy* ging an Waldo Salt, den Drehbuchautor des Films – sicherlich zu dessen Freude. Daß aber *zwei* Hauptdarsteller für *einen* Film nominiert waren und trotzdem leer ausgingen, hatte es in der damals 42-jährigen Geschichte der OSCAR-Verleihungen noch nicht gegeben. Wohl aber waren Jahre zuvor einmal *zwei* Hauptdarsteller für Leistungen in einem gemeinsamen Film nominiert worden, aber in diesem speziellen Fall hatte auch jeder der beiden seinen OSCAR erhalten. Die Rede ist hier von Bing Crosby und Barry Fitzgerald, die beide *gleichwertige Hauptrollen* in *Going My Way* (Der Weg zum Glück, 1944) verkörpert hatten. Die Regeln der Academy of Motion Picture Arts and Sciences, denen zufolge 1936 zwei neue Kategorien (für Darsteller und Darstellerinnen in Nebenrollen) eingeführt worden waren, besagten aber zu jener Zeit, daß bei Nominierungen Haupt- von Nebenrollen streng voneinander zu trennen seien. Im Falle von *Going My Way* entschied dann ein Gremium, und nach dieser Entscheidung wurde Barry Fitzgerald kurzerhand der Kategorie »Bester Darsteller in einer Nebenrolle« zugeteilt. A. d. Ü.

11 *Fearless Frank* ist in der BRD nicht gelaufen. A. d. Ü.

12 *lodge* = Wigwam oder Lager. A. d. Ü.

13 *Romeo and Juliet* ist der US-amerikanische Titel des Zeffirelli-Films, den der Produzent und Regisseur in italienisch-britischer Zusammenarbeit hergestellt hatte. Originaltitel: *Giulietta e Romeo,* deutsch *Romeo und Julia,* mit Olivia Hussey und Leonard Whiting in den Hauptrollen. A. d. Ü.

14 Herb Gardner war 1965 für sein Drehbuch für den Film *A Thousand*

Clowns (Tausend Clowns) eine OSCAR-Nominierung zugesprochen worden, das er nach seinem eigenen Bühnenstück verfaßt hatte. Hauptrollen des Films von Fred Coe: Jason Robards Jr., Barbara Harris, Barry Gordon und Martin Balsam. A. d. Ü.

15 Lunt-Fontanne-Theatre – benannt nach dem Schauspieler-Ehepaar Alfred Lunt und Lynne Fontanne. A. d. Ü.

16 American Jewish Committee's Motion Picture and Entertainment Division = Film- und Unterhaltungsabteilung einer US-amerikanischen jüdischen Vereinigung. A. d. Ü.

17 Chief Dan George wurde für seine schauspielerische Leistung mit einer OSCAR-Nominierung bedacht und zählt damit zu einer ganzen Reihe von Indianern, die immer wieder im amerikanischen Western eingesetzt worden sind, darunter Chief John Big Tree (1865-1967), Chief Many Treaties (1875-1948), Chief Nipo Strongheart (1891-1966), Chief Standing Bear (+1939), Chief Thundercloud (1889-1955) und Chief Yowlachie (1891-1966).- Jeff Corey, hier in der Rolle des Wild Bill Hickock, hat allerdings, bedingt durch sein »indianisches« Aussehen, auch mehrfach Indianer verkörpert. Chief Dan George geht hier in *Little Big Man* über die Darstellung einer Indianer-Stereotype weit hinaus, wozu seinen genannten Vorgängern keinerlei Gelegenheit geboten wurde. Der Hollywood-Western konnte offensichtlich auf stereotype Indianerdarstellungen nicht verzichten, und wenn man jetzt Chief Dan George einmal ausklammert, so blieben die dargestellten Indianer doch stets sehr eindimensionale Charaktere, selbst dann, wenn sie, mit entsprechendem Make-up versehen, von Hollywood-Schauspielern verkörpert wurden und mehr als lediglich Kriegsgeschrei zu den Dialogen beizusteuern hatten. Als eine Ausnahme soll hier William A. Wellmans Western *Across the Wide Missouri* (Colorado, 1951) zitiert werden, in denen die Indianer am Beispiel der Charakterisierungen von Jack Holt und J. Carrol Naish wenigstens halbwegs wie Menschen dargestellt wurden. Zu den bekannteren Schauspielern, die oft Indianer verkörperten, zählt man: Rodolfo Acosta (ein Mexikaner), Michael Dante, Ricardo Montalban, Rock Hudson, Jay Silverheels, Howard Keel, Bruce Cabot, Burt Lancaster, Charles Bronson, Monte Blue, Lex Barker, Jeff Chandler, Anthony Quinn, Victor Jory, Alfonso Bedoya (ein Mexikaner), Scott Brady, Carlos Rivas, Michael Pate, Neville Brand, Ted De Corsia etc. A. d. Ü.

18 »Get Smart« wurde in der Zeit von 1965 bis 1970 mit 138 Folgen zu 30 Minuten produziert. Als Maxwell Smart fungierte der Schauspieler Don Adams. Weitere namhafte Darsteller: Edward Platt, Victor French, William Schallert und Stacy Keach. A. d. Ü.

19 Tatsächlich wurde *Little Big Man* bei den Verleihungsfeierlichkeiten

am 15. April 1971 im Dorothy Chandler Pavilion völlig übergangen. Dem Film wurde nicht ein einziger OSCAR zugesprochen, und lediglich eine Nominierung wurde an Chief Dan George vergeben. Regisseur Arthur Penn muß wohl einen ähnlichen Unwillen verspürt haben, denn 1967 hatte man ihn bereits nach seiner Nominierung für den Film *Bonnie and Clyde* übergangen (Mike Nichols gewann für *The Graduate*), und 1969 war er für *Alice's Restaurant* nominiert worden, und John Schlesinger war für *Midnight Cowboy* ausgezeichnet worden. Man beachte hier die Parallelen, die wieder zu Filmen mit Dustin Hoffman hinführen. Auch die Schauspieler Warren Beatty, Faye Dunaway und Michael J. Pollard, die 1967 für *Bonnie and Clyde* nominiert waren, gingen seinerzeit leer aus. A. d. Ü.

20 Bei der Verleihung der OSCARS für das Jahr 1971 am 10. April 1972 im Dorothy Chandler Pavilion in Los Angeles war lediglich Barbara Harris für ihre Darstellung nominiert worden. Einen möglichen OSCAR in ihrer Kategorie verlor sie an Cloris Leachman, die für ihre Leistung in Peter Bogdanovichs *The Last Picture Show* ausgezeichnet wurde. – *Straw Dogs,* einem weiteren Film mit Dustin Hoffman, erging es, in dieser Hinsicht, nicht anders. Der Komponist Jerry Fielding war für seine Filmmusik nominiert worden, mußte sich aber seinem Kollegen Michel Legrand geschlagen geben. A. d. Ü.

21 *Scheidung auf italienisch,* mit Marcello Mastroianni, Daniela Rocca, Stefania Sandrelli und Leopoldo Trieste in den Hauptrollen, hatte Pietro Germi (gemeinsam mit Ennio de Concini und Alfredo Giannetti) einen OSCAR für das beste Drehbuch eingebracht, darüber hinaus eine Nominierung als bester Regisseur. Titel in den USA: *Divorce – Italian Style.* A. d. Ü.

22 *Patton* (deutscher Verleihtitel: Patton – Rebell in Uniform, 1969). – Franklin J. Schaffner hat einmal an anderer Stelle bekannt, daß seine Filme, deren Titel mit einem »P« beginnen, ihm ausnahmslos gut gelungen seien, zumal sie weltweite Anerkennung fanden und mit Preisen überhäuft wurden. Vor *Patton* inszenierte er *Planet of the Apes* (Planet der Affen, 1967) nach einem Sujet von Pierre Boulle. Er besetzte *Planet of the Apes* mit Charlton Heston, Roddy McDowall und Kim Hunter in den Hauptrollen. John Chambers, einer von Hollywoods Make-up-Künstlern, erhielt für seine Arbeit an dem Film einen Ehren-OSCAR. Morton Haack, der Designer, hatte eine Nominierung erhalten, und auch Jerry Goldsmith, der Komponist der Filmmusik, war nominiert worden. Bei Schaffners *Patton*-Film häuften sich dann zwei Jahre später die OSCARS: Bester Film des Jahres (Produzent: Frank McCarthy), Bester Hauptdarsteller (George C. Scott), Beste Regieführung (Schaffner), Bestes Drehbuch (Francis Ford Coppola und Edmund H. North), Beste Ausstattung und Beste

Architektur (Urie McCleary, Gil Parrondo, Antonio Mateos, Pierre-Louis Thevenet), Bester Ton (Douglas Williams, Don Bassman), Bester Schnitt (Hugh S. Fowler), darüber hinaus Nominierungen für die Beste Kameraführung (Fred Koenekamp), die Beste Filmmusik (Jerry Goldsmith) und die Besten visuellen Spezialeffekte (Alex Weldon). *Papillon* wurde zwar ein großer kommerzieller Erfolg, aber OSCARS erhielt er keine, nur Jerry Goldsmith wurde eine Nominierung für seine Filmmusik zugesprochen. 1973 standen zwei andere Superproduktionen im Mittlelpunkt des Geschehens: *The Sting* (Der Clou) mit Paul Newman, Robert Redford und Robert Shaw und *The Exorcist* (Der Exorzist), William Friedkins Horrorfilm, mit Ellen Burstyn, Max von Sydow und Lee J. Cobb. – Franklin J. Schaffners weitere Filme fanden mehr oder minder weniger Anerkennung: *The Stripper* (Die verlorene Rose, 1962) mit Joanne Woodward (eine OSCAR-Nominierung), *The Best Man* (Der Kandidat, 1963) mit Henry Fonda, Cliff Robertson und Lee Tracy, der für einen Oscar nominiert war, *The War Lord* (Die Normannen kommen, 1965) mit Charlton Heston, *The Double Man* (Der doppelte Mann, 1966) mit Yul Brynner, *Islands in the Stream* (Inseln im Strom, 1976), erneut mit George C. Scott in der Hauptrolle, erhielt allerdings wieder eine OSCAR-Nominierung zugesprochen (Fred Koenekamp für seine Kameraarbeit). *Nicholas and Alexandra* (Nikolaus und Alexandra, 1971), der den Untergang der letzten Zarenfamilie zum Inhalt hat, folgte unmittelbar auf *Patton* und wird zu Schaffners großen Erfolgen gezählt: Nominierung als Bester Film des Jahres (Produzent: Sam Spiegel), Nominierung für die Schauspielerin Janet Suzman, Nominierung für Freddie Young (Kamera), Nominierung für Richard Rodney Bennett (Musik) sowie OSCARS in zwei Kategorien: John Box, Ernest Archer, Jack Maysted, Gil Parrondo und Vernon Dixon (Ausstattung und Bauten) und Yvonne Blake und Antonio Castillo (Kostüme). A. d. Ü.

23 Pietro Germi (†) war seit Mitte der vierziger Jahre im italienischen Film tätig. Sein erster Film in eigener Regie, *Gioventu perduta* (Verlorene Jugend), stammt aus dem Jahre 1948 und zeigt in den Hauptrollen Carla del Poggio, Jacques Sernas und Massimo Girotti; von ähnlicher Thematik (kriminelle Vergehen) ist auch *In nome della legge* (Im Namen des Gesetzes, 1948), ebenfalls mit Massimo Girotti. *La città si difende* (Jagd ohne Gnade, 1951), ist wiederum ein Kriminalfilm, der von Germi mit Gina Lollobrigida, Paul Muller und Renato Baldini besetzt wurde. In *Cammino della speranza* (Weg der Hoffnung, 1951), einem sozialkritischen Film, der in Verbindung mit Federico Fellini entstand, spielen Elena Varzi, Raf Vallone und Saro Urzzi. In *Il feroviere* (Das rote Signal, 1956) spielte Germi selbst die

männliche Hauptrolle. Ein Jahr später entstand *L'uomo di paglia* (Und draußen lauert die Sünde), wieder mit Germi in der Hauptrolle, was sich bei *Un maledetto imbroglio* (Unter glatter Haut, 1959), wiederholte, hier zusätzlich mit Eleonora Rossi-Drago und Claudio Gora. *Divorzio all'italiana* wurde dann Pietro Germis berühmtester Film, und der *Scheidung auf italienisch* folgte dann die *Verführung auf italienisch* (Originaltitel: *Sedotta e abbandonata/Seduite et abandonnée*, 1963, eine französisch-italienische Co-Produktion), erneut mit Stefania Sandrelli und Saro Urzzi sowie Umberto Spadaro. Hier war Germi aber schon längst bei seinen Filmkomödien angelangt, durch die er weltweite Anerkennung fand. In *Signore e signori/Belles dames et vilains messieurs* (Aber, aber, meine Herren ..., 1965) geht es in drei Episoden mit Virna Lisi um Liebes- und Ehemoral bürgerlicher Kreise. *L'immorale* (Unmoralisch lebt man besser, 1967) entstand erneut mit Stefania Sandrelli, der bezaubernden Angela aus *Scheidung auf italienisch,* und mit Ugo Tognazzi. *Serafino* (Serafino, der Schürzenjäger, 1969) ist zugleich ein Film über einen Dorfcasanova wie einer der ersten Filme des jetzt auch als Schauspieler so erfolgreichen Adriano Celentano. Auf diesem Film folgte dann *Alfredo, Alfredo.* A. d. Ü.

24 Jerry Mahoney ist der Name einer Bauchredner-Puppe. A. d. Ü.

25 *Slaughterhouse Five* (Schlachthof 5, 1971) ist ein Film von George Roy Hill nach einem Roman von Kurt Vonnegut, worin sich ein Amerikaner vor quälenden Erinnerungen an die Bombardierung Dresdens und der vom Vietnam-Krieg gezeichneten Gegenwart auf einen imaginären Planeten flüchtet. Hauptrollen: Michael Sacks, Ron Leibman, Sharon Gans. A. d. Ü.

26 Der Autor spricht in diesem Zusammenhang von *four-letter words,* Worten also mit vier Buchstaben, die kurioserweise in ihrer Anhäufung alle ordinären Inhalts sind. A. d. Ü.

27 *Five Easy Pieces* (Five Easy Pieces – Ein Mann sucht sich selbst) wurde von Bob Rafelson verfilmt, *The Godfather* (Der Pate) entstand unter der Regie von Francis Ford Coppola. A. d. Ü.

28 In diesem Zusammenhang wird auf den späteren Film *Tootsie* verwiesen, bei dem Schisgal als Co-Drehbuchautor fungierte. A. d. Ü.

29 *Harry and Tonto* (Harry und Tonto, 1974) wurde von Paul Mazursky verfilmt, *Murder On the Orient Express* (Mord im Orientexpress, 1974) von Sidney Lumet, *Chinatown* (Chinatown, 1974) von Roman Polanski und *The Godfather II* (Der Pate – Teil II, 1974) von Francis Ford Coppola. A. d. Ü.

30 Francis Ford Coppola hatte damit gleichsam in einem Jahr drei OSCARS eingeheimst, denn er hatte, gemeinsam mit Gay Frederickson und Fred Roos seinen Film auch produziert. Der OSCAR für den

besten Film des Jahres geht nach den Regeln der AMPAS an den oder die Produzenten. – *Alice Doesn't Live Here Anymore* entstand unter der Regie von Martin Scorsese. – *Lenny* war zusätzlich noch in einer weiteren Kategorie, der sechsten, nominiert worden. Aber auch hier wurde die Niederlage noch unterstrichen. Bruce Surtees, der für die Kameraarbeit zuständig gewesen war, mußte sich Fred Koenekamp und Joseph Biroc geschlagen geben, die *The Towering Inferno* (Flammendes Inferno, 1974) fotografiert hatten. *Lenny* ging tatsächlich leer aus. A. d. Ü.

31 Für sein Drehbuch zu dem Film *Butch Cassidy and the Sundance Kid* (Zwei Banditen, 1968) hatte Goldman seinen ersten OSCAR bekommen. Der humorvolle Western entstand, mit Paul Newman, Robert Redford und Katharine Ross in den Hauptrollen, unter der Regie von George Roy Hill. Hill war ebenfalls für einen OSCAR nominiert worden, unterlag aber John Schlesinger *(Midnight Cowboy)*. A. d. Ü.

32 jemand, der mit tiefer, kehliger Stimme spricht. A. d. Ü.

33 *Jaws* (Der weiße Hai, 1974), Regie: Steven Spielberg. A. d. Ü.

34 Neben den beiden genannten OSCARS (für Goldman und Robards) wurde *All the President's Men* in zwei weiteren Kategorien mit den Preisen der Academy bedacht. George Jenkins und George Gaines wurden für Bauten und Ausstattung ausgezeichnet, und Arthur Piantadosi, Les Fresholtz, Dick Alexander und Jim Webb erhielten als Toningenieure OSCARS. Bester Film des Jahres wurde *Rocky* (mit Sylvester Stallone), und Walter Coblenz, der Produzent von *All the President's Men*, unterlag damit den *Rocky*-Produzenten Irwin Winkler und Robert Chartoff. *All the President's Men* war noch in den Kategorien »Beste Darstellerin in einer Nebenrolle« nominiert (Jane Alexander) und »Bester Filmschnitt« (Robert L. Wolfe). Aber es blieb schließlich bei den beiden genannten OSCARS. Jane Alexander unterlag Beatrice Straight (für *Network*), Alan J. Pakula mußte zugunsten von John G. Avildsen (für *Rocky*) verzichten, und den OSCAR für den besten Filmschnitt holten sich Richard Halsey und Scott Conrad (ebenfalls für *Rocky*). A. d. Ü.

35 *Great Brink's Robbery* ist bislang bei uns noch nicht gezeigt worden. A. d. Ü.

36 *Day of the Locust* (1974), bei uns unter dem Titel *Der Tag der Heuschrecke* gelaufen, erzählt, nach dem gleichnamigen Roman von Nathanael West, den Rummel um Karriere und Ruhm im Hollywood der Vorkriegsjahre. Hauptrollen: Donald Sutherland, Karen Black und William Atherton. A. d. Ü.

37 *It Never Rains But It Pours* (1977) ist eine italienisch-amerikanische Co-Produktion der Liberty Film. Die Filmkomödie lief auch unter

dem Titel *The End of the World in Our Usual Bed in a Night Full of Rain* und unter dem italienischen Titel *La fine del mondo nel mostro solito letto in una notte piena di pioggia*. Bei uns wurde der Film unter dem (kürzeren) Titel *In einer Regennacht* gezeigt. Neben Candice Bergen und Giancarlo Giannini *(Lili Marleen)* spielten Marco Stefanelli, Paola Rotunno und Allison Tucker. A. d. Ü.

38 Robert Benton ist auch der Drehbuchautor von Arthur Penns Film *Bonnie and Clyde* (Bonnie und Clyde, 1967). Das Buch schrieb er gemeinsam mit David Newman. Beide Autoren waren 1967 für einen OSCAR nominiert. A. d. Ü.

39 »Charlie's Angels« ist auch bei uns gelaufen. Durch diese Krimiserie über drei attraktive, weibliche Privatdetektive wurden die Stars der Sendung, Jaclyn Smith, Kate Jackson und Farrah Fawcett-Majors, auch bei uns bekannt. Farrah Fawcett-Majors wurde später durch Cheryl Ladd ersetzt. A.d. Ü.

40 *The Seduction of Joe Tynan* war von Jerry Schatzberg verfilmt worden. Meryl Streep war in einer kleinen Rolle des Films *Julia* (Julia, 1976) von Fred Zinnemann (mit Jane Fonda, Vanessa Redgrave, Jason Robards Jr. und Maximilian Schell) aufgefallen und hatte danach für ihre Darstellung in *The Deer Hunter* (Die durch die Hölle gehen, 1978) eine OSCAR-Nominierung zugesprochen bekommen. In *The Deer Hunter* hatte sie neben Robert De Niro, John Savage und Christopher Walken bestehen müssen, einem Film, den Michael Cimino inszeniert hatte und an dem auch John Cazale, ihr später verstorbener Lebensgefährte, als Schauspieler mitgewirkt hatte. Auch für Woody Allen hatte sie in dessen Film *Manhattan* (Manhattan, 1978) gespielt, und zwar neben Allen selbst, neben Diane Keaton, Michael Murphy und Mariel Hemingway. A. d. Ü.

41 Wallace Beery (1885−1949) war ein großer Leinwandstar des amerikanischen Films in den zwanziger (also noch zu Stummfilmzeiten) und den dreißiger Jahren gewesen. Von 1914 an hatte dieser in über 125 Filmen vornehmlich Hauptrollen gespielt. 1931 war Beery für seine Leistung in *The Champ* mit dem OSCAR ausgezeichnet worden. A. d. Ü.

42 Johnny Mandel war für die Musik zu dem Song »The shadow of your smile« ausgezeichnet worden. Das Lied ist in dem Film *The Sandpiper* (… die alles begehren, 1965) zu hören, den Vincente Minnelli mit Elizabeth Taylor, Richard Burton, Eva Marie Saint, Charles Bronson und Robert Webber inszenierte. A. d. Ü.

43 *Apocalypse Now* (Apocalypse Now, 1976−79), wurde von Francis Ford Coppola mit Martin Sheen, Marlon Brando, Robert Duvall, Dennis Hopper und Frederic Forest inszeniert, die anderen beiden Filme stammen von Bernardo Bertolucci. *L'ultimo Tango a Parigi/Le*

dernier Tango à Parigi (Der letzte Tango in Paris) entstand 1972 mit Marlon Brando und Maria Schneider, *1900/Novecento* wurde 1975 und 1976 in zwei Teilen gedreht, wobei Robert De Niro, Gérard Depardieu, Burt Lancaster und Dominique Sanda die Hauptrollen spielten. Die beiden Teile des 5-Stunden-Films erschienen hier unter den Titeln *1900 – 1. Teil: Gewalt, Macht, Leidenschaft* und *1900 – 2. Teil: Kampf, Liebe, Hoffnung.* A. d. Ü.

44 *Murder On the Orient Express* (Mord im Orientexpress, 1974) wurde von Sidney Lumet mit Albert Finney, Lauren Bacall und Martin Balsam verfilmt, *Death On the Nile* (Tod auf dem Nil, 1977) von John Guillermin mit Peter Ustinov, Jane Birkin, Bette Davis, David Niven und Mia Farrow. – Mittlerweile wurden unter diesem Themenkreis zwei weitere Romane von Agatha Christie verfilmt: *The Mirror Crack'd* ... (Mord im Spiegel, 1980), Regie Guy Hamilton, mit Angela Lansbury, Geraldine Chaplin, Rock Hudson, Elizabeth Taylor und Tony Curtis sowie *Das Böse unter der Sonne* (1982) mit Peter Ustinov, Roddy McDowall, Jane Birkin und James Mason. A. d. Ü.

45 *Thanksgiving Day* = Ernte-Dankfest (letzter Donnerstag im November). A. d. Ü.

46 Dirty Harry ist eine Figur, die Eastwood 1971 im gleichnamigen Film von Don Siegel verkörperte. A. d. Ü.

47 *The China Syndrome* (Das China Syndrom, 1978), Regie: James Bridges, mit Jack Lemmon, Jane Fonda, Michael Douglas, Scott Brady, James Hampton u.a. A. d. Ü.

48 *Being There,* bei uns *Willkommmen, Mr. Chance* (USA, 1979); ... *And Justice for All,* bei uns ... *und Gerechtigkeit für alle* (USA 1979); *All That Jazz,* bei uns *Hinter dem Rampenlicht* (USA 1979), inszeniert von *Lenny*-Regisseur Bob Fosse. A. d. Ü.

49 *Starting Over,* bei uns *Auf ein Neues* (USA 1979); *Manhattan* lief bei uns ebenfalls unter diesem Titel; *Breaking Away,* bei uns *Vier irre Typen/Wir schaffen alles, uns schafft keiner* (USA 1979). Der deutsche Verleihtitel geht da ein wenig in seinen Titeln an der Aussage des Peter-Yates-Films vorbei. A. d. Ü.

50 Für *Kramer Vs. Kramer* waren aber auch noch andere Personen für einen OSCAR nominiert worden: Justin Henry für seine Leistung als Billy Kramer (»Bester Darsteller in einer Nebenrolle«), Jerry Greenberg als Filmcutter, Nestor Almendros für seine Kameraarbeit. A. d. Ü.

51 Der OSCAR für den »Besten Film des Jahres« geht immer an den/die Produzenten des jeweiligen Films, im Falle von *Kramer Vs. Kramer* an Stanley Jaffe. Diese Regelung existiert seit dem Jahr 1951. Vorher wurde der OSCAR für den besten Film des Jahres dem Präsidenten des jeweilig produzierenden Filmstudios überreicht. – *All That Jazz,*

Bob Fosses Film, erhielt 1980 ebenfalls 4 OSCARS, allerdings nicht in den Hauptkategorien. Darüber hinaus wurden folgende Spielfilme ausgezeichnet: *Norma Rae* (2 OSCARS), *Being There* (1 OSCAR), *Apocalypse Now* (1 OSCAR), *A Little Romance* (1 OSCAR) und der Beitrag der BRD *Die Blechtrommel* mit einem OSCAR als »Bester fremdsprachiger Film des Jahres«. A. d. Ü.

52 Alle drei genannten Themen sind bislang nicht verfilmt worden. A. d. Ü.

53 Von Ashby stammen auch die Filme *Bound for Glory* (Dieses Land ist mein Land, 1976), *Shampoo* (Shampoo, 1974), *Harold and Maude* (Harold und Maude, 1971), *The Landlord* (Der Hausbesitzer, 1970) und *The Last Detail* (Das letzte Kommando, 1973). Ashby, der vor seiner Regiezeit als Cutter gearbeitet hatte, war 1967 für den Schnitt des Films *In the Heat of the Night* (In der Hitze der Nacht) mit einem OSCAR ausgezeichnet worden. Hinzu kommt eine Nominierung für den Schnitt von *The Russians Are Coming, the Russians Are Coming* (Die Russen kommen! Die Russen kommen!, 1965 – Regie: Norman Jewison). A. d. Ü.

54 Zu Sydney Pollacks weiteren Filmen gehören auch *Jeremiah Johnson* (Jeremiah Johnson, 1971, mit Robert Redford), *The Three Days of the Condor* (Die drei Tage des Condors, 1974, mit Robert Redford und Faye Dunaway), *Yakuza* (Yakuza, 1974, mit Robert Mitchum), *Bobby Deerfield* (Bobby Deerfield, 1977, mit Al Pacino), *The Electric Horseman* (Der elektrische Reiter, 1978, mit Jane Fonda, Robert Redford und Valerie Perrine), *They Shoot Horses, Don't They?* (Nur Pferden gibt man den Gnadenschuß, 1969, mit Jane Fonda), *Castle Keep* (Das Schloß in den Ardennen, 1968), *The Scalphunters* (Mit eisernen Fäusten, 1967, mit Burt Lancaster, Shelley Winters und Telly Savalas), *The Slender Thread* (Stimme am Telefon, 1965, mit Anne Bancroft und Sidney Poitier) und *This Property is Condemned,* 1965, mit Natalie Wood und Robert Redford). Pollack war einmal, für *They Shoot Horses, Don't They?*, für einen OSCAR nominiert worden. A. d. Ü.

55 *Lawrence of Arabia* (bei uns: Lawrence von Arabien). Britischer Dreieinhalb-Stunden-Film (mit Peter O'Toole, Sir Alec Guinness, Jack Hawkins, Anthony Quinn u.a.) aus dem Jahre 1962 in Super-Panavision 70 und Farbe, ein Porträt des britischen Offiziers T. E. Lawrence, der im Ersten Weltkrieg die Araber gegen die Türken führte. A. d. Ü.

Register

A

Agatha 182ff, 186ff, 190f, 197, 206, 208ff, 270f
Albertson, Jack 30
Alda, Alan 202
Alexander, Jane 154, 167, 216, 220, 222
Alfredo, Alfredo 101, 109f, 126ff, 172, 261
All the President's Men 9, 153ff, 161ff, 171f, 174, 234, 266
Allen, Woody 171
Almendros, Nestor 220
Allyson, June 80
Ansen, David 211
Apted, Michael 210f
Archerd, Army 104
Arkin, Alan 34f
Arrick, Larry 32
Ashby, Hal 172, 231, 236f
Astaire, Jarvis 186, 191

B

B. Bumble and the Stringers 14
Balsam, Martin 154
Bancroft, Anne 38, *39,* 41f, *47, 49,* 52f, 120f
Bardot, Brigitte 151
Barrie, Barbara 222
Barry, Julian 145, 152
Bates, Kathy 180, 187

Beatty, Ned 154
Beatty, Warren 24, 53
Beck, Stanley 180
Beckerman, Sidney 171
Beckett, Samuel 27
Bedelia, Bonnie 180
Beery, Wallace 203, 212
Benton, Robert *199,* 200, 202, 215ff, 220, 222, 224, 282
Bergen, Candice 222
Berger, Thomas 84
Berle, Milton 142
Bernstein, Carl 9, 153f, 156f, 161, 164ff, 248
Boone, Richard 86
Brando, Marlon 20
Brecht, Bertolt 27
Brinkley, David 48
Brown, Barney 18
Bruce, Honey 132ff, 145
Bruce, Lenny 9, 130ff, 153, 234, 264
Buffman, Zev *59,* 61
Bunker, Edward 178
Burstyn, Ellen 152
Busey, Gary 180, 187f
Byrne, Karina 69, 85, 92, 120, 193
Byrne-Hoffman, Anne 52, 66, 68, *81,* 85, 92, 96, *147,* 162, 181, 191ff, 204, 212, 225, 227f

HEYNE FILMBIBLIOTHEK

In der Taschenbuch-Edition »Heyne Filmbibliothek« werden die großen unvergeßlichen Filmstars vorgestellt. Jeder Band gibt einen umfassenden Überblick über ihr Leben, ihr Wirken und ihre Filme, die eingehend beschrieben werden. Außerdem erscheinen in dieser Reihe auch Themenbände, die sich mit bestimmten Filmarten, wichtigen Epochen und Kategorien ausführlich beschäftigen.

Karin Wichmann
Hans Moser
32/28 – DM 6,80

Tony Thomas
Burt Lancaster
32/29 – DM 5,80

Gerald Peary
Rita Hayworth
32/30 – DM 5,80

François Guérif/
Stéphane Levy-Klein
Jean Paul Belmondo
32/31 – DM 6,80

Ludwig Maibohm
Fritz Lang
32/32 – DM 8,80

Joe Hembus
Charlie Chaplin
32/34 – DM 4,80

Michael Bavar
Mae West
32/35 – DM 5,80

Gregor Ball
Gert Fröbe
32/37 – DM 8,80

Claude Gauteur/
André Bernard
Jean Gabin
32/38 – DM 6,80

Robert Moss
**Der klassische
Horror-Film**
32/39 – DM 6,80

Roland Flamini
Vom Winde verweht
32/40 – DM 9,80

Stuart Kaminsky
John Huston
32/41 – DM 9,80

Leonard Maltin
**Der klassische
amerikanische
Zeichtrickfilm**
32/42 – DM 14,80

Stephen Harvey
Fred Astaire
32/43 – DM 7,80

Erich Kocian
Die James Bond-Filme
32/44 – DM 9,80

Gregor Ball
Curd Jürgens
32/45 – DM 8,80

Gerard Lenne
Der erotische Film
32/46 – DM 12,80

Joseph McBride
Orson Welles
32/47 – DM 6,80

Alain Rémond
Yves Montand
32/49 – DM 9,80

Bernard d'Eckardt
Brigitte Bardot
32/50 – DM 9,80

Manfred Bernhard
Die Tarzan-Filme
32/51 – DM 9,80

Meinolf Zurhorst/
Lothar Just
Jack Nicholson
32/52 – DM 9,80

Philippe Setbon
Klaus Kinski
32/53 – DM 7,80

Christian Hellmann
**Der
Science Fiction-Film**
32/54 – DM 9,80

Bernd Eckardt
**Rainer Werner
Fassbinder**
32/55 – DM 8,80

Michael Kerbel
Henry Fonda
32/56 – DM 8,80

Joan Mellen
Marilyn Monroe
32/57 – DM 7,80

Gregor Ball
Grace Kelly
32/58 – DM 7,80

Paul Ferris
Richard Burton
32/59 – DM 9,80

Jeff Lenburg
Dustin Hoffman
32/60 – DM 7,80

George Morris
Doris Day
32/61 – DM 7,80
(Oktober '83)

Preisänderungen
vorbehalten.

Wilhelm Heyne Verlag München